靑年學徒 1

THE YOUNG SCHOLAR

인문사회과학논단

靑年學徒 1 인문사회과학논단

©화성고등학교 인문사회과학연구회, 2016

1판 1쇄 인쇄__2016년 11월 20일
1판 1쇄 발행__2016년 11월 30일

엮은이__화성고등학교 인문사회과학연구회
펴낸이__홍정표

펴낸곳__글로벌콘텐츠
　　　　등록__제25100-2008-24호

공급처__(주)글로벌콘텐츠출판그룹
　　　　이사__양정섭　편집디자인__김미미　기획·마케팅__노경민
　　　　주소__서울특별시 강동구 천중로 196 정일빌딩 401호
　　　　전화__02) 488-3280　팩스__02) 488-3281
　　　　홈페이지__http://www.gcbook.co.kr

값 23,000원
ISBN 979-11-5852-124-0 93000

※ 이 책은 본사와 저자의 허락 없이는 내용의 일부 또는 전체의 무단 전재나 복제, 광전자 매체 수록 등을 금합니다.
※ 잘못된 책은 구입처에서 바꾸어 드립니다.
※ 이 도서의 국립중앙도서관 출판예정도서목록(CIP)은 서지정보유통지원시스템 홈페이지(http://seoji.nl.go.kr)와 국가
자료공동목록시스템(http://www.nl.go.kr/kolisnet)에서 이용하실 수 있습니다. (CIP제어번호: CIP2016028388)

청년학도이

인문사회과학논단

靑年學徒
THE YOUNG SCHOLAR

화성고등학교 인문사회과학연구회 편

격려사

최정호 이사장

"배우고 때때로 익히면 또한 즐겁지 아니한가." 공자님의 말씀은 당연한 것 같으면서도 이해가 잘 가지 않습니다. 성인의 경지에 이른 공자 같은 분의 체험담일 수는 있지만 우리 같은 보통 사람에게 해당하는 말은 아닌 것 같습니다. 공부는 어렵습니다.

주어진 공부를 하는 것도 어려울 텐데 우리 화성고교 학생들은 더 어려울 듯한 연구 보고서와 서평을 자발적으로 써서 한 권의 책으로 엮어내었습니다. 어떻게 이런 일이 가능했을까요?

저는 이 책을 만들어 낸 학생들을 통해 즐거운 공부의 가능성을 봅니다. 주어지는 공부가 아니라 자발적으로 찾아서 하는 공부, 주어진 답만을 찾는 것이 아니라 나만의 답을 찾는 공부, 무조건 받아들이는 것이 아니라 근거를 찾아서 받아들이는 공부, 이런 공부라면 즐거이 할 수 있는 공부 아닐까요?

이 책은 내용뿐 아니라 이런 학생들의 공부하는 자세와 마음까지 읽혀져 더욱 값진 책입니다. 창간호를 내는 것이지만 이런 시도들이 더해져 학문 속에서 즐거움을 찾을 수 있는 좋은 분위기를 만드는 우리 학교의 좋은 전통이 되기를 기대합니다.

발간사

김혜숙 교장

　오늘 학교로 오는 길에 울타리 너머 붉게 피어난 장미를 보았습니다. 장미는 우리 학교에 교화(校花)이기도 하고 오월의 계절, 꽃 중에 여왕이라는 장미를 볼 수 있어 또 하나의 멋을 더해주고 있습니다.

　우리 학교가 개교한 것이 올해 마흔한 해의 연륜을 쌓아가고 있고 공자도 사십, 곧 불혹(不惑)에 강이사곡례(强而仕曲禮)할 수 있었습니다. 학교의 연륜이 강사(强仕)길에 나아가는 공자의 마음을 짐작케 합니다. 결코 짧지 않은 마흔한 해의 학교 역사만큼이나 세상에 미혹되지 않는 정직하고 굳세게, 자신에게 주어진 교육자의 길을 곱씹어봐야 할 것 같습니다.

　본교의 인문학아카데미는 똑똑하고 야무진 우리 학교 학생들의 지적 탐구와 호기심을 충족하기 위한 야심찬 교육프로젝트입니다. 올해로 삼년 차 프로그램을 진행 중에 있습니다. 인문학아카데미의 출발로 인해 우리 학교는 인문사회과학을 아우르는 학생들의 폭넓은 관심 영역을 확장할 수 있었고 여러 학부모님들에 호응도 이끌 수 있었습니다. 『靑年學徒』 창간은 무엇보다 백련학원의 교육의지와 많은 선생님들의 숨은 노고를 빼놓을 수 없을 것입니다. 더구나 그 면면은 우리 학교 학생들의 힘찬 두 어깨로 만들어낸 지적 탐구의 결과물임을 자부합니다.

"온 세상이 지옥처럼 캄캄하게 나를 엄습하는 밤 속에서도, 환경에 잔인한 손아귀 속에도, 내 굴하지 않는 영혼을 주심에 감사했던" William Ernest Henley의 '굴하지 않는다(Invictus)'의 시구가 떠오릅니다. 인문학아카데미의 성과물로 창간호를 출판하게 되는 벅차오름의 감격 뒤로, 아직은 성글어 부족한 부분도 없지 않습니다. 그리고 이어오는 교육과정 속에서 끊임없이 쇄신하며 어려움과 맞서야 할 것입니다.

어떤 시대와 사회에서도 청소년은 그 중심이고 미래의 동력이 되어 왔습니다. 발간에 부쳐 바람이 있다면, 청년학도로서 본분을 잃지 않고 학생다운 열정과 예지를 쏟아 내어 진리탐구에 정진하는 화성고등학교를 떠받치고 빛나게 할 동량지재(棟梁之材)의 인재로 성장해 주길 바라는 마음입니다.

권두사

최준섭 교감

요즈음 지하철이나 버스 안에서 책 읽는 사람들보다는 스마트폰으로 게임을 즐기거나 인터넷에 접속하여 무엇인가를 열심히 검색하고 있는 사람들이 더 많습니다. 이제 우리들에게는 삶에서 당면하는 문제들을 해결할 수 있는 '사유(思惟)'보다 즉시적인 '감각(感覺)'이 더 우선시 되는 것이 아닐까 하는 생각이 듭니다. 사유(思惟)하는 힘, 이것은 인문학의 힘이기도 할 테지요. 그래서 지금, 인문학의 위기라는 말이 나오는 것인가 봅니다.

이처럼 어려운 시대에 우리 학교는 학생들의 인문사회과학적 소양과 지적 호기심을 충족해 주고자 특별히 방과 후 교육프로그램으로 인문학아카데미를 개설했습니다. 그리고 2015년 12월 30일 수강학생들 주관으로 인문학아카데미 학술발표회에 학생과 학부모들을 초대하여 보고회를 성공리에 마칠 수 있었습니다.

학문에 대한 열정과 배움의 성과를 『靑年學徒』라는 한 권의 책으로 발간한다는 소식에 학생들이 무척이나 대견스러웠습니다. 스스로 배우고 익힌 내용을 출판할 수 있을 정도로 학생들의 열정이 녹아 있어, 더욱 기쁜 마음이 들었습니다. 앞으로 우리 학생들의 이러한 배움의 자세와 도전 정신을 오롯이 후배들이 본받아

전통으로 이어가길 바라는 마음입니다.

　전문가처럼 섬세하고 미려한 문장은 아니지만, 배우는 학생들의 열정이 가득 담긴 이 논집은 성장하는 우리 학생들의 사기를 진작해줄 것입니다. 아울러 이러한 활동을 통해 학생들이 내일의 꿈을 향해 한걸음 더 나아가는 동력이 되기를 기원합니다.

화성고등학교 연혁

1975.03.01 학교법인 백련학원 설립인가
(설립자 겸 이사장 최정호 선생 취임)

1978.11.27 화성여자상업고등학교 설립인가
(11월 27일 개교기념일)

1979.03.05 화성여자상업고등학교 개교(상업과 3학급)
제1대 최명순 교장 취임

1985.04.22 4학급 증설 인가(12학급)

1986.04.15 6학급 증설 인가(18학급)

1991.03.01 상업과 2학급을 정보처리과 2학급으로 학칙변경
(상업과 12학급, 정보처리과 6학급)

1999.03.01 제2대 조창호 교장 취임, 상업과 4학급 중 2학급을
관광경영과로 학칙변경(상업과 10학급, 정보처리과
6학급, 관광경영과 2학급)

2000.09.01 제3대 최승일 교장 취임

2000.12.28 별관 4층 16실 1,682m^2 증축

2001.08.25 학과개편 인가(상업과 2학급 → 디지털 영상과 2학
급, 정보처리과 2학급 → 인터넷 정보과 2학급)

2002.06.14 정보통신부 소프트 진흥원 인력양성 지원 사업 선정

2002.02.25 본관 서관 3층 15실 2,181㎡ 개축

2002.08.16 학과 개편 인가(관광경영과 2학급 → 보통과 2학급)

2002.10.09 화성여자상업고등학교를 화성고등학교로 명칭 변경

2003.02.26 본관 서관 4층 5실 639.06㎡ 증축

2003.08.07 남녀공학 개편 인가

2003.03.31 문화관광부 문화콘텐츠 진흥원 장비 지원 사업 선정

2003.08.13 체육관 2층 1,007.20㎡ 신축

2003.09.26 농어촌 중소도시 좋은 학교 만들기 지원 사업 선정

2004.02.28 본관 동관 3층 18실 1,741.50㎡ 개축

2004.08.30 급식실 3층 7.5실 1,014.41㎡ 증축

2004.08.30 본관 동관 4, 5층 17실 1,767.33㎡ 증축

2004.09.16 보통과 4학급으로 학급증설 인가

2007.09.10 보통과 6학급으로 학급증설 인가, 학과 개편 인가
　　　　　　(디지털영상, 인터넷정보과 → 미디어정보과 통합 3
　　　　　　학급)

2008.03.01 제4대 서병관 교장 취임

2009.10.19 교육과학기술부 기숙형고교 선정

2010.04.02 교육과학기술부 장관 표창 수상
　　　　　　(2009학년도 영어교육 리더 학교로 선정)

2010.05.31 2011학년도 학과 개편 인가(보통과 6학급 → 7학급,
　　　　　　미디어정보과 3학급 → 2학급)

2011.03.01 제5대 김난성 교장 취임

2011.06.01 2012학년도 학과 개편 인가(종합고 → 일반계고)

2011.10.19 2012학년도 수학·과학 교과교실제 운영학교 선정

2011.11.29 2011고등학교 과학실험 탐구토론대회 최우수학교
(교육감상)

2011.12.28 호연관(기숙사) 3,466.61 m^2 개관

2011.12.31 교육과학기술부장관 표창 수상
(기숙형고교 운영성과 우수학교 선정)

2015.03.01 제6대 김혜숙 교장 취임

2016.02.17 화성고등학교 제35회 졸업식
(310명 졸업, 누계 8,473명)

차례

제1부 사회변화의 모색

제2부 청소년과 문화

제**3**부 문예비평

제 **1** 부 사회변화의 모색

장애인 인권 보고서

권진현(3학년), 배상엽(3학년), 손범수(3학년), 여혜주(3학년)

1. 머리말

전 세계에는 수많은 사람들이 살아가고 있다. 그들은 각자 다른 나라에서, 다른 환경에서, 다른 성별로 다른 일들을 하며 지구촌 사회의 일원으로 살아가고 있다. 즉, 모두가 각자 조금씩은 다른 모습을 가지고 있다는 것이다. 그 중에는 기본적인 조건 면에서도 다수에 해당하는 조건을 가진 집단이 있고, 상대적으로 소수에 해당하는 집단도 있기 마련이다.

여기서 명심해야 할 점은 다수가 아니라고 해서 부당하게 차별받아야 할 이유도 없고, 그들을 동등한 존재로서 대우해줘야 한다는 도덕적 원칙(原則)을 대부분의 사람들이 인정한다는 것이다.

장애인도 전 세계에서, 그리고 우리 사회에서도, 상대적인 소수집단에 해당한다. 우리는 가정에서 혹은 학교에서 장애인을 함부로 차별해서는 안 된다는 교육을 받으면서 자라고 있다. 그러나 우리 사회에서는 여전히 장애인들에게 불합리한 처우를 하는 모습이 나타나고 있고, 법이라는 최소한의 장치조차도 장애인들의 권리를 보호하지 못하는 사각지대가 존재한다. 우리는 장애인에 대한 새로운 정의가 필요하다는 문제의식에서 출발해 우리 사회 구성원들의 장애인에 대한 인식이 어떤지 알고 싶었고, 기본적인 장애인에 대한 법적정의를 새롭게 만들어보고자 함으로써 이번 연구를 진행하게 되었다.

우리는 장애인에 대한 정의 개념이 사회 구성원들이 가지고 있는 장애인들에 대한 인식에 주요한 영향을 미친다고 생각하였다. 즉, "장애인을 어떻게 규정하고 있는가?"라는 문제에서부터 사람들의 인식이 달라진다고 판단한 것이다.

같은 맥락에서 어떠한 사람을 장애인으로 규정하는 문제는 기본적으로 법적 정의에서 출발한다. 법이 제정된다는 것은 사회의 요구를 수용하는 절차를 거치는 것이 일반적이다. 하지만 법이 어떤 내용을 말하고 있는지에 따라서 우리 사회 구성원들의 인식에 영향을 달리 미칠 수도 있고, 그러한 인식에 따라 요구사항이 달라질 수도 있다. 쉽게 말하면, 사람들의 인식이 모여 법이 제정되는 동시에, 제정된 법이 사람들의 인식을 형성한다.

우리는 법이 최소한의 장치이기도 하지만 강제성이 있고 모든 사회구성원들이 따라야 하는 존재이므로 법이 가지고 있는 영향력이 크다고 할 수 있기 때문에 장애인의 법적 정의를 올바르게 규정해야 한다는 생각을 하게 되었다.

현재의 대한민국 장애인의 법적 정의는 지나치게 의학적 측면만 다루고 있다는 문제를 지니고 있다. 따라서 우리는 장애인의 법적 정의를 새로운 모델에서 규정하고 싶었고, 그 해답을 사회정치적 측면으로 규정하는 것에서 찾았다. 우리는 사회정치적 모델1)을 통해 새로운 장애인에 대한 법적정의를 만들어 냄으로써, 그리고 시민의 인식을 함께 바꿈으로써, 장애인의 인권보장에 힘쓰고자 했다.

2. 장애의 정의 개념에 관한 접근

우선 한국에서 장애의 정의에 대해 객관적인, 그리고 전문적인 자료가 필요했다. 문헌 연구를 통해 2차 자료를 확보하고, 2차 자료를 바탕으로 각 나라에서 장애가 어떻게 정의되는지 객관적 비교를 실시하였다. 한국은 장애인을 장애인복지법에서 장애인을 다음과 같이 정의한다. 장애인이란 신체적, 정신적 장애로 오랫동안 일상생활이나 사회생활에서 상당한 제약을 받는 자2)를 말한다. 장애인차별금지 및 권리구제 등에 관한 법률(약칭, 장애인차별금지법)에서는 장애를 다음과 같이 정의한다.

---

1) 의학적 접근의 특징은 개인적 비극 이론, 장애인 개인 안에 존재하는 개인적 문제, 의료전문가의 역할은 신체적 혹은 지적 손상에 의한 부정적 결과를 치료하거나 개선시키는 것이다. 사회정치적 접근의 특징은 사회적 억압이론, 장애인을 무능력하게 만드는(disabling) 세상에 살고 있다는 측면, 장애인은 적합하지 않은 물리적 환경, 그리고 부정적인 사회적 태도로 인하여 현대 사회로부터 조직적으로 배제되고 있다는 의미다.
2) 장애인복지법 제2조 제1항.

이 법에서 금지하는 차별행위의 사유가 되는 장애라 함은 신체적, 정신적 손상 또는 기능상실이 장기간에 걸쳐 개인의 일상 또는 사회생활에 상당한 제약을 초래하는 상태3)를 말한다. 국가인권위원회 법에서는 장애를 다음과 같이 규정하고 있다. 장애라 함은 신체적, 정신적, 사회적 요인에 의하여 장기간에 걸쳐 일상생활 또는 사회생활에 상당한 제약을 받는 상태4)를 말한다.

각 법률에서 장애는 '손상', '기능상실' 등의 의미를 내포하고 있다. 이러한 법률은 장애인을 무능력의 패러다임에 갇히게 만든다. 즉, 장애를 무능력과 같다는 인식을 심어준다. 실제로 경기도 장애인인권센터의 한 장애인 강사는 "나 자신도 휠체어를 타고 생활하지만 일상생활이 힘들기만 한 것은 아니다. 오히려 휠체어를 타고 다니는 생활에 적응했고 휠체어를 탄 상태에서 어느 정도의 활동을 할 수 있지만 단순히 장애인이라는 이유로 모든 활동을 못하는 사람이라고 인식되는 것은 불합리하다."라고 말한다.

미국과 같은 경우 Americans with Disabilities Act(이하 ADA)에서 장애를 규정하고 있다. ADA에서는 장애를 '개인 삶의 활동을 제약하는 물리적 정신적 손상, 혹은 과거 그랬던 기록이 있는 사람, 혹은 다른 사람에 의해 그러한 손상이 있다고 인식되는 사람'이라고 정의하고 있다. 한국과 달리, 단순히 개인적인 결함에서 나아가 주변 사람들의 인식에 관한 언급이 포함되어 있다.

호주는 Disability Discrimination Act(이하 DDA)에서 장애를 정의하고 있다. 이 법률에 따르면 장애는 신체적 정신적 기능의 결

---

3) 장애인차별금지 및 권리구제에 관한 법률 제2조 제1항.
4) 국가인권위원회법 제2조 제7회.

손, 혹은 신체 일부의 결손, 혹은 질병을 유발하는 유기체의 존재, 혹은 질병을 유발할 가능성이 있는 유기체의 존재, 혹은 신체의 기능저하, 손상, 기형, 혹은 다른 사람과 다르게 배워야 할 결과를 초래하는 기능저하 및 장애, 혹은 사고의 과정에서 판단력 저하, 인지, 감정 등으로 인하여 발생하는 비정상적 행위에 영향을 미치는 질병, 장애, 등으로 규정된다. 해외의 법률은 단순히 장애인의 제한적인 행위에 초점을 맞추어 정의내리지 않고, 주변 환경에 대한 서술을 하고 있다.

장애의 정의에 대한 차이는 곧, 국가별 장애인 인구수로 나타난다. 한국은 2014년 기준으로 약 2,494,460명의 장애인이 등록되어 있다. 한국 인구의 4.89%(2014년 기준)가 장애인이다. 2014년을 기준으로 미국의 장애출현율은 전체인구의 19%이고, 호주의 장애출현율은 12%로 집계된다.[5] 실제로 한국과 같은 경우 알츠하이머나 공황장애는 장애로 분류되지 않고 있다. 그들은 사회정치적으로 일상생활에 있어서 충분히 도움을 받을 수 존재임에도 불구하고 장애인차별금지법에 해당하는 '장애인'이 아니다.

경기도장애인인권센터 안은자 팀장은 "장애인고용촉진 및 직업재활법, 장애인복지법, 장애인 등에 대한 특수교육법, 장애인차별금지법은 모두 의학적 접근법과 기능적 제한에 따른 접근법으로 '장애'에 대한 규정을 명시하고 있다."고 지적했다. 이러한 의학적 접근법은 장애인들이 무엇을 못하는지에 초점을 맞추고 있는 반면, 무엇을 할 수 있는지에 대해서는 소홀히 하고 있다.

---

5) 『한국장애인고용공단 장애인통계』, 2014, 235쪽.

의학적 접근을 바탕으로 내려진 정의는 단순히 장애를 외부에서 바라보며, 장애가 고쳐져야 할 존재로 인식하게 만든다.

조한진 교수는 장애인의 문제를 차별의 관점뿐만 아니라 다양성의 문제, 보편성의 문제로 접근하기 위해서는 정의가 중요하다고 설명하며, 우리나라 장애 관련법들은 의학적 관심이 대부분이고, 장애인차별금지법은 인권법임에도 불구하고 의학적 접근을 기반으로 장애를 서술했다고 지적했다. 즉, 장애가 무능력의 패러다임에서 벗어나기 위해서는, 나아가 시민들의 보다 근본적인 인식변화를 만들기 위해서는 사회정치적 접근법을 기반으로 장애가 정의되어야 한다.

3. 설문조사와 장애체험

지금까지 한국에서 장애가 어떤 의미로 정의되어 있는지 비교해보았다. 또한 전문가의 견해를 바탕으로 법적 정의의 개선이 필요함을 알 수 있었다. UN에서는 한국의 장애인인권이 실질적인 측면을 반영하지 않고 있다고 권고했다. 이번에는 성문으로 규정된 법이 아닌, 사람들이 일상생활에서 장애를 어떻게 생각하는지 보다 현실적인 측면으로 접근해야 할 필요성을 느꼈다. 사회 내에서 다양한 지위를 가진 사람들의 일반적인 인식을 알아보기 위해 설문 문항을 인적사항 조사, 사회관련 인식조사, 개인의 견조사 등 세 부분으로 나누어 작성했다.

질문 문항은 앞서 선행된 연구의 자료를 비교하고 질문 문항을 수정, 보완해 접근했다. 그리고 제작과정에서 위반될 수 있는 문항간의 배타성, 포괄성, 가치중립성을 모두 충족시켰는지 확인해 보았다. 설문은 지면설문과 온라인설문의 두 방식으로 진행했으며, 법적인 측면과 인식적인 측면에서 다각도로 장애인인권에 대해 조명해 보았다.

장애체험은 장애인의 현실적 고충과 제반 문제를 이해하고자, 직접적으로 사회적 환경과 인식이 어느 수준인지 파악함으로써 장애인에 대한 처우를 개선해 볼 수 있는 기회를 제공할 것이다. 이러한 시도는 상대의 삶을 생생하게 이해할 수 있는 계기를 마련해 준다.

체험은 시각장애체험(4명), 청각장애체험(1명), 휠체어를 이용한 체험(2명)으로 구성되었다. 체험 장비는 안대 4개, 이어플러그 1개, 휠체어 2대로 구성된다. 실험 방법은 학교에서 일상적으로 오가는 장소를 각각 주어진 장애의 몸을 이끌고 방문한 뒤 방문 확인을 받아오는 방식이었다. 장소는 급식실과 도서관, 매점, 체육관, 장애인화장실을 이용했다. 이 실험을 통해 우리가 일상적으로 이용하는 장소가 장애인들에게는 얼마나 불편한지 몸소 체험하는 기회가 됐다.

설문지 내용

〈장애인에 대한 인식 조사〉

본 설문지는 장애인에 대한 인식을 알아보기 위한 자료입니다. 성실히 답변해 주십시오.

1. 인적사항

1) 당신은 어느 연령대에 속합니까?

☐ 10세 미만 　 ☐ 10~19 　 ☐ 20~29 　 ☐ 30~39
☐ 40~49 　 ☐ 50~59 　 ☐ 60세 이상

2) 당신의 성별은 무엇입니까?

☐ 남자 　 ☐여자

3) 당신의 가족구성원은 몇 명입니까?(본인 포함)

☐ 1인 　 ☐ 2인 　 ☐ 3~4인 　 ☐ 5인 이상

4) 당신의 직업은 무엇입니까?

☐ 학생 　 ☐ 무직 　 ☐ 회사원 　 ☐ 주부
☐ 기타(　)

5) 당신의 월간 소득수준은 어느 정도입니까?

☐ 소득 없음 　 　 ☐ 100만원 미만
☐ 100~200만원 미만 　 ☐ 200~300만원 미만
☐ 300~400만원 미만 　 ☐ 400~500만원 미만
☐ 500만원 이상

6-1) 당신의 주변에 장애인이 있습니까?

☐ 예(6-2번, 6-3번 질문에 답해주세요) 　 ☐ 아니오

6-2) 6-1번에 '예'라고 답했다면 그 사람은 어떤 종류의 장애를 가지고 있습니까?

☐ 육체적 장애 　 　 ☐ 정신적 장애
☐ 기타(　)

6-3) 6-1번에서 '예'라고 답했다면 그 사람과의 관계는 어떻게 됩니까?

☐ 가족 　 ☐ 친구 　 ☐ 동료 　 ☐ 이웃
☐ 기타

7) 장애인 인권교육을 받은 적이 있습니까?

   ☐ 예   ☐ 아니오

8) 장애인 관련 봉사활동을 한 적이 있습니까?

   ☐ 예   ☐ 아니오

2. 사회관련 인식

1) 장애는 어떤 것이라고 생각하십니까?(복수선택 가능)

   ☐ 육체적 결함   ☐ 정신적 결함

   ☐ 생활에 지장 있음   ☐ 질병   ☐ 기타(   )

2) 장애인이라는 말의 어감은 어떤 것 같습니까?

   ☐ 매우 불편   ☐ 불편   ☐ 느낌 없음

   ☐ 괜찮다   ☐ 좋다

3) 우리나라의 연간 장애인 복지비용은 1,049,772원(2013년 기준)으로 1인 기준 200만원 이내입니다. 이에 대해 어떻게 생각하십니까?

   ☐ 많다   ☐ 적절하다   ☐ 적다   ☐ 모르겠다

4) 3번에 대해 구체적으로 생각하고 있는 금액이 있다면 적어 주시오.(1인당)

   (   )원

5) 우리나라의 장애인의 수가 어느 정도 될 것 같습니까?

   (   )명

6) 장애인을 다루는 프로그램을 알고 계십니까? 알고 있다면 프로그램을 적어주시오.

   ☐ 예(   )   ☐ 아니오

7) 장애인을 다루는 프로그램이 얼마나 될 것 같습니까?(공중파만 작성)

   (   )개

3. 개인의견

1-1) 법적으로 장애인은 '신체적, 정신적 장애로 오랫동안 일상생활이나 사회생활에서 상당한 제약을 받는 자'라고 규정되어 있습니다. 이에 동의하십니까?

   ☐ 예(2, 3번 질문에 답하시오)   ☐ 아니오

1-2) 법적인 장애인으로 규정하지 않았지만 일상생활에 지장이 있다면 장애인이라고 생각합니까?

1-3) 법적인 장애인으로 규정된 사람이라고 하더라도 일상생활에 지장이 없다면 장애인이 아니라고 생각합니까?

   □ 예   □ 아니오

2) 우리 사회의 장애인에 대한 인식에 대해 어떻게 생각하십니까?

   □ 적절하다   □ 부적절하다   □ 모르겠다

3) 장애는 사회가 규정짓는다는 생각에 대해 어떻게 생각합니까?

   □ 그렇다   □ 아니다   □ 모르겠다

4) 혹시 장애인 인식에 관한 문제점이 있다고 생각되는 점을 써주시오.

   (   )

4. 조사결과와 대중인식

설문조사 기본 자료는 다음과 같다.

  시기: 2015년 9월 5일~2015년 11월 6일

  대상: 화성고등학교 학생과 교사, 동남보건대학교 학생과 시민 등
       총 342명

  방법: 지면설문조사와 온라인설문조사

  위의 설문조사 기본 자료를 통해 설문지 내용은 인적사항조사, 사회관련 인식조사, 개인의견조사 등으로 나눴다. 그리고 이에 근거하는 조사결과와 대중인식은 다음과 같다.

1) 인적사항조사

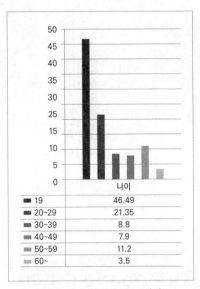

나이	
■ 19	46.49
■ 20~29	21.35
■ 30~39	8.8
■ 40~49	7.9
■ 50~59	11.2
■ 60~	3.5

〈그림 1〉 나이별 응답자 수(%)

　　나이별 응답자 수는 20세 미만(46.49%)이 가장 많이 응답했으며, 그 뒤로 20세 이상 30세 미만(21.35%), 50세 이상 60세 미만(11.2%) 순으로 나타났다. 이와 같은 양상은 페이스북과 같은 SNS를 이용하여 온라인 설문조사를 홍보했기에 비슷한 또래의 연령별 학생들이 가장 많이 참여하게 되었다. 부모님과 선생님을 대상으로는 설문지를 통해 조사한 결과가 반영된 것으로 보인다.

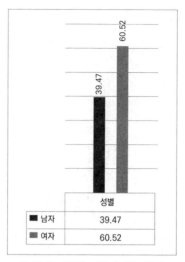

성별	
■ 남자	39.47
■ 여자	60.52

〈그림 2〉 성별에 따른 응답자 수(%)

성별에 따른 응답자 수는 〈그림 2〉와 같다.

여성(60.52%)이 남성(39.47%)보다 많이 참여했다. 이는 화성고등
학교 학생의 성비가 여성이 더 많은 현실과 온라인 설문조사에서
도 여성 참여가 더 많았음을 의미한다.

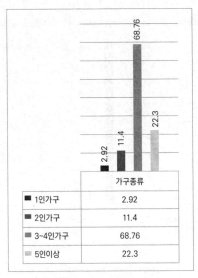

가구종류	
■ 1인가구	2.92
■ 2인가구	11.4
▦ 3~4인가구	68.76
▨ 5인이상	22.3

〈그림 3〉 가구별 응답자 수(%)

가구별 응답자 수는 〈그림 3〉과 같이 3~4인 가구(68.76%)가 가
장 많았고 그 뒤로 5인 이상 가구(22.3%), 2인 가구(11.4%) 순으로
집계되었다.

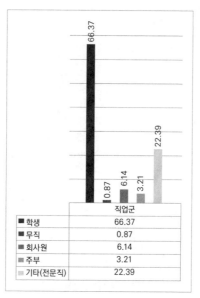

직업군	
■ 학생	66.37
■ 무직	0.87
■ 회사원	6.14
■ 주부	3.21
■ 기타(전문직)	22.39

〈그림 4〉 직업군별 응답자 수(%)

직업군별 응답자 수는 〈그림 4〉과 같다. 학생(66.37%)이 가장 많이 응답했으며, 교사 중 응답자가 많아 그 뒤로 전문직(22.39%), 회사원(6.14%) 순으로 집계되었다.

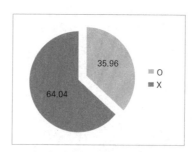

〈그림 5〉 주변 장애인의 유무(%)

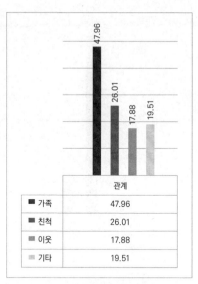

관계	
■ 가족	47.96
■ 친척	26.01
■ 이웃	17.88
■ 기타	19.51

〈그림 6〉 장애인과의 관계(%)

응답자 중에 주변에 장애인이 없는 사람(64.04%)이 있는 사람 (35.96%)보다 많았다. 아울러 주변에 장애인이 있다고 대답한 응답자 가운데, 장애인과의 관계는 가족(47.96%)이 제일 많았고 그 뒤로 친척(26.01%), 이웃(17.88%)이었다. 현대 사회의 개인주의적 성향이 반영되어 앞의 〈그림 5〉와 〈그림 6〉에서의 수치가 나온 것으로 보인다. 이는 장애인과 관계가 있는 사람 중, 대다수가 가족관계임을 통해 알 수 있다.

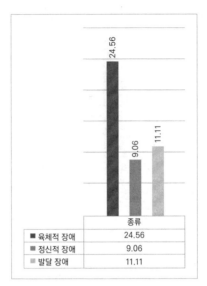

	종류
■ 육체적 장애	24.56
■ 정신적 장애	9.06
▨ 발달 장애	11.11

〈그림 7〉 장애의 유형(%)

주변에 장애인이 있다고 대답한 응답자 중 그 장애인의 장애 유형은 '육체적 장애'(24.56%)가 가장 많았고, 그 뒤로 '발달장애'(11.11%), '정신적 장애'(9.06%) 순으로 집계되었다. 실제 장애인 비율은 지체장애(52.35%), 청각장애(10.21%), 뇌병변(10.14%), 시각장애(10.12%) 순서대로 나타났다. 지체장애는 육체적, 정신적 측면 모두 해당한다.

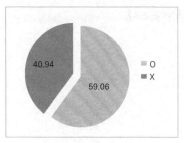

〈그림 8〉 장애인인권교육 유무(%)

응답자 중 '장애인인권교육을 받은 사람'(59.06%)이 '장애인인권교육을 받지 않은 사람'(40.94%)보다 많았다. 해외의 경우에 의무적 장애인 교육으로 인한 장애인인권교육 이수율이 80%대에 육박하는 것에 비하면 낮은 수치이다.

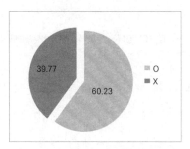

〈그림 9〉 장애인관련 봉사활동 참여(%)

응답자 중 '장애인관련 봉사활동에 참여한 사람'(60.23%)이 '장애인인권교육을 받지 않은 사람'(40.94%)보다 많았다. 이는 학생이 대부분인 통계자료를 통해 학교에서 하는 의무적 봉사활동에 따른 이수자가 대부분인 것으로 보인다.

2) 사회관련 인식조사

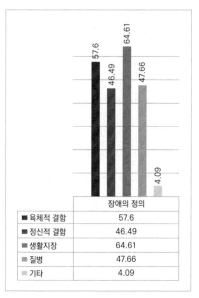

장애의 정의	
■ 육체적 결함	57.6
■ 정신적 결함	46.49
■ 생활지장	64.61
■ 질병	47.66
■ 기타	4.09

〈그림 10〉 장애는 무엇이라 생각하는지(%)

장애의 정의에 대해 무엇이라고 생각하는지 묻는 질문(복수응답 허용)에서 일상생활에 지장이 있는 사람(64.61%)이라고 응답한 사람이 가장 많았고 그 뒤로 육체적 결함(57.6%), 질병(47.66%), 정신적 결함(46.49%) 순으로 집계되었다. 한국의 장애인복지법에서 규정하고 있는 장애의 정의와 일맥상통한 면을 발견할 수 있었다.

즉, 사람들의 인식이 법률에 영향을 미치고 법률이 사람들의 인식에 영향을 미침을 알 수 있었다. 또한 상당수가 장애를 '질병'으로 생각함으로써 치료될 수 있는 대상으로 인식하고 있음을 확인했다.

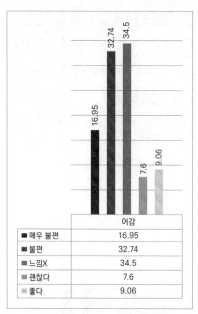

어감	
■ 매우 불편	16.95
■ 불편	32.74
■ 느낌X	34.5
■ 괜찮다	7.6
■ 좋다	9.06

〈그림 11〉 장애의 어감에 대해(%)

장애의 어감에 대해서 어떤지 물어보는 질문에는 아무런 느낌
이 없다(34.5%)라는 답변이 가장 많았고 그 뒤로 불편하다
(32.74%), 매우 불편하다(16.95%) 순으로 집계되었다. 특히 여성
일수록 장애라는 말의 어감에 대해 긍정적인 답변을 보였다. 그
리고 장애인인권교육을 받은 사람들은 장애의 어감에 대해 긍정
적인 답변을 했다.

하지만 장애인이 주변에 존재하는 사람, 특히 가족 중에 장애
인이 있는 사람은 장애의 어감에 대해 부정적인 답변을 했다. 이
는 많은 사람들이 인권교육 등으로 장애에 대해서 편견을 버려야
한다는 생각을 이성적으로 하고는 있지만, 실제로 장애인을 주변

에 둔 사람이 느끼기에는 장애인에 대한 편견과 차별이 없어지지 않았음을 알 수 있다. 즉, 장애인을 곁에 둔 사람은 장애인에 대한 차별을 직접적으로 느끼기 때문에 이에 대한 반감이 장애의 어감으로 드러난다고 할 수 있다.

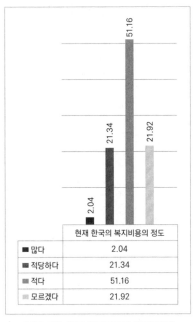

현재 한국의 복지비용의 정도	
■ 많다	2.04
■ 적당하다	21.34
■ 적다	51.16
■ 모르겠다	21.92

〈그림 12〉 한국 복지비용의 적절성(%)

한국의 장애인 복지비용에 대해서 적절한지 묻는 질문에는 적다(51.16%)가 과반수 이상을 차지했다. 그 뒤로 모르겠다(21.92%), 적당하다(21.34%) 순으로 집계되었다. 장애인 복지비용이 적다고 응답한 사람은 주로 장애인인권교육을 받은 사람이거나 장애인 관련 봉사활동을 실시한 사람이었다.

그러나 실제적으로 지급되었으면 하는 금액에 대한 조사에서 적다고 이야기 한 사람 대부분이 제대로 된 응답을 하지 못했으며, 심지어는 현재 투입되는 복지비용을 언급했음에도 불구하고 그보다 더 적은 금액을 쓰는 모순적 서술 또한 존재했다.

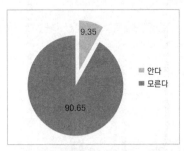

〈그림 13〉 장애인 TV프로그램에 대해(%)

TV프로그램은 한 사회의 관심도를 나타내는 척도로 작용될 수 있다. 한국이 다문화사회로 진입하게 되면서 샘 해밍턴, 엠버 등 다른 나라 방송인이 인기가 많아지고 비정상회담, 영국 남자 등 외국인이 출연하는 TV프로그램이 성황리에 방송되고 있다. 마찬가지로 이 문항을 통해 우리는 장애인의 관심이 어느 정도인지 측정해 보았다.

장애인관련 TV프로그램에 대해서 알고 있는 사람은 9.35%로 매우 적음을 알 수 있다. 게다가 매체 접촉이 높은 20대가 전 세대 중에서 가장 낮은 인지도를 보였다. 이를 통해 방영되는 TV프로그램들에 관한 홍보가 매우 미흡함을 알 수 있다. 또한 알고 있다고 말한 사람들의 구체적 예시 서술과정에서 대다수의 프로그램들이 장애인 프로그램이라고 말하기에는 부족한 점이 있었다.

3) 개인의견조사

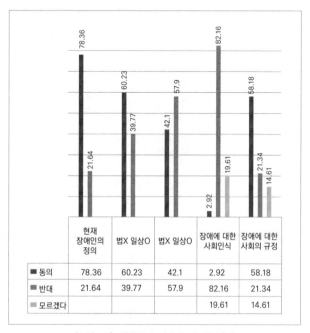

〈그림 14〉 장애인의 정의에 관련하여(%)

	현재 장애인의 정의	법X 일상O	법X 일상O	장애에 대한 사회인식	장애에 대한 사회의 규정
■ 동의	78.36	60.23	42.1	2.92	58.18
■ 반대	21.64	39.77	57.9	82.16	21.34
■ 모르겠다				19.61	14.61

현재 장애인의 법적 정의에 동의하는 사람은 78.36%였다. 이를 통해 법이 사람들의 인식을 형성하는 데에 영향을 미칠 수 있음을 알 수 있다. '장애는 사회가 규정짓는다.'는 의견이 58.18%로 장애에 대한 인식이 법적인 요소에 의해 규정지어질 수 있다는 가설에 내용과 상응하다. 이를 통해 법에서 장애인을 규정함에 있어 의학적 정의뿐 아니라 사회정치적 접근이 필요함을 알 수

있다.

사회의 장애인에 대한 인식이 부적절하다고 느끼는 사람이 82.16%로, 이를 통해 우리 사회의 장애에 대한 인식 개선이 필요하다는 것을 알 수 있다. 인식 개선은 장애인에 대해 부적절한 인식의 시발점이라고 판단되는 법적 규정의 개선을 통하여 고칠 수 있다.

4) 장애체험 캠페인 결과와 대중인식

학교 학생을 대상으로 장애체험 캠페인을 진행한 결과, 설문지에서 드러나지 않은 사람들의 실제 인식을 알 수 있었다. 휠체어를 타고 체험을 하던 유○○ 양은 장애인화장실을 방문하는 중, 휠체어에서 내려 걸어갈 수밖에 없었다. 장애인화장실이 2층에 설치된 데다가 승강기에서 내려서 장애인화장실에 가는 중에도 많은 계단과 턱이 설치되어 있었기 때문이다.

특히 장애인화장실이 남자화장실 앞에 설치되어 있어서 여자인 자신이 장애인화장실을 가는 데에 남자들의 불평을 들었다고 얘기했다. 이처럼 교내의 시설물들이 장애인을 배려하지 않고 만들어져 있음을 확인할 수 있었다. '장애'가 장애인이 해결해야 할 문제점이라고 간주하는 의학적 접근법에서는 시설물에 있어서 더 이상의 개선을 바라기는 어렵다. 그들에게는 시설물 문제가 아니고 장애인의 '장애'가 문제이기 때문이다. 장애가 사회에 의해 발생하는 것이라고 접근해야지만 사회적 환경이 개선 될 수 있다.

한편, 사람들의 인식 또한 변화되어야 함을 느낄 수 있었다. 캠페인 당시 시각장애 체험을 하던 전○○ 양은 때마침 학교 수업이 끝난 중학생들과 마주하게 되었다. 그녀는 앞을 못 보는 상태였음에도 불구하고, 중학생들의 따가운 시선을 느낄 수 있었다고 털어놓았다. 장애를 만드는 중요한 요소는 단순히 개인의 신체적 정신적 결함에 있는 것이 아니라, 주변사람들의 시선에 있다는 것을 알 수 있었다. 수십 년 전 미니스커트가 사회에 처음 등장했을 때, '비정상'적이었던 것이 시간이 흐름으로서 더 이상 비정상적인 것이 아니게 된 것처럼, 장애도 마찬가지로 사회의 따가운 시선에 의해 규정될 수도, 되지 않을 수도 있다는 것이다. 장애체험 캠페인을 진행하면서 장애를 규정하는 무서운 힘이 환경적 제약, 사회의 시선임을 알 수 있었다.

앞서 진행된 전문가의 의견과, 설문조사를 바탕으로 많은 사람들의 일반적 인식이 모여 법이 제정되고 법률이 다시 사람들의 인식형성에 영향을 끼친다는 사실을 알 수 있었다. 보다 객관적으로 사람들의 인식이 법적 규정과 연관된다는 것을 확인하려면 법이 사람들의 인식에 영향력을 끼칠 수 있다는 것을 보여야 한다. 이는 다른 나라의 장애 관련법에 대한 제정과 개정 사례를 통해 알 수 있다.

호주와 같은 경우 DDA가 1992년에 제정된 뒤부터 장애인 차별의 지표가 될 수 있는 직장 수용률 증가폭이, 당시 불황이 닥쳐온 경제 상황에도 불구하고 커졌음을 볼 수 있다. 미국 역시 1990년 ADA의 지정이후 장애인의 차별과 관련된 범죄가 줄었다는 것을 미국 통계청 장애인 차별 범죄 발생 건수의 감소를 통해서도 볼 수 있다.

두 법 모두 과거에는 단순 의학적 정의에만 그치던 장애인에 대한 정의를 사회정치적 접근을 통해 개정함으로써 사람들의 인식이 개선됨을 알 수 있다. 우리나라 또한 현재 법적 정의에 동의하는 사람들조차 느끼는 장애에 대한 사회인식의 부적절함을, 장애와 장애인에 대해 사회정치적으로 접근할 필요가 있음을 짐작케 한다.

5. 법적 보호와 개선의 필요성

무엇보다 우리나라에서 이러한 법적인 문제를 제대로 인식하고 있는지를 살펴야 한다. 한국은 2007년에 장애인복지법을 개선하였고 현재 거의 제정이 확실시 된 발달장애인법(발달장애인 권리보장 및 지원에 관한 법률) 등 사회적 이슈가 되고 있는 '평등'과 '복지'라는 키워드를 사회적 약자인 장애인들에게 돌아갈 수 있도록 다양한 법적 개선이 이루어지고 있다. 하지만 장애에 대한 정의와 관련된 법안의 수정에 대한 이슈는 장애인 단체들의 개정 요구에도 불구하고 논의가 미흡하게 이루어지고 있는 실정이다.

이는 한국이 장애인의 평등과 행복 추구를 위해 다양한 금전적, 물질적 제도를 시행하려 노력함에도 정작 중요한 사회적인 인식의 변화와 물질적 여건을 지원받기 위해 개선되어야 할 정의에 관한 개선 의지가 미미하다는 것을 보여준다. 우리나라의 장애인 인구가 4.89%(2014년 기준)인 반면 호주, 미국 등 장애인 복지에서 선구적 국가들은 10~20%를 웃돌고 있다. 이것은 '한국에 장애인이 적다.'를 의미하는 것이 아니라 '마땅히 장애인으로 포함되어 보호받아야 하는 이들을 제대로 보호해 주지 못하고 있다.'는 의미를 반영하기도 한다. 다시 말해 정부와 사회전반에 걸쳐 장애인의 사회적 차별을 개선하려는 노력이 부족하며, 제대로 된 법적 정의가 아직 마련되어 있지 않다는 사실이다.

앞서 제시한 바와 같이 법적 개선이 이루어지는 방향은 장애에 대한 사회정치적 접근을 포괄하고 있어야 한다. 즉, 장애에 단순한 의학적 정의가 아닌 주변 사람들의 인식, 환경적으로 불편한 점이 있는 경우 등의 요소 또한 포함되어야 한다. 호주는 DDA를 제정함으로써 모든 시설에 장애인의 접근이 용이하도록 편의시설을 설치했다. 이 법안을 통해 호주사회에서 장애인의 접근권 개념이 전폭적으로 수용됐고 '장애인에게 편리한 시설은 비장애인에게는 더욱 편리하다'는 사회적 합의가 형성되었다.

호주가 장애인 정책에서 앞서갈 수 있는 가장 큰 힘은 사회의 약자인 장애인을 사회정책을 통해 통계적 다수로 끌어올려 사회의 '주류(主流)'로 만들었다는 점이다. 버스를 이용하는 고객의 1/3이 장애인이기 때문에 저상버스를 투입한 것이고, 건축물에서도 장애인을 위한 편의시설이나 디자인을 강조하게 된 것이다. 이처럼 법적인 제도적 접근은 장애인을 '주류(主流)'로 만들 수 있는 하나의 혜안이 될 수 있다. 한국은 길거리에서 장애인을 보기 힘든 만큼, 장애인을 위한 시설이나 사회적 인식이 아직은 부족하다. 호주와 같은 경우를 참고해 보아도 장애인을 위한 정부의 법적인 개정 의지는 한걸음 더 성숙한 상생의 사회를 만들 수 있을 것으로 본다.

6. 맺음말

지금까지 많은 사람들은 장애를 고쳐져야 할 대상으로 인식했
다. 이제는 장애에 대해서 다양성의 측면에서 바라 볼 필요성이
있다. 장애인을 질병을 가진 사람이 아닌, 남성과 여성, 흑인과
백인, 황인과 같이 서로 '다른' 사회구성원일 뿐임을 인식해야 할
필요성이 있다.

과거 안경이 발명되기 전에는 시력이 나쁜 사람들이 장애인이
었던 것에 반면, 현재는 시력이 나쁘더라도 안경을 쓰며 더 이상
장애인으로 인식되지 않는다. 안경을 쓴 사람을 '소수'로 취급하
지 않기 때문이다. 오히려 멋을 내려고 안경을 쓰기도 한다. 이처
럼 사회의 인식이 장애에 대해 사회적 규정을 내릴 수 있다.

지극히 평범한 한 사람이 20cm의 계단 앞에 서 있다고 하자.
이 사람은 20cm 계단에 대해서 장애가 발생하지 않았다. 충분히
계단을 오르고 내릴 수 있다. 휠체어를 탄 사람이 20cm 계단 앞
에 서 있다고 하자. 이 사람은 20cm 계단에 대해서 장애가 발생
했다. 계단을 이용할 수 없어 이동에 제약이 발생했기 때문이다.
우리 '주류(主流)'는 전자를 '비장애인', 후자를 '장애인'이라고 규
정한다. 이제 상황을 바꾸어보자. 앞서 똑같은, 평범한, '비장애
인'으로 규정되었던 사람이 20m 계단 앞에 서 있다고 하자. 이
사람은 장애가 발생했다. 계단을 이용하여 이동할 수 없기 때문

에 이동에 대한 장애가 발생한 것이다. 이 사람은 같은 사람이다. 같은 사람인데도 불구하고 '장애'에 대한 정의는 환경이 어떠한가에 대해 상대적으로 작용한다. 이것이 사회정치적 접근법이다.

사회정치적 접근법에 따르면, 20m짜리 계단을 깎아서 낮춤으로서 장애를 없앨 수 있다. 우리가 장애인을 단순히 의학적 접근법으로만 바라보는 것은 20m 계단 앞에 서있는 평범한 사람에게 '네가 문제니까 20m 계단을 넘을 수 있을 정도로 치료를 받고, 재활을 받고, 몸을 고쳐서 와'라고 말하는 것과 같다.

또한 운이 나쁘면 장애인이 된다는 생각이 아닌 누구나 나이가 먹으면 장애인이 될 수 있다는 생각을 가져야 한다. 우리는 나이가 들어감에 따라 신체기능이 저하된다. 각자 보청기를 끼고 지팡이를 짚는다. 그런데도 그러한 자연의 순리를 받아들이지 않고 계속 고치려고 하는 행위는 효율적이지 않다. 따라서 단순히 장애인만을 위한 특별한 시설물을 만들자는 인식이 아닌 장애인, 노인, 여성, 임산부, 어린이 모두가 쉽고 편리하게 이용할 수 있는 시설물을 만들자는 보편적 개념을 가질 필요가 있다.

실제로 장애인을 위한 저상버스가 도입되고 있는데, 저상버스에 오르는 할머니의 말씀을 들은 적이 있다. 할머니께서는 버스에 오르면서 "아이고 이 버스는 계단이 없어서 참 좋네."라고 말을 하셨다. 장애인을 보편적인 개념으로, 다양성으로 받아들이는 자세가 필요하다. "한 국가에서 법적으로 규정하고 있는 장애 개념은 그 국가에서 누구를 장애인으로 간주하고 있으며 장애인을 어떻게 바라보고 있는가를 알 수 있다. 이들이 사회에서 어떻게 생활하며 장애인 복지와 관련하여 어떠한 서비스를 어느 정도 받는가를 결정짓는 기본적 시각을 포함하고 있는 것이다."(Oliver M., 1990) 따라서 장애의 정의는 그 나라의 문화적, 사회적, 경제적, 정치적 여건 및 수준에 따라 변화하며 장애인구의 출현율은 이러한 정의에 의해 변화하기 때문에 장애인에 대한 개념은 절대적 개념이 아니라 상대적 개념이다.

이제 우리에게도 장애 개념을 바꿀 때가 왔다. 장애 개념을 바꿈으로서 장애인을 무능력의 패러다임에서 벗어 날 수 있다. 장애 개념을 바꾸는 과정에서 기존의 의학적 접근만이 아닌 사회정치적 접근의 도입을 통해 장애인의 법적 정의를 보다 새롭게 규정하고 이를 통해 장애인에게 최소한으로 보장할 수 있는 모든 것들은 다 보장해주어야 한다. 물론 이러한 복지가 장애인들을 '수동적 존재'로 전락시킬 수 있다는 비판이 나오기도 한다. 그러나 우리가 말하고자 하는 것은 장애인이 도움만을 받는 존재로 만들자는 것이 아닌, 장애인들이 스스로, 능동적으로 일반인들과 다를 바 없이 사회에 참여할 수 있다는 희망을 복지를 통해 실현시켜주고자 하는 것이다.

이를 위해 새롭게 장애인에 대한 법적 정의가 규정되어야 하는 것이 우선되는 것이므로 기존의 정의보다 넓게 장애인의 의미를 규정하여 도움이 필요한 사람들에게 최대한 이를 보장해야 한다. 그 방법으로 기존의 단순한 의학적 접근법에서 이제는 우리 사회의 의견이 반영된, 사회정치적 접근에 의한 새로운 장애인의 정의를 통해 장애인들의 많은 권리 보장을 실현하고자 한다.

군가산점제에 대한 화성고 남녀 인식 비교

박민수(2학년), 이재문(2학년), 임종범(2학년)

1. 머리말

제대군인에게 나라에 대한 봉사를 한 대가로 받던 군가산점제도는 1969년 처음 실시되어 오다가 2001년 군가산점제가 위헌 판결을 받아 최종 폐지되었다. 그러나 군가산점제도는 폐지되었음에도 계속 군가산점제의 부활을 둘러싸고 많은 찬반의견이 대립해왔다. 1월에는 군복무 학점 인정이 확대되어 일각에서는 군가산점제의 일환이라고 비판하기도 하였다. 하물며 얼마 전에는 대학 장학생 선발 시에 군필자를 우대하는 내용을 담은 소식도 나온 바 있다. 따라서 군가산점제가 어떤 제도인지를 바르게 인식하고 어떻게 하면 찬반 측 모두 만족할 수 있는 대안을 찾을 수 있을까 하는 전제에서 본 논의를 전개하고자 한다.

군가산점제도는 전역 군인이나 공기업, 일정 규모 이상의 민간 기업 채용시험에 응시할 경우 복무 년수만큼의 혜택 또는 가산점이 적용되는 제도로써 공무원과 공기업 채용 시 100점 만점 시험에서 3%의 가산점을 부여하는 제도이다. 단, 2년 이하의 복무자에게는 2%를 부여한다. 민간 기업에서는 군복무 년 수만큼의 호봉 수 산입과 경력 인정으로 인한 임금에 3~5만원의 보너스 합산을 지급하는 제도(헌법재판소판결 98헌마363, 제대군인지원에관한법률 제8조 제1항 제9조)라 할 수 있다.

1969년 군사 원호대상자 고용법 제정 당시에는 제대군인에게 5%의 가산점을 부여하지만 1998년 제대 군인 지원에 관한 법률에 의해서 민간 기업에 위 제도의 적용이 의무화되었다. 그러나 1998년에 공무원 시험 합격점 안에 속했으나 군가산점의 보정을 받은 이들에게 밀려 낙방한 장애인이 최초로 제대 군인 지원에 관한 법률을 헌법소원 청구하였다.

이후 작은 논란들이 계속되다가 최종적으로 이화여대를 졸업하여 공무원 시험을 준비 중이었던 여성 5명과 마찬가지로 공무원 시험을 준비하면서 연세대에 재학 중이던 신체장애를 가진 남성 1명이 최종적으로 소송을 제기한 후, 1999년 제대 군인 지원에 관한 법률 위헌 결정이 나게 되었으며 2001년 제대 군인 지원에 관한 법률이 폐지되었다. 헌법재판소가 위 제도가 위헌이라고 판단했을 때의 사유는 총 4개의 큰 이유가 있는데 그 내용은 다음과 같다.

첫째, 헌법 제39조 제1항, 모든 국민은 법률이 정하는 바에 의하여 국방의 의무를 진다. 둘째, 헌법 제39조 2항, 누구든지 병역

의무의 이행으로 인하여 불이익한 처우를 받지 아니한다. 셋째, 헌법 제32조 제4항, 여자의 근로는 특별한 보호를 받으며, 고용·임금 및 근로조건에 있어서 부당한 차별을 받지 아니한다. 넷째, 헌법 제11조 제1항, 모든 국민은 법 앞에 평등하다. 누구든지 성별·종교 또는 사회적 신분에 의하여 정치적·경제적·사회적·문화적 생활의 모든 영역에 있어서 차별을 받지 아니한다.

이러한 4가지 근거를 통해 위헌판단을 내리고 재판소는 군가산점제도를 폐지하였다. 또한 헌법재판소의 위헌 사유를 제외하더라도 어떤 기수의 공무원 시험은 총점 100점에 합격 커트라인이 103점이였던 기수도 있었다고 한다. 즉, 군가산점제도 반대자들은 이것이 과하다고 주장하면서, 적용은 또 다른 불평등을 초래한다는 입장이다.

2. 선행 대안 분석

1) 모병제

군인을 본인의 의지에 의해 모집하는 제도로써 쉽게 애기하면 현재 우리나라에서 실시되고 있는 징병제와 정반대의 개념으로 볼 수 있다. 현재 이 모병제를 실시하고 있는 나라들 중 대부분은 자국 영토와 맞닿은 곳에 적대적인 강대국이 없는 선진국이라든가 후진국 중에서도 병력대비 인구수가 많거나 군 외에 딱히 제대로 된 일자리가 없는 나라들도 실시하고 있다. 이 모병제를 실시하는 대표적인 국가들은 미국, 영국, 프랑스, 캐나다, 오스트레일리아, 독일, 중국, 인도 등이 있다.

위 제도를 실시한다면 첫째, 병사들의 인적 자원의 질이 급격하게 향상되며 자격 미달의 병역자원을 걸러내는 효과가 나타나게 된다. 둘째, 본인의 필요에 따라 자원해서 입대하기 때문에 병역의무 회피와 관련된 비리가 원칙적으로 존재하지 않게 된다. 셋째, 군인 전체가 직업공무원이 되므로 구타 및 가혹행위가 징병제에 비하여 현저히 적어지며 조직력이 강화되고 인권침해가 사라진다는 효과가 나오게 된다.

그러나 위 제도의 단점은 첫째, 모병제로 전환 시에는 많은 비용이 드는데 이전까지 군필자들을 매우 싼 월급만 지불했던 한국 정부는 월급 지급에 어려움을 겪을 수 도 있다. 둘째, 유사시 병력 증가가 느리고 어렵다. 모병제를 유지하는 나라의 군대들은 대부분 인건비 문제와 겹쳐서 필요한 현역만 유지하고 있다가, 전쟁 시 예비군 소집과 징집으로 대규모 팽창을 하도록 준비된 체계이기 때문이다. 셋째, 모병제 체제에서 군필자들은 군대말고는 선택권이 없는 경우가 많다. 사회적 지위와 경제적 수준에 따라 군대는 많은 선택지중 하나인 사람과, 군대말곤 선택지가 없는 사람이 발생하여 모두가 균등하게 병역을 분담하는 징병제와 달리 선택권 차별이 발생할 수 있다.

따라서 모병제를 분석한 결과 현재 우리나라 상황(분단 휴전 상태)의 특성상 소규모를 유지한다는 것은 자칫 국가 안보에 큰 위험을 끼칠 수 있으므로 우리나라는 적합하지 않은 정책이다.

2) 군 복무기간 단축

현재 육군의 복무기간은 24개월, 해군의 복무기간은 23개월, 공군의 복무기간은 24개월이다. 군 복무기간을 줄인다면 군 유지에 필요한 비용이 줄어들 순 있지만 현재 휴전중이며 무력도발 중인 북한과 맞닿아 있는 지리적 특징상, 현실적으로 군 병력 수를 줄일 수는 없을 듯하다. 더욱이 비용문제에 있어서 결과적으로 국가에 이익이 되는 일이지만 민간인에게는 이득이 되지 않기에 시행 전과는 별다른 차이가 없고 오히려 국력만 악화시키는 원인을 제공 할 수 있다. 따라서 군 복무기간 단축은 크게 실효성이 없어 보인다.

3) 군 장병 월급 증가

2015년 우리나라 병장 월급은 174,000원, 2014년 싱가포르 상병 월급은 463,000원 정도이며, 태국의 의무복무 병사 월급은 298,000원 정도라고 한다. 위 제도를 실시할 경우, 장병들의 사기 진작은 물론 군필자들이 만족할 만한 보상을 지급할 수 있기에 가장 쉽고 편리한 문제 해결이 될 수 있다.

하지만 모병제 전환 시 제기되는 주된 문제점인 자금 문제와 결부되기에, 군 장병들의 월급 증가 또한 최적의 방안으로 받아들여지기 쉽지 않다.

4) 해외 사례

대만은 남성만 군복무를 하는 것이 불평등 하다는 의견이 나오면서, 직장여성들에게 세금을 거둬 군인에게 월급 50만원을 지급하고 가산점과 가족 생계비를 포함한 다양한 혜택을 주고 있다. 독일은 9개월 복무에 월 30만원, 가산점과 가족 생계비 외에 역시 다양한 혜택을 주고 있으며, 야당에서는 심지어 여성에게 병역의무를 부과하는 방안도 제기된 바 있다. 하지만 각기 국가마다 조금씩 환경과 처한 입장이 다르므로 무턱대고 그 형태를 수용하는 것은 어렵다. 게다가 위의 나라들이 현재 실시하고 있는 제도들은 이미 많은 재론의 여지를 안고 있기에, 그 실효성은 좀 더 지켜봐야 할 것 같다.

3. 설문조사 방식과 결과

화성고등학교 구성원(남교사 17명, 남학생 77명, 여교사 14명, 여학생 72명 총 180명)을 대상으로 9개 항목에 대해 설문조사를 실시하였다. 먼저, 남녀 간의 인식을 비교해 보았다.

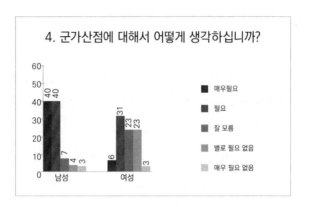

Q4	매우 필요	필요	잘 모름	별로 필요 없음	매우 필요 없음
남성	40	40	7	4	3
여성	6	31	23	23	3

4번 질문인 '군가산점에 대해서 어떻게 생각하십니까?'라는 질문에서 남자는 매우필요하다에 40명이, 어느 정도 필요하다에 40명이, 잘 모르겠다. 7명, 필요하지 않다. 4명, 절대로 필요하지 않다. 3명으로 각각 나타났다. 여자는 매우 필요하다가 6명, 어느 정도 필요하다가 31명, 잘 모르겠다가 23명, 별로 필요하지 않다는 23명, 매우 필요하지 않다가 3명으로 나타났다.

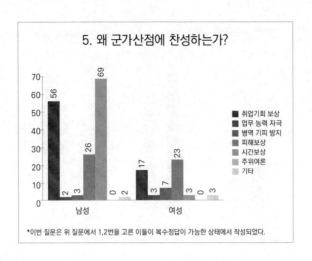

5. 왜 군가산점에 찬성하는가?

*이번 질문은 위 질문에서 1,2번을 고른 이들이 복수정답이 가능한 상태에서 작성되었다.

Q5	취업 기회 보상	업무 능력 자극	병역 기피 방지	피해 보상	시간 보상	주위 여론	기타
남성	56	2	3	26	69	0	2
여성	17	3	7	23	3	0	3

　이어 5번 질문인 '왜 군가산점에 찬성하는가?'에서는 시간보상
과 취업기회 보상, 피해보상은 69표, 56표, 26표로 높은 수치를
나타낸 반면 업무능력자극과 병역 기피 방지, 주위 여론은 2표,
3표, 0표로 낮은 수치를 드러냈다. 기타의견으로는 국가에 의무
를 다해 권리를 보상해야 한다는 근거와 국가에 대한 선별적 의
무 부과에 대한 보상이 나왔다. 여성도 어느 정도 비슷한 의견이
드러났다. 피해보상과 취업기회 보상은 23표, 17표로 높은 수치
를 드러냈다.

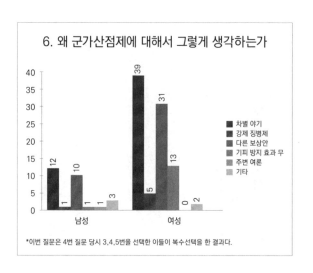

6. 왜 군가산점제에 대해서 그렇게 생각하는가

*이번 질문은 4번 질문 당시 3,4,5번을 선택한 이들이 복수선택을 한 결과다.

Q6	차별 야기	강제 징병제	다른 보상안	기피 방지 효과 무	주변 여론	기타
남성	12	1	10	1	1	3
여성	39	5	31	13	0	2

남자는 군 미필남성, 여성, 장애인 간의 차별야기와 다른 보상안 모색가능에서 12표, 10표라는 비교적 높은 수치를 기록하였다. 반면, 강제 징병제이기 때문에 보상이 필요 없다와 병역기피 방지 효과가 없다, 주변여론이 각각 1표씩 낮은 수치를 기록했다. 기타 의견으로는 군가산점제도가 군폐지로 이어질 수도 있다는 의견이 나왔다. 비슷하게, 여자에서도 차별야기와 다른 보상안 모색가능이 39표와 31표로 많은 부분을 차지했고, 남자와 다르게 병역기피방지효과가 없다는 13표라는 적지 않은 부분을 차지했다.

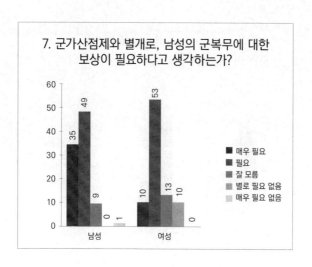

7. 군가산점제와 별개로, 남성의 군복무에 대한 보상이 필요하다고 생각하는가?

Q7	매우 필요	필요	잘 모름	별로 필요 없음	매우 필요 없음
남성	35	49	9	0	1
여성	10	53	13	10	0

　남자와 여자 모두 49명, 53명이라는 높은 수치를 필요하다에 보여주었다. 남자는 그 다음으로 매우필요하다 35명, 잘 모르겠다는 9명, 별로 필요하지 않다와 매우 필요하지 않다는 0명이 선택하였다. 여자는 남자와 다르게 필요하다 다음으로 잘 모르겠다가 13명, 매우 필요하다와 별로 필요하지 않다가 10명, 매우 필요하지 않다가 0명이 나왔다.

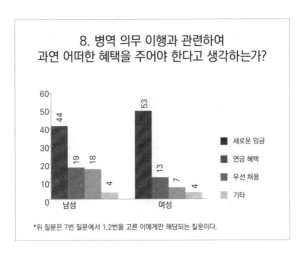

8. 병역 의무 이행과 관련하여
과연 어떠한 혜택을 주어야 한다고 생각하는가?

■ 새로운 임금
■ 연금 혜택
■ 우선 채용
■ 기타

*위 질문은 7번 질문에서 1,2번을 고른 이에게만 해당되는 질문이다.

Q8	새로운 임금	연금 혜택	우선 채용	기타
남성	44	19	18	4
여성	53	13	7	4

　　병역 의무 이행과 관련해서 어떠한 혜택을 주어야 하는지에 관한 것이었다. 남자와 여자 모두 새로운 임금체계를 통해 보상 체계를 확립하는 것에 가장 많은 표인 44명과 53명을 받았고 그 다음으로는 병역 의무 이행자들에게 연금혜택을 주자는 것이 19 명과 13명으로 조사되었다. 뒤를 이어 남녀가 채용 시, 평가점수 가 동점일 경우 무조건적으로 우선채용의 혜택을 주는 것에 18 명, 7명이 각각 응답했다.

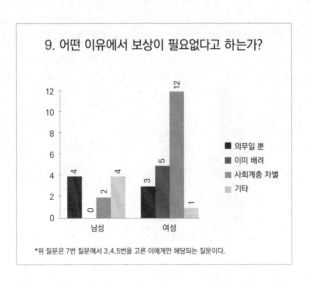

9. 어떤 이유에서 보상이 필요없다고 하는가?

*위 질문은 7번 질문에서 3,4,5번을 고른 이에게만 해당되는 질문이다.

Q9	의무일 뿐	이미 배려	사회계층 차별	기타
남성	4	0	2	4
여성	3	5	12	1

　　이 질문에서는 남자와 여자가 다른 모습을 보였는데, 남자는 1위로 단지 의무일 뿐이라는 것이 4명을 차지했다. 반면 여자는 병역의 의무를 수행할 수 없는 여자, 장애인, 미필자 남성들과 같은 사회계층간의 차별이 일어난다는 것이 12명으로 1위를 차지했다. 남자는 사회계층 차별이 2명, 병역 의무를 하면서도 자격증 취득과 대학 학점을 이수하는 등 다양한 차원에서 충분히 배려하고 있다는 것이 0명로 뒤를 따랐다. 여자는 이미 배려하고 있다가 5명, 단지 의무일 뿐이다가 3명으로 조사됐다.

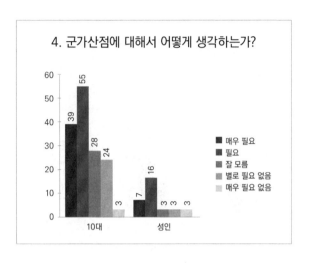

Q4	매우 필요	필요	잘 모름	별로 필요 없음	매우 필요 없음
10대	39	55	28	24	3
성인	7	16	3	3	3

　　이제 위의 자료와 같이 이후에는 나이별로 설문조사 결과를 다시 알아보았다. 군가산점제에 대해서는 10대와 성인 측 모두 긍정적인 반응을 보였는데, 10대는 매우필요와 필요에 각각 39표, 55표를 투표했고 성인은 이어 7표, 16표를 투표해 가장 많은 지지를 보였다.

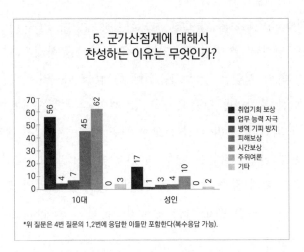

5. 군가산점제에 대해서
찬성하는 이유는 무엇인가?

*위 질문은 4번 질문의 1,2번에 응답한 이들만 포함한다(복수응답 가능).

Q5	취업기회 보상	업무 능력 자극	병역 기피 방지	피해 보상	시간 보상	주위 여론	기타
10대	56	4	7	45	62	0	3
성인	17	1	3	4	10	0	2

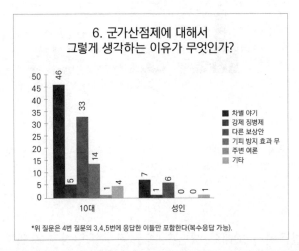

6. 군가산점제에 대해서
그렇게 생각하는 이유가 무엇인가?

*위 질문은 4번 질문의 3,4,5번에 응답한 이들만 포함한다(복수응답 가능).

Q6	차별 야기	강제 징병제	다른 보상안	기피 방지 효과 무	주변 여론	기타
10대	46	5	33	14	1	4
성인	7	1	6	0	0	1

10대와 성인의 차이가 크게 두드러지지 않았다. 양측 다 반대하는 주요 입장은 군 미필자와 장애인에게 차이를 불러온다고 하여 10대는 46표, 성인은 7표로 1순위에 등재되었다. 2순위로는 양측 모두 '다른 보상안을 찾을 수 있다'고 하여 각각 33표, 6표를 얻어 2순위가 되었다. 그리고 양측 모두 주변 여론에 의해서 군가산점제에 반대한다는 의견은 매우 적었다. 반면 10대의 3순위는 '군 기피 방지 효과 없음'이 14표로 3위에 올랐지만 성인의 경우에는 '당연한 의무이기 때문'라는 항목이 3순위로 조사되었다.

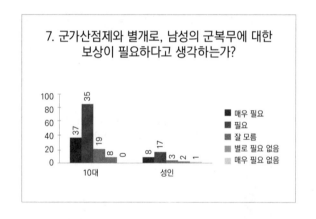

Q7	매우 필요	필요	잘 모름	별로 필요 없음	매우 필요 없음
10대	37	85	19	8	0
성인	8	17	3	2	1

　　위 질문에서 10대와 성인은 매우 비슷한 양상을 보였다. '매우 필요하다'가 각각 37명, 8명이였고 '필요하다'도 각각 85명, 17명으로 조사되었다. 그리고 잘 모르겠다는 10대와 성인 모두 19명

과 3명, 별로 필요 없다가 8명, 2명, 매우 필요 없다가 0명 1명으로 응답해 대부분 필요하다고 언급했다.

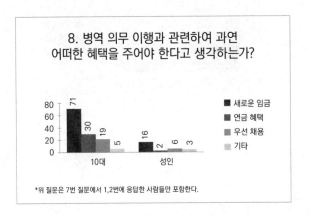

8. 병역 의무 이행과 관련하여 과연
어떠한 혜택을 주어야 한다고 생각하는가?

*위 질문은 7번 질문에서 1,2번에 응답한 사람들만 포함한다.

Q8	새로운 임금	연금 혜택	우선 채용	기타
10대	71	30	19	5
성인	16	2	6	3

10대와 성인 모두 가장 많은 표를 받은 것은 '새로운 임금 체계 확립'이였다(10대 71표, 성인 16표). 하지만 2순위는 조금 달랐는데 10대들은 연금 혜택을 2순위(30표)로 생각한 반면 성인들은 '취업 시 우선 채용'을 2순위로 뽑았다(6표). 아울러 10대는 3순위로 '취업 시 우선 혜택 적용'이였고(19표) 성인의 경우는 연금 혜택(2표)이었다.

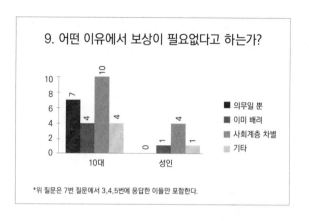

9. 어떤 이유에서 보상이 필요없다고 하는가?

■ 의무일 뿐
■ 이미 배려
■ 사회계층 차별
■ 기타

*위 질문은 7번 질문에서 3,4,5번에 응답한 이들만 포함한다.

Q9	의무일 뿐	이미 배려	사회계층 차별	기타
10대	7	4	10	4
성인	0	1	4	1

　　마찬가지로 1순위는 10대와 성인 모두 '특정 사회계층 차별'이
각각 10표, 4표로 1순위였고 10대는 '국가에 대한 의무일 뿐이다'
라는 의견이 7표로 2순위가 되었다. '이미 배려하고 있으므로'의
항목은 10대의 경우 4표로 3위에 올랐고 성인은 2위에 '이미 배
려하고 있으므로'와 '특정사회계층을 차별' 항목이 1표를 얻었다.
　　위 설문조사 내용을 분석한 결과 10대와 성인들은 대체적으로
생각이 비슷하나 10대들은 잃어버린 시간에 대한 보상을, 성인들
은 취업에 대한 보상을 더 중요시 여기는 것으로 나타났다. 남녀
로 대별해 보았을 때는 남성들이 잃어버린 시간에 따른 보상을
중요시여기는 반면, 여성들은 군대에서 겪은 신체적, 육체적 피
해를 더 크게 본다는 사실을 알 수 있었다.

4. 양측의 주장

1) 찬성 근거

첫째, 법 자체에 모순이 있다. 반대하는 논거들 중 헌법39조 제1항을 보면 "모든 국민은 법률이 정하는 바에 의하여 국방의 의무를 진다."라고 명시되어 있다. 하지만 병역법 제3조 1항에서는 "대한민국 국민인 남성은 헌법과 이 법에서 정하는 바에 따라 병역의무를 성실히 수행하여야 한다. 여성은 지원에 한하여 현역 및 예비역으로만 복무할 수 있다."라고 명시되어 있기 때문에 남성들은 '의무'로써 2년이라는 긴 시간을 국가에 대해 의무를 다한 사람들이 요구하는 것은 정당하다고 주장한다.

둘째, 정당한 기회를 주는 것이다. 면제를 받은 이들은 군복무 면제기간 동안 사회생활 준비 및 학업을 할 수 있고 당연 취직에서 더 유리한 위치에 오를 수 있다. 게다가 여성들에겐 공무담임에서의 남녀평등실현을 위한 30%의 공직할당 혜택이 있고 장애인에게는 별도의 공무담임 증진의 가산 혜택이 존재하므로, 제대자들을 위한 기회를 줘야 한다고 주장한다.

셋째, 보상이 너무나 적다. 군인들은 2년 동안 고생을 하지만 현재 우리나라의 군인들의 월급은 15만 4.800원(2015년 상병 기준)이다. 같은 징병제인 이스라엘은 월급 150만원으로 거의 10배 정도 차이가 나며, 외국 같은 경우는 제대 후에 많은 혜택을 주지만 우리의 경우는 제대 후 혜택이 전무하다고 주장한다.

2) 반대 근거

첫째, 군가산점제도의 시행 자체가 위헌이다. 현역 복무를 할 수 있느냐 없느냐는 병역 의무자의 의사에 따라 결정되는 것이 아니라 징병검사의 판단에 따라 결정되는 것인데 남자 중에서도 질병이나 심신장애로 병역을 원하나 병역을 감당 할 수 없는 자들도 분명 있다. 그런 이들은 자신이 군대에 가기를 원했음에도, 군필자가 아니라는 이유만으로 혜택을 받을 수 없기 때문에 명백한 차별이다.

둘째, 국방의 의무는 국가의 유지를 위한 '의무'이다. 국가의 독립을 유지하고 영토를 보전하기 위한 의무로서, 헌법 39조(모든 국민은 법률이 정하는 바에 의하여 국방의 의무를 진다.)에서 이러한 국방의 의무를 국민에게 부과하고 있기에 국민이 마땅히 하여야 의무를 다 하는 것일 뿐이다. 이에 개인이 특별히 희생을 하는 것이라 볼 수 없다. 국민이 헌법에 따라 부여 되는 의무를 이행하는 것은 국가를 위한 필수적인 일, 곧 의무다. 그러므로 이를 특별한 희생으로 보아, 국가적 차원에서 일일이 보상해야 함은 옳지 못하다는 것이다.

셋째, 병역비리를 줄일 수 없다. 군가산점제가 있었던 시기에도 원하지 않았던 사람들은 이전부터 군대를 가지 않으려 했다. 병역비리를 하는 사람들의 대부분은 기득권이거나, 그런 이들과 친분이 있거나, 부유하기에 그들은 가산점이 목적이 아닌 것이다. 좀 더 원척적인 문제를 해결해야 할 필요가 있으므로, 군가산점제도를 부여한다 해도 병역비리는 사라지지 않는다.

넷째, 군 제대자 내에서도 차별이 생길 수 있다. 군가산점제도는 공무원이나 공공기관 시험에서 일정한 가산점을 주는데, 제대군인 중 일부만이 공무원시험에 응시한다. 다른 사람들은 똑같이 국방의 의무를 수행하였음에도 아무런 보상을 받지 못 하는 것은 평등권을 침해하는 일이다. 군가산점제도는 일부만 혜택이 주어지는 제도이므로, 위 제도보다는 병영 내 생활환경 개선이나 모든 제대 군인이 혜택을 받을 수 있도록 제도를 마련하는 것이 더 현명한 일이다.

5. 맺음말

결론으로 남녀 모두 군가산점제에 대해 기본적으로 찬성하는 모습을 보였지만, 여성에게는 잘 모르거나 반대하는 모습도 적지 않았다. 또한 군가산점제는 반대하더라도 군복무에 보상은 해줘야 한다는 입장이 주를 차지했다. 또한 나이별로 10대와 성인으로도 구분했는데, 나이와 상관없이 군가산점제와 군복무에 대한 보상을 찬성하는 입장이 더 많았다.

찬성 측과 반대 측의 주장을 간략하게 요약해보면, 찬성 측은 법 자체의 모순이 존재하고 정당한 기회를 부여하는 것이며, 군복무에 보상이 너무 적다는 이유로 찬성하고 있다. 반대 측에서는 군가산점제 자체가 위헌이고 국방의 의무는 국가유지를 위한 의무일 뿐이며, 또한 군가산점제로도 병역기피를 줄일 수 없고 제대자 내에서도 차별이 생길 수 있다는 이유에서다.

지금까지 군가산점제도에 대해 반대한 이들의 주장은 '특정 계층에 대해 차별이 야기 될 수 있기 때문'이었다. 반면 찬성 측이 주장하고 있는 바는 '정당한 시간에 대한 보상' 혹은 '취업기회에 대한 보상'이었다. 새로운 해결방안으로 군가산점제도를 재도입하는 게 아니라 '군인복지카드'라는 새로운 보상체계의 방안을 모색하는 것도 좋을 것이다. 군인복지카드는 현재 일부분에서만 이루어지고 있는 군인 할인 혜택을 더 확장한 개념으로 버스 할인, 각종 대형마트 상품 할인 등에 혜택을 포함하는 내용이다. 기존의 혜택과는 다르게 군 제대 후 10년 간 보장된다. 사회적 배려 차원에서도, 이러한 작은 실천이 양측 견해 차이를 좁혀갔으면 하는 바람이다.

간통죄 폐지에 관한 고찰

박민정(3학년), 서동연(3학년), 임지현(3학년)

1. 머리말

간통 행위에 대한 형사적 처벌의 근거로서 작용하는 간통죄는 많은 사람들에게 생소함 그 자체였을 것이다. 그러나 2015년 2월 26일, 간통죄가 폐지되어 역사의 뒤안길로 사라졌다는 소식은 그에 대한 찬반 의견으로 사회적 많은 논란을 남겼고 지금도 혼란은 계속되고 있는 실정이다.

세계의 여러 나라를 살펴보았을 때, 간통죄가 존재하는 나라는 상당히 드물다. 대부분의 서양 국가들이 1900년대 이미 간통죄를 폐지하였고 유지하고 있는 나라들도 폐지하자는 의견이 지배적이다. 우리의 간통죄 폐지도 이러한 세계적 정서와 시대적 추이가 큰 영향을 미친 결과임은 부정할 수 없는 사실이다. 하지만 이러한 폐지가 우리 사회의 현실에도 과연 맞는 것일까, 그것으로 인해 사회적 부작용이 발생하지는 않을까, 또한 그렇다면, 그것을 어떻게 보완하고 해결해야 하는가. 우리는 이에 대한 논의를 바탕으로 사회적 차원에 혜안을 찾아보려 한다.

2. 간통죄의 역사

우리나라에서 간통죄는 1953년 10월 이전까지 유부녀에게만 적용되었다. 그러나 유부녀만을 간통죄의 처벌대상으로 한 것은 평등권에 위배되기 때문에, 위헌 여부를 따져 유부남과 유부녀 모두 처벌받도록 1954년에 법을 개정하였다. 이에 따라 남녀 쌍방을 처벌하는 쌍벌죄를 채용하여 간통한 유부남도 처벌 대상이 되었다. 이후 네 차례에 걸쳐 합헌 결정이 내려졌다.

〈네 차례에 걸친 합헌 결정〉

년도	합헌	불합치	위헌	합헌 근거
1990	6	0	3	사회적 해악의 사전예방을 위해 간통행위를 규제하는 것은 불가피
1993	6	0	3	1차 결정과 달리 판단할 사정 변경 없어 그 결정을 그대로 유지
2001	8	0	1	사회적 해악의 사전예방 위해 간통의 규제는 불가피하고 성적 자기결정권에 대한 필요최소한의 제한
2008	4	1	4	사익 제한은 경미하지만 높은 공익을 달성, 위헌은 아니지만 간통이란 하나의 개념으로 형벌 부과하는 것은 부당

3. 헌법재판소 결정 전문 분석

1) 입법례와 선례

(1) 입법례

간통에 대한 세계적인 입법 추세는 형벌을 부과하지 않는 것이다. 덴마크는 1930년, 스웨덴은 1937년, 일본은 1947년, 독일은 1969년, 프랑스는 1975년, 스페인은 1978년, 스위스는 1990년, 아르헨티나는 1995년, 오스트리아는 1996년에 간통죄를 폐지하였다.

(2) 개정 논의

법무부는 1992년 4월 8일 입법예고한 형법개정 법률안에서, 간통죄가 세계적으로 폐지추세에 있는 점, 개인의 사생활 영역에 속하는 내밀한 성적 문제에 법이 개입함은 부적절하다는 점, 간통죄 고소가 협박이나 위자료를 받기 위한 수단으로 악용되는 경우가 많다는 점, 수사나 재판과정에서 대부분 고소 취소되어 국가 형벌로서의 처단기능이 약화되었다는 점, 형벌의 억지효과나 재사회화의 효과는 거의 없고, 가정이나 여성보호를 위한 실효성도 의문이라는 점 등을 이유로 간통죄를 삭제하였다. 그러나 법무부는 1992년 5월 27일 전문 405조로 구성된 형법개정안을 확정하면서 간통죄 폐지가 시기상조라는 의견을 수용하여 간통죄를 존치시키되 법정형을 1년 이하의 징역형으로 낮추고 500만원 이하의 벌금형을 선택적으로 추가하였다. 하지만 이 개정안도 입법화되지는 못하였다.

(3) 선례

헌법재판소는 1990년 9월 10일 89헌마82 결정에서 심판대상조항이 헌법에 위반되지 않는다고 결정하였는데, 반대의견으로 재판관 한병채, 이시윤의 헌법불합치 의견과 재판관 김양균의 위헌의견이 있었고, 1993년 3월 11일 90헌가70 결정에서는 위 89헌마82 결정이 그대로 유지되었다. 그 뒤 2001년 10월 25일 2000헌바60 결정에서는 재판관 권성의 위헌의견이 있었으나, 법정의견은 위 89헌마82 결정의 판시를 그대로 유지하면서 간통죄 폐지 여부에 대하여 입법자가 진지하게 접근할 필요가 있다는 점을 지적하였다. 이어 2008년 10월 30일 2007헌가17 등 결정에서는 재판관 김종대, 이동흡, 목영준, 송두환이 위헌의견, 재판관 김희옥이 헌법불합치의견으로 헌법에 위반된다는 의견이 다수였으나, 위헌정족수 6인에는 이르지 못하였다.

2) 재판관 박한철, 이진성, 김창종, 서기석, 조용호의 위헌의견

심판대상조항은 개인의 성적 자기결정권을 제한하며, 사생활의 비밀과 자유 역시 제한한다.

(1) 수단의 적절성 및 침해의 최소성

① 간통행위에 대한 국민의 인식 변화

성과 사랑은 형벌로 통제할 사항이 아닌 개인에게 맡겨야 하는 문제로서 부부간의 정조의무를 위반한 행위가 비도덕적이기는 하나, 법으로 처벌할 사항은 아니다. 성적 자기결정권을 자유롭게 행사하는 것이 개인의 존엄과 행복추구의 측면에서 더한층 중요하게 고려되는 사회로 변해가고 있다. '간통 → 국가의 형벌 ≠ 국민의 인식'인 것임.

② 형사적 처벌의 적정성 여부

성도덕에 맡겨 사회 스스로 질서를 잡아야 할 내밀한 성생활의 영역에 국가가 개입하여 형벌의 대상으로 삼는 것은, 성적 자기결정권과 사생활의 비밀과 자유를 침해하는 것이다. 본질적으로 개인의 사생활에 속하고 사회에 끼치는 해악이 크지 않거나 구체적 법익에 대한 명백한 침해가 없는 경우에는 국가권력이 개입해서는 안 된다는 것이 현대 형법의 추세이다. '전 세계적인 흐름을 근거로 내세워 주장함.'

③ 형벌의 실효성 여부

간통죄를 폐지한 여러 나라에서 간통죄의 폐지 이전보다 성도덕이 문란하게 되었다거나 이혼이 증가하였다는 통계는 나타나고 있지 않다. 오히려 간통죄 처벌에도 불구하고 성에 대한 인식 변화 및 성적 자기결정권을 중시하는 사회적 분위기로 인하여 간통행위에 대한 사회적 비난의 정도는 상당한 수준으로 낮아져 있다. '간통죄는 행위규제규범으로서의 기능을 잃음'

④ 형벌로 인한 부작용

유책의 정도가 훨씬 큰 배우자의 이혼수단으로 활용되기도 하고, 사회적으로 명망 있는 사람이나 일시적으로 탈선한 가정주부를 협박하여 금품을 뜯어내거나, 상간자로부터 재산을 편취하는 수단으로 악용되기도 한다.

(2) 법익의 균형성

심판대상조항(형법 제 241조 1항, 2항)으로는 부부간 정조의무 보호 달성이 어려울 것으로 판단되며, 성적 자기결정권과 사생활의 비밀과 자유라는 기본권 제한이라는 점에서 법익의 균형성도 상실한다.

결론: 심판대상조항은 수단의 적절성 및 침해의 최소성을 갖추지 못하였고 법익의 균형성도 상실하였으므로, 과잉금지원칙을 위반하여 국민의 성적 자기결정권 및 사생활의 비밀과 자유를 침해하는 것으로 헌법에 위반된다.

3) 재판관 김이수의 위헌의견

위의 다수의견의 결론에는 찬성하나, 결론에 이르게 된 이유와

구성에서 차이가 있다.

(1) 간통행위자의 입장에서

① 성적 자기결정권의 본질

배우자 있는 자의 성적 자기결정의 자유는 혼인을 선택한 자기 결단에 따라 형성한 성적 공동체의 배타성과 지속성의 유지라는 내재적 한계 내에서 이를 행사하여야 한다는 본질적 제한을 받는다. 이에 비윤리적인 행위인 간통은 간통행위자의 성적 자기결정권의 행사라는 '명분'으로 쉽게 정당화될 수 없음은 분명하다. 하지만 형벌로 이를 규제할 것인지, 아니면 도덕적 회오의 대상으로 삼을 것인지는 전체 법질서의 흐름과 사회구성원의 경험적 인식에 따라 달라질 수 있다.

② 간통의 유형 세 가지

단순한 성적 쾌락을 위한 성관계를 맺는 제1유형, 현재의 배우자보다 매력적인 상대를 만나 기존 혼인관계에 대한 회의로 인해 사랑에 빠진 제2유형, 마지막으로 제1, 2유형과는 달리 혼인이 사실상 파탄에 이른 상태에서 새로운 사랑을 만나 성적 결합으로 나아간 제3유형으로 나눌 수 있다. 이에 제3유형은 비난가능성이나 반사회성이 없거나 지극히 미약하다. 이를 형벌의 위하로 강제하는 것은 성적 자기결정권 침해이다. 2014년 11월 20일 선고 2011므2997 전원합의체 판결에서 실질적 부부공동생활이 파탄되어 회복 불가능할 상태에 이르렀을 경우 불법행위로서의 간통의 성립을 부정하였다.

(2) 상간자의 입장에서

배우자 있는 상간자 중 이미 사실상 파탄상태에 있는 상간자의
상간행위까지 처벌하는 것은 국가형벌권의 과잉행사로서 허용
되지 아니함은 앞서 본 간통행위자의 경우와 같다(제3유형에 해
당). 간통죄의 본질을 감안할 때, 미혼인 상간자의 경우 성적 성실
의무의 존재 및 그 위배라는 개념을 상정할 여지가 없을 뿐만
아니라, 상대방 간통행위자 및 그 배우자에 대한 관계에서도 그
는 제3자로서 이들에 대하여 성적 성실의무를 부담하지 않으므
로 이를 형사 처벌하는 것은 허용되지 않아야 한다.

예외: 미혼인 상간자가 적극적 도발 또는 유혹으로 간통에 이르게
　　　한 경우는 형벌권 행사가 정당화 될 수 있는 여지가 있다.
결론: 미혼인 상간자의 상간 행위는 비난가능성 내지 반사회성이
　　　없거나 단순히 윤리적·도덕적 비난에 그쳐야 할 유형의
　　　행위에 불과하다(예외 인정).

4) 재판관 강일원의 위헌 의견

심판대상조항이 위헌이라는 다수의견 및 재판관 김이수의 의
견과 결론은 같지만, 다음과 같이 그 이유를 달리 한다.

(1) 간통 행위와 형사적 처벌의 측면

간통행위를 사전에 예방하기 위한 법률적 수단이 필요하다는 점에 대해서는 이견이 있을 수 없다. 입법자가 형벌이라는 제재 수단을 도입한 것이 그 자체로 헌법에 위반된다고 볼 수는 없다. 하지만, 간통죄의 목적인 '가정 보호'는 달성하기 힘들며, '처단기능이나 억지효과'가 감소하는 것은 사실이다.

(2) 명확성원칙 위반

판례를 종합하면, 간통죄의 구성요건 자체는 명확하지만 소극적 소추조건이라 할 수 있는 종용이나 유서의 개념이 위에서 본 것처럼 명확하지 않아 수범자인 국민이 국가 공권력 행사의 범위와 한계를 확실하게 예측할 수 없다. 따라서 심판대상조항은 명확성원칙에 위배된다.

(3) 책임과 형벌 간 비례원칙 위반

다양한 유형의 간통행위에 대하여 일률적으로 징역형만 부과하도록 하는 것은 범죄와 이에 따른 형벌 사이에 균형을 잃은 것이다. 민사상의 제재수단 이외에 반드시 징역형으로만 응징하여야 한다는 것은 현재의 법 감정에 맞지 않으며, 입법 당시의 법 감정과는 질적으로 바뀌었다.

결론: 심판대상조항은 명확성원칙과 책임과 형벌 간 비례 원칙에 어긋나므로 위헌이다.

5) 재판관 이정미와 안창호의 반대 의견

우리는 다수의견과 달리 심판대상조항이 헌법에 위배되지 않는다고 생각한다.

(1) 간통의 헌법상 보호되는 성적자기결정권 포함 여부

① 간통 및 상간 행위는 자신만의 영역을 벗어나 다른 인격체나 공동체의 법익을 침해하는 행위이기 때문에 성적자기결정권의 내재적 한계를 벗어나는 것이다.―앞서 나온 다른 재판관들의 위헌 의견에서는 간통을 유형화한 후 자세하게 서술하고 있지만 여기서는 간통 행위 자체를 일률적으로 바라보는 시각을 가지는 것 같다. '간통'이 가지는 특수성과 개별성을 고려하지 않은 의견이라는 생각이 든다.

② 간통 및 상간행위는 혼인제도의 근간을 이루는 일부일처제에 대한 중대한 위협이 되며, 배우자와 가족 구성원에 대한 유기 등 사회문제를 야기한다. 간통죄의 존재 이유는 이러한 국가에 부과된, 개인의 존엄과 양성의 평등을 기초로 한 혼인과 가족생활의 유지·보호의무의 이행을 위한 것이다.―이것 역시 앞의 재판관들이 주장한 간통죄의 '실효성' 여부에 대해서 고찰할 필요

가 있다. 간통죄는 친고죄이고, 고소권의 행사는 혼인이 해소되거나 이혼소송을 제기한 후에라야 가능하므로 고소권의 발동으로 기존의 가정은 파탄을 맞게 된다. 설사 나중에 고소가 취소된다고 하더라도 부부감정이 원상태로 회복되기를 기대하기 어려우므로 간통죄는 혼인제도 내지 가정질서의 보호에 기여할 수 없다.

(2) 간통에 대한 형사적 처벌의 유무 및 그 정도의 입법재량 여부

심판대상조항은 징역형만을 규정하고 있으나 2년 이하의 징역에 처하도록 하여 법정형의 상한 자체가 높지 않을 뿐만 아니라 비교적 죄질이 가벼운 간통행위에 대하여는 선고유예까지 선고할 수 있다. 행위의 개별성에 맞추어 책임에 알맞은 형벌을 선고할 수 없도록 하는 지나치게 과중한 형벌을 규정하고 있다고 볼 수 없다.

(3) 간통죄의 존속의 의의

① 아직까지 우리 사회에서 혼인 중의 재산분할 인정, 주거용 건물 등에 대한 부부 일방의 임의 처분 제한, 재산분할청구권 보전을 위한 사해행위취소권, 이혼에 따른 상속분 보장 등 가정 내 경제적·사회적 약자를 보호하기 위한 다양한 제도가 마련되어 있지 아니하여 현행 민법상의 제도나 재판실무만으로는 이들의 보호에 미흡할 수밖에 없다.

② 혼인관계에서 오는 책임과 가정의 소중함은 뒤로 한 채 오로지 자신의 성적자기결정권과 사생활의 자유만을 앞세워 수많은 가족공동체가 파괴되고 가정 내 약자와 어린 자녀들의 인권과 복리가 침해되는 사태가 발생하게 될 것을 우려하지 않을 수 없다.

6) 최종 결론

간통행위로 인한 가족의 해체라는 상황에서 경제적 약자인 여성과 자녀들에 대한 보호 장치가 제대로 마련되어 있지 않다는 이유로 간통죄의 존치 주장을 어느 정도 인정할 수는 있지만, 부부 일방의 부정행위로 인하여 비롯되는 민사, 가사 문제들의 해결 수단을 간통죄를 유지시켜 형사사건에서 찾아서는 힘들다고 본다.

따라서 실질적 위하력을 발휘하지 못하고 있는 간통죄를 폐지하는 한편, 간통행위로 인한 가족의 해체라는 사태를 맞아 기존의 민법상 불법행위에 기한 손해배상청구 내지 재산분할청구, 자녀의 양육, 면접, 교섭에 관한 재판실무관행을 개선하고, 이에 더해 배우자와 자녀의 복리를 위하여 필요한 제도를 새로 강구하는 것이 바른 길이라고 생각한다.

4. 폐지 후의 문제점

1) 간통죄에 대한 잘못된 인식

일반인들은 역사적으로 간통죄가 형사적 처벌만을 의미하는 것인지 형사, 민사를 둘 다 뜻하는 것인지에 익숙하지 않다. 따라서 간통죄 폐지를 접하고 그 의미를 오해하여 잘못된 인식을 가질 수 있다.

간통죄 폐지가 자칫 불륜을 조장하는 것으로 오해될 여지가 있다는 지적이 나오고 있다. 이는 형법상 죄로 규율되지 않는 행위를 전면적인 합법으로 간주하는 잘못된 국민 정서 때문이다. 이와 관련, 한상희 건국대 법학전문대학원 교수는 이날 "일반인들 사이에 오해가 많은 부분이 바로 그 부분"이라며, "(형법상 죄가 안 되니) 마음대로 간통을 저질러도 되는 것이라고 오인할 소지가 있다"라고 지적했다.

우리나라의 많은 국민들이 간통죄 폐지가 불륜을 합법화하는 것으로 오해하고 있으며 이것은 곧 불륜 증가로 이어질 것이다. 이 때문에 간통죄의 폐지 후 다음과 같은 문제들이 발생하고 있다.

2) 불륜 조장 사이트

불륜 조장 사이트의 가입자 수가 증가하면서 사회적 혼란이 야기되며 성도덕의 문란을 부추기고 있다. 또한 사이트 내에 모인 사람들끼리 어울리며 불륜에 대해 경각심을 가지지 못하게 되는 문제점이 발생한다(간통죄 폐지 6개월, 불륜 조장 'Ashely Madison, 韓 가입자 수 경악').

간통죄 폐지 6개월 소식이 전해진 가운데 불륜 조장 사이트 '애슐리 매디슨'도 눈길을 끈다. 애슐리 매디슨은 "인생은 짧습니다. 바람피우세요(Life is short. Have an affair)."라는 구호를 내세우며 불륜을 조장해 왔다. 하지만 해당 사이트가 해킹되면서 회원 정보가 유출된 것이다. 해당 사건 때문에 회원으로 추정되는 사람이 자살하거나 회원 추정 인물에 대한 협박 같은 범죄행위는 물론, ALM에 대한 거액 집단소송 등 다양한 사건으로 논란이 됐다. 아울러 이 사이트 에는 최소 56,000명의 한국인이 가입한 것으로 드러나 충격을 주고 있다.

위 사례는 불륜 조장 사이트에 가입하는 한국인들이 많아지는 한편 그것으로 인한 2차적 문제가 발생할 가능성이 높다는 것을 보여주고 있다. 이처럼 간통죄 폐지 후 불륜 조장 사이트의 가입자 수가 증가하고 있고 사회적으로 큰 문제가 되고 있다.

3) 실제적 불륜의 증가

간통죄 폐지는 일반 시민들로 하여금 직접적인 외도 행위를 증가시킬 가능성이 존재한다. 간통죄 폐지는 곧 간통의 '자유로운 허용'이라는 인식으로 귀결될 수 있기 때문이다.

덴마크 1930년, 스웨덴 1937년, 네덜란드 1937년, 일본 1947년, 서독 1969년, 노르웨이 1972년, 프랑스 1975년, 스페인 1978년, 스위스 1990년, 아르헨티나 1995년, 오스트리아는 1996년에 폐지

했다. 미국은 20여개 주에 간통죄가 남아 있지만, 실제로 처벌되는 경우가 거의 없어 사문화된 것으로 알려졌다.

캐나다 온라인매체 더 리치스트(The Richest)는 최근 바람을 가장 많이 피우는 국가 톱10을 공개했다. 10위권 안에 든 다른 국가로는 덴마크(46%), 이탈리아(45%), 독일(45%), 프랑스(43%), 노르웨이(41%), 벨기에(40%), 스페인(39%), 영국(36%), 핀란드(36%)다.

98년 5월의 '주간 SPA!' 가 남녀 250명을 상대로 조사한 내용 중에 '남편이 아내 외의 여자와 성관계 하는 것은?'이라는 항목이 있었는데 남성의 경우 약 50% 이상이 '좋다고 생각한다.'는 의견을 나타냈다. 여성의 경우는 이보다 약간 낮은데 미혼 여성의 경우는 40% 정도가 기혼 여성의 경우는 25%가 좋다고 응답했다. 이와 반대로 '아내가 남편 외의 남자와 성관계 하는 것은?'의 질문에는 남성의 경우 30% 정도가 '좋다.'는 대답을, 여성의 경우는 미혼 여성의 경우 35.4%가, 기혼 여성의 경우는 23%가 좋다고 대답했다. 우리나라에서는 상상도 할 수 없는 얘기다.

배우자가 아닌 다른 이성과 성관계를 가진 적이 있다고 답한 기혼 남녀가 지난 2월 간통죄 폐지 이후 늘어난 것으로 나타났다. 남자는 전체의 36.9%에서 39.3%로, 여자는 6.5%에서 10.8%로 증가했다. 간통죄 폐지가 남녀 기혼자의 직접적인 외도 행위 증가로 연결됐을 가능성에 더해 최소한 응답자들의 솔직한 답변을 이끌어내는 효과를 냈을 수 있다는 게 전문가들의 분석이다. 전국 기혼 남녀 2,000명을 대상으로 실시한 '간통죄 폐지 이후 남녀 인식 조사' 결과에 따르면 전체 기혼자의 24.2%가 외도 경험이 있는 것으로 13일 나타났다. 이는 간통죄 폐지 8개월 전인 지난해 6월 한국여성정책연구원이 같은 내용으로 조사했을 때의 21.4%에 비해 2.8% 높아진 수치다. 신뢰구간 95%기준 최대허용 오차±2.2%포인트다. 지난해 6월 조사 대비 간통 경험 응답자의 비중은 남자가 2.4%(36.9% → 39.3%), 여자는 4.3%(6.5% → 10.8%) 상승했다.

위 세 글을 분석해보면 많은 나라들이 간통죄를 폐지했으나 더 리치스트에서 조사한 바람을 가장 많이 피우는 국가 10곳 중 5곳이 간통죄 폐지 국가였으며 일본 역시 불륜에 대한 긍정적인 인식이 낮지 않다는 것을 알 수 있다. 또한 마지막 기사에서도 한국에서 간통이 증가할 가능성이 있다는 것이 증명되었다. 다른 외국의 사례들을 종합해 볼 때, 우리나라 역시 간통이 만연해질 가능성이 높다.

4) 변화 없는 위자료 액수

간통죄 폐지 이후 6개월의 기간 동안 위자료 산정 기준에는 변화가 생기지 않았다. 유책 배우자에게 더 강한 제재가 가해지지 않는다면 '그 정도 위자료야 내면 되니 더 이상 나의 성적 자기 결정권을 침해하지 마라'는 적반하장식의 태도를 취할 것은 확실해 보인다.

간통죄가 폐지된 지 네 달이 지난, 올해 6월 대구가정법원은 직장 동료와 내연관계에 빠진 A(41)씨에게 혼인파탄의 책임을 물어 위자료 3,000만원을 부인 B(38)씨에게 지급하라고 판결했다. 그러나 간통죄 폐지 6개월이 지난 지금까지 극히 일부를 제외하고는 위자료 액수가 커지지 않고 A씨의 경우처럼 간통죄 위헌 결정 이전 수준인 통상 3,000만~4,000만 원 선을 크게 벗어나지 않고 있다고 일선 법조인들은 입을 모은다.

(1) 위자료 청구권에 관한 정보

① 위자료청구권의 개념

이혼하는 경우에는 그 이혼을 하게 된 것에 책임이 있는 배우자(유책배우자)에게 이혼으로 인한 정신적 고통(예를 들어 배우자의 혼인파탄행위 그 자체와 그에 따른 충격, 불명예 등)에 대한 배상, 즉 위자료를 청구할 수 있다. 재판상 이혼뿐만 아니라 협의이혼, 혼인의 무효, 취소의 경우에도 가능하다.

② 법원의 위자료 산정기준

위자료의 액수를 어떻게 정할 것인지는 일원화되어 있지 않다. 다만 판례에 따르면, "이혼에 이르게 된 경위와 정도, 혼인관계파탄의 원인과 책임, 당사자의 재산상태 및 생활정도, 당사자의 연령, 직업" 등 변론에 나타나는 모든 사정을 고려해서 위자료의 액수를 정하는 것으로 보이며 이는 법원의 직권에 속하는 영역이다.

③ 혼인파탄에 책임이 있는 제3자에 대한 위자료 청구

위자료는 이혼의 원인을 제공한 사람에게 청구할 수 있다. 만약 배우자가 혼인파탄에 책임이 있다면 그 배우자를 상대로, 시부모나 장인·장모 등 제3자가 혼인파탄에 책임이 있다면 그 제3자를 상대로 위자료를 청구할 수 있다.

④ 위자료청구권의 행사기간

부부가 이혼하는 경우의 위자료청구권은 그 손해 또는 가해자를 안 날부터 3년이 지나면 시효로 인해 소멸하게 된다.

(2) 위자료 청구권에 관한 전망

지난 7월 1억의 위자료 판결이 부산가정법원에서 나왔다. 2010년에 결혼한 뒤 지방에서 근무하던 남편 C씨가 D씨와 주말부부 생활을 하던 중 2013년 E씨와 몰래 결혼식을 올리고 주중 부부생활을 한 사건과 관련, 이는 앞으로 배우자 부정행위에 대한 위자료 액수가 늘어날 가능성을 보여준다. 분할해야 하는 재산이 많지 않다면, 배우자의 부정행위로 예상치 못한 파탄에 직면한 사람이 정상적인 생활을 이어 갈수 있는 수준까지 커질 수도 있다는 것이다.

위 사례는 재산분할 할 재산이 많지 않다는 이유 때문에 위자료의 액수가 크게 올라간 것으로 보인다. 원래 재산분할청구와 위자료 청구는 독립적으로 이루어져야 한다. 따라서 위자료 액수 자체가 올라가야 한다는 점에서 한계를 가지지만, 위자료 액수가 크게 증가한 판례가 등장했다는 것에 의의를 둘 수 있다. 간통죄 폐지 후 6개월이라는 시간이 지났지만, 아직까지도 위자료 청구 가능 액수가 크게 증가하지 않았다.

아울러 재산분할은 혼인 중 부부가 공동으로 모은 재산에 대해 본인의 기여도에 따른 상환을 청구하는 것을 목적으로 하고, 위자료는 부부 일방의 잘못으로 이혼하게 된 사람의 정신적 고통을 위로하는 것을 목적으로 합니다. 권리의 발생근거, 제도의 입법 취지, 재판절차 진행 등 여러 가지 관점에서 차이가 있어 판례는 이를 별개의 제도로 보고 있습니다.

5) 재산 분할 청구권

재산 분할 청구권은 가정 파탄, 즉 이혼이 성립되었을 경우에 가지는 권리이다. 이혼의 성립에는 무조건 가정을 파탄에 이르게 한 책임자, 즉 유책배우자가 존재한다. 유책배우자는 위자료 관해서도 책임을 져야 하지만, 재산에 있어서도 가정파탄에 대한 책임을 져야 한다고 생각한다. 그러한 점에서 기여도에 따라 재산 분할의 정도를 정하는 현재의 재산 분할 청구권은 문제점이 있다.

이번 헌법재판소의 간통죄 위헌 판결로 불륜에 대한 형사적 처벌이 불가능해졌기 때문에, 민사소송을 통해 불륜을 저지른 배우자에게 거액의 위자료를 물게 하거나 재산분할에 있어 패널티를 주는 것을 다수의 법률 전문가들이 주장하고 있습니다. 외국의 사례를 봐도 그렇고 불륜에 대한 민사상 책임한도가 높아지고 있는 것이 세계적인 추세이기 때문에 우리도 비슷한 상황으로 가야 한다고 생각합니다.

(1) 재산 분할 청구권의 개념

부부가 이혼하면 혼인 중 부부가 공동으로 모은 재산을 나눌 필요가 생깁니다. 이 때 이혼한 부부 일방이 상대 배우자에 대해 재산분할을 청구할 수 있는 권리가 재산분할청구권입니다. 주로 재산 분할은 혼인 중 형성한 재산을 기여도에 따라 나눕니다.

(2) 법원의 재산분할 산정기준

재산분할의 방법이나 비율 또는 그 액수에 관해서는 당사자 쌍방의 협력으로 이룩한 재산의 액수 및 그 밖의 사정을 참작해서 산정하는 것으로 합니다.

(3) 재산분할청구권 보전을 위한 사해행위취소권

부부 일방이 다른 일방의 재산분할청구권 행사를 해함을 알면서도 부동산을 처분하는 등 재산권을 목적으로 하는 법률행위, 즉 사해행위를 한 경우 다른 일방은 그 사해행위의 취소 및 원상회복을 가정법원에 청구할 수 있는데, 이를 사해행위취소권이라고 합니다.

(4) 재산명시 및 재산조회제도

① 재산명시제도

가정법원은 재산분할청구사건을 위해 특히 필요하다고 인정하는 때에는 직권 또는 당사자의 신청에 의하여 상당한 제출기간을 정하여 당사자에게 재산 상태를 명시한 재산목록을 제출하도록 명할 수 있습니다.

② 재산조회제도

가정법원은 재산명시절차에 따라 제출된 재산목록만으로는 재산분할청구사건의 해결이 곤란하다고 인정할 경우에 직권 또는 당사자의 신청에 의하여 당사자 명의의 재산에 관하여 조회할 수 있습니다.

재산 분할은 혼인 중 형성한 부부 공동의 재산을 기여도에 따라 나누는 것이다. 기여도의 측면에서 볼 때, 재산 형성에 큰 역할을 한 쪽이 유책배우자 쪽이라면 그에 상응하는 책임을 위자료의 증가로만 한정하는 것은 부족하다. 재산을 나누는 것과 가정 파탄에 대한 책임은 불가분의 관계가 아니며, 독립적으로 행사 될 수 없다.

6) 파탄주의로의 전환 가능성 존재

간통죄가 폐지되면서 기존의 유책주의에서 파탄주의로의 전환이 필요하다는 목소리가 커지고 있다. 아직까지는 법원에서 파탄주의를 인정하지 않지만, 앞으로의 변화추이를 지켜봐야 한다. 현재 간통을 저지르지 않은 배우자와 자녀를 보호하는 입법적 장치가 마련되어 있지 않기 때문에 파탄주의로의 전환이 될 경우 문제가 부각될 수 있다.

대법원이 결혼생활 파탄의 원인을 제공한 배우자가 제기한 이혼 소송은 원칙적으로 허용되지 않는다고 판결했다. 대법원 전원

합의체는 2015년 9월 15일 유책 배우자의 이혼청구 사건에서 원고 패소로 판결한 원심을 확정했다. 제도가 마련되지 않은 가운데 섣불리 파탄주의로 전환하면 사회적 약자가 보호받지 못하게 될 위험이 크다는 것이다. 앞서 A씨는 1976년 B씨와 결혼한 뒤 1998년 다른 여성과 혼외자를 낳았다. A씨는 2000년 집을 나와 이 여성과 동거하다 2011년 B씨를 상대로 이혼 소송을 냈다.

(1) 유책주의와 파탄주의의 개념

유책주의는 바람을 피우는 등 배우자 중 한쪽에 결혼생활을 깨뜨린 책임이 있을 때, 그 상대방에게만 재판상 이혼청구권을 인정하는 제도로써 이혼을 엄격하게 제한해 가정을 유지하고 파탄에 책임이 없는 배우자를 보호하자는 취지이다. 반면 파탄주의는 결혼생활을 누가 깨뜨렸는지 상관없이 부부관계를 유지할 수 없을 경우에 이혼을 허용하는 제도로써, 책임이 있는 배우자도 이혼청구권이 있다.

(2) 파탄주의로의 전환의 찬성 근거

하나, 유책배우자라는 이유만으로 이혼을 하지 못하고 파탄된 혼인관계나마 그대로 유지시키려는 노력은 부부를 비롯하여 관련 당사자 모두에게 고통을 줄 뿐이다.

둘, 1990년 민법 개정으로 재산분할청구권 및 면접교섭권이 신설되었고, 재산분할에 있어서 전업주부의 가사노동에 대한 기여도를 최고 50%까지 인정하는 등 파탄주의를 수용할 수 있는 제도적 여건도 크게 성숙되었다.

셋, 법원이 유책주의를 엄격하게 고수할 경우 당사자들로 하여금 상대방이 유책배우자라는 점을 주장, 입증하도록 함으로써 오히려 서로간의 반목과 증오만 키울 뿐 혼인관계 구제에는 아무런 도움이 되지 않는다. 즉, 유책주의는 진흙탕 싸움과 보복감정으로의 이혼거부가 우려된다. 그러나 파탄주의를 원칙으로 삼는다면, 불필요한 다툼 자체를 처음부터 막을 수 있다.

(3) 파탄주의로의 전환 조짐

혼인 파탄에 책임이 있는 배우자가 이혼을 요구할 수 있는 범위를 확대한 대법원 전원합의체 판결 이후 이를 적용한 첫 이혼 사례가 나왔다. 재판부는 혼인생활 파탄의 책임이 이혼 청구를 기각할 정도로 남아 있지 않다면 예외적으로 이혼을 허용할 수 있다는 대법원 판결을 인용했다. 그러나 지난달 23일 2심은 '혼인생활 파탄의 책임이 이혼 청구를 기각할 정도로 남지 않았으면 예외적으로 이혼을 허용할 수 있다.'는 대법원 판결을 인용해 "부부로서의 혼인생활이 이미 파탄에 이른 만큼 두 사람은 이혼하라"라고 판결했다. 재판부는 25년간 별거하면서 혼인의 실체가 완전히 사라졌고 남편의 혼인파탄 책임도 이젠 경중을 따지는 게 무의미할 정도로 희미해졌다고 봤다. 또 남편이 그간 자녀들에게 수억 원의 경제적 지원을 해 왔으며, 부인도 경제적 여유가 있어 이혼을 허용해도 축출이혼이 될 가능성이 없다고 판단했다.

앞서 대법원 전원합의체는 지난 9월 15일 아직은 우리 사회가 파탄주의로 전환하는 것을 받아들이기는 어렵다고 판결하면서도, 유책배우자의 이혼청구를 허용하는 예외적인 기준은 확대했다. 파탄주의로까지 가는 것은 어렵지만, 지금보다는 유책배우자의 이혼을 좀 더 폭넓게 허용해줘야 한다는 취지다(남편 이혼 허용, 예외적인 기준, 법원 '확대된 파탄주의' 첫 적용).

위 사례는 부부가 25년이라는 별거기간을 가지면서 실질적으로는 거의 이혼한 것과 다름이 없고 혼인파탄을 따지는 것이 무의미해졌기 때문에 예외적으로 파탄주의를 인정하여 이혼판결을 내린 사례이다. 비록 이번 판결은 아주 예외적인 사례이지만 파탄주의로 전환될 가능성을 열어준 판결이라고 볼 수 있다.

(4) 파탄주의의 반대근거

하나, 오랜 기간 가정을 지키며 희생해온 상대배우자의 행복추구권, 자녀의 생존권 보호가 더 절실하다.

둘, 위자료 금액이 현실적으로 보호막이 되지 못하고 있고, 재산분할의 경우에도 실무상 배우자에게 장래 부양료를 지급하는 재산분할은 현재 전혀 채택되어 있지 아니할 뿐만 아니라 유책배우자들의 경우 대부분 별거에 이르는 경우가 많아 기여도를 거의 인정받지 못하고 있다. 여성가족부 통계에 의하면 양육비를 받지 못한 사람이 80%에 이르고 있다고 한다. 따라서 제도적 요건이 미흡하기 때문에 국가는 유책주의를 통해 헌법상혼인과 가족생활제도를 보장해야 할 의무를 부담하고 있다.

셋, 파탄주의를 취하여도 파탄의 정도에 따라 위자료 금액이 결정될 것이기 때문에 진흙탕 싸움을 피해갈 수 없다. 또한 우리 민법은 혼인파탄의 기준조차 명백히 규정하는 조항이 마련되어 있지 않아 오히려 대판에서 더 치열하게 다툴 수 있다.

〈파탄주의 도입에 관한 설문조사〉

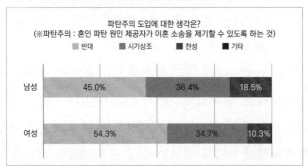

파탄주의 도입에 대한 생각은?
(※파탄주의 : 혼인 파탄 원인 제공자가 이혼 소송을 제기할 수 있도록 하는 것)

반대 시기상조 찬성 기타

	반대	시기상조	찬성
남성	45.0%	36.4%	18.5%
여성	54.3%	34.7%	10.3%

위 설문조사에 의하면 남성과 여성 모두 파탄주의의 도입을 반대하거나 시기상조라는 의견이 지배적이다. 그러나 파탄주의로의 전환 가능성이 증가하고 있고, 필요성의 목소리가 커지고 있다. 파탄주의로의 전환 자체는 유력해 보이며, 언제 전환될지 모르는 상황에서 제도적인 미비의 보완이 반드시 필요하다고 생각된다.

5. 대책과 해결방안 제시

설문조사 결과, 20대부터 50대 이상까지의 대부분의 연령이 현행 위자료보다 액수를 높여야 한다고 생각하는 것으로 나왔다. 그러나 현행법으로는 위자료 액수를 증가시키기가 쉽지 않다. 우리나라 법은 '현재' 입은 손해에 대해서만 배상하고 있기 때문이다. 그러므로 우리는 징벌적 손해배상의 도입을 위자료 액수를 증가시킬 구체적인 방안으로 제안한다.

징벌적 손해배상이란, 민사재판에서 가해자의 행위가 악의적이고 반사회적일 경우 실제 손해액보다 훨씬 더 많은 손해배상을 부과하는 제도이다. 징벌적 손해배상을 부정을 저지른 배우자에게까지 확대하여 처벌적 성격을 띤 금전적 배상을 가능케 한다면 위자료 액수가 증가할 것이다.

위자료 액수의 증가 (단위: 만원)

나이/액수	1000↓	1000↑3000↓	3000↑5000↓	5000↑10000↓	10000↑	합계
20대	0%	0%	31%	31%	38%	100%
30대	0%	0%	19%	19%	63%	100%
40대	0%	0%	15%	23%	62%	100%
50대 이상	0%	0%	25%	25%	50%	100%

1) 부부재산제의 개정

(1) 부부재산계약 시기의 조정

부부재산계약이란 양측이 가져온 재산을 결혼 후 누가 어떻게 관리하고, 이혼할 때는 어떻게 나눌 것인지 등을 사전에 약정해 놓는 것이다.

현재 민법 규정 상 혼인 후에는 부부재산계약을 변경 할 수 없다. 이에 혼인 성립 전부터 있던 재산에 관해 부부재산계약을 체결한 경우 원칙적으로 혼인 중에는 변경할 수 없도록 한 현행 규정대로 하고, 다만 혼인 중에 취득한 재산의 경우 혼인 중에도 부부재산계약을 체결할 수 있도록 조정되어야 한다.

(2) 법정재산제의 조정

법정재산제란 혼인에 있어서 부부재산계약이 체결되지 않았던 경우에는 부부 사이의 재산관계는 법정재산제의 규정에 의한다. 우리나라는 부부별산제를 채택하고 있다.

현행 별산제를 유지하되, 부부의 일방이 자신의 재산을 처분하는 경우와 부부의 거주지인 주택을 처분하는 경우 등 일정한 경우 다른 일방의 동의를 얻도록 해야 한다. 또는 임의 처분에 제한을 두는 규정을 마련하는 등 부부별산제에는 수정이 필요하다.

(3) 재산 분할 청구 시기의 조정

이혼청구가 전제돼야만 재산분할청구가 가능한 현행 단계적 소송구조는 현실을 전혀 반영하지 못하고 있다고 생각한다. 주변 시선, 취업 불이익이나 자녀의 혼사를 앞둔 경우 등이 이에 해당한다.

이에 혼인 중에도 재산분할청구가 가능하도록 만들어서 자신 명의의 재산권을 갖지 못한 배우자의 정당한 재산권 행사가 보장되어야 한다. 따라서 가정법원이 현행 민법 조항을 변형하여 혼인 중에도 재산분할청구가 가능하게 해야 한다. 여기에 더해 분할의 액수와 방법도 구체적으로 성문화 되어야 한다.

2) 이혼한 배우자 사이 부양 의무 인정 및 이혼 시 연금 분할

(1) 필요성

현재 우리나라는 간통으로 인한 이혼 이후 재산 능력이 부족한 피해 배우자에 대한 부양, 책임 등에 대한 법률 조항이 미흡하여 '위자료'나 '재산 분할 제도'만으로는 피해 배우자가 겪을 생활의 어려움을 해결하기 어렵다.

따라서 유책배우자의 상대방을 보호할 입법적 조치가 필요하다. 이것에 대한 예로 이혼한 배우자 부양 의무 인정 및 이혼 시 연금 분할 등이 있다.

(2) 이혼한 배우자 부양 의무에 대한 외국의 사례

독일의 경우 이혼한 배우자 사이에도 부양 의무를 인정하고, 법정 재산제인 잉여 공동제의 경우 이혼 시 부부 각자가 소유한 재산 총액 기준 절반을 재산 분할 비율(균등 분할)로 정하고 있다. 또 고액 연봉 배우자는 자신이 취득한 연금을 제외한 차액의 절반을 청산해줘야 할 의무를 가진다.

미국에서는 각 주마다 차이가 있긴 하지만 대부분 가사 소송, 민사 소송을 통한 이혼 제도를 운영하고 있다. 이혼한 배우자를 보호하기 위해 이혼 사유, 혼인 기간, 직업, 경제적 필요 등을 고려해 일정 기간 부양료를 지급토록 한 것이 특징이며, 이혼 후 자녀 양육비에 관한 가이드라인을 마련하고, 법원 외 각급 기관이 연계해 양육비 징수 및 배분이 원활히 이뤄지도록 하고 있다.

일본은 판례를 통해 부양적 재산 분할을 명시적으로 인정하고 있다. 전업주부, 질병, 고령 등의 사정으로 이혼 후 경제적 자립이 곤란한 사람에 대한 배려를 법원이 적극적으로 하고 있으며, 혼인을 할 때 미리 약정서를 써두는 것도 권하고 있다.

(3) 이혼 시 분할 연금

지금까지 우리나라의 판례는 퇴직금이나 연금이 정확히 언제, 얼마를 수령할지 알 수 없다는 이유로 이혼 시 분할대상의 재산에 포함시키지 않음에 따라 평범한 가정주부인 피해배우자의 권리가 제약받아왔다. 그러나 별다른 기존 재산 없이 거액의 퇴직금 및 연금을 재산분할에서 제외시키는 것은 정당하지 않다.

따라서 '이혼 소송 당시를 기준으로 그 시점에 직장에서 퇴직한다고 가정할 경우 받을 수 있는 퇴직금 액수를 재산분할 대상에 포함시킬 수 있다.'는 최근의 대법원 판결에서처럼 구체적인 지급 비율이 지금까지의 재산분할과 마찬가지로 배우자의 기여 정도에 따라 달라지더라도 부부간 공평한 재산 분할을 위하여 장래 받게 될 퇴직금 및 연금 역시 재산분할의 대상이 되는 것이 필요하다.

3) 혼전 계약서 작성

혼전 계약서란 결혼하기 전 결혼생활 시 규칙, 이혼 시 재산분할 등에 관한 것을 규정하는 계약의 제반사항을 기재한 문서이다.

(1) 혼전계약서의 필요성

혼전계약서를 통해 이혼 이후의 법적인 분쟁을 감소시킬 수 있는 좋은 수단이 될 수 있다.

(2) 국내의 혼전계약서 현실

협의 이혼을 합의하면서 재산분할 명목으로 일정 금액을 지급하기로 약정하였다가 협의이혼이 이루어지지 않거나 이혼소송이 이루어진 경우, 그와 같은 협의는 효력이 발생하지 않는다(대법원 95다23156판결).

부부가 혼인 성립 전에 그 재산에 관하여 약정한 때에는 혼인 중 이를 변경하지 못한다. 그러나 정당한 사유가 있는 때에는 법원의 허가를 얻어 변경할 수 있다(민법 제829조). 혼전계약서와 부부재산의 약정은 전혀 다른 의미로써, 부부재산의 약정은 '부부재산'에 대하여 그 관리나 명의를 어떻게 할 것인지 정할 수 있을 뿐이며, 그 효력도 혼인 종료 시까지이다. 따라서 이혼을 하게 될 경우에는 그 효력자체가 없으며, 설령 위자료나 재산분할에 관한 약정을 하더라도 무효이다. 결론적으로 우리나라에서는 혼전계약서를 통해 약정을 하더라도 이혼을 할 경우에는 그 효력을 인정받기 어렵다.

(3) 외국의 혼전 계약서 사례

최근 미국에서는 재혼 부부뿐 아니라 초혼 부부들도 혼전계약서를 작성하는 사례가 늘고 있다. 월스트리트저널에 따르면 시카고의 미국혼인전문변호사학회(AAML)가 소속 변호사 1,600명을 대상으로 설문조사한 결과, 63%가 "초혼 부부의 혼전계약 건수가 증가했다"라고 답했다. AAML 회장은 "혼전계약서 가운데 90%는 부동산 관련 내용이 포함되는데, 부모로부터 증여받은 부동산이 결혼 후 공동 자산과 구별되도록 계약서를 작성 한다"며 "만혼이 늘어난 데다 젊은 층도 과거와 달리 풍부한 금융 지식으로 무장했기 때문"이라고 말했다. 따라서 외국의 사례와 같이 우리나라에서도 이혼 시 재산이나 양육에 관한 문제를 명시한 혼전

계약서를 인정할 필요가 있다.

4) 불륜 조장 사이트 제재 법안 마련

새정치민주연합 민홍철 의원은 11일 불륜을 조장하는 인터넷 사이트의 접속을 차단하기 위한 '정보통신망 이용촉진 및 정보보호 등에 관한 법률' 일부개정안을 대표 발의했다. 그동안 방송통신위원회는 불륜을 조장하는 만남 알선 사이트를 접속 차단해왔으나, 지난달 26일 헌법재판소의 간통죄 위헌 결정 후 이런 사이트에 대한 제재 근거가 사라지면서 접속차단 조치를 해제했다. 민 의원은 "간통죄 폐지로 가정해체를 조장하는 내용의 정보가 무분별하게 유통될 가능성이 커졌다"라며, "이번 개정안이 가정과 결혼의 건전성을 지키는 데 기여할 것"이라고 말했다.

법적 제도화를 위해 물론, 정부의 꾸준한 의지와 시민들의 성숙된 의식이 선행되어야 할 몫이 아닐 수 없다. 더욱이 건전한 성 풍속을 해치고 가정해체를 조장하는 사이트의 증가를 막는 법안이 마련된다면 불륜사이트의 무분별한 증가와 피해를 줄일 수 있을 것이다.

6. 맺음말

지금까지의 연구 결과, 우리나라의 간통죄 폐지는 아직 관련 법률이 피해 배우자들의 권리를 보호해주지 못하는 미흡한 상태에서 이루어졌다. 이것은 간통죄에 대한 잘못된 인식, 불륜 조장 사이트, 실질적 간통의 증가와 형벌이 사라졌음에도 변동 없는 민사적 책임, 즉 변화 없는 위자료라는 문제점을 야기했다는 것을 알 수 있었다.

따라서 이에 대한 대책 또는 해결방안으로 불륜 조장 사이트 제재 법안 마련, 혼전 계약서 작성, 이혼한 배우자 사이 부양 의무 인정 및 이혼 시 연금 분할, 부부재산제의 개정, 위자료 액수증가 법률안 마련을 제시하는 바이다.

정신질환 해결 방안과 사회적 고찰

: 싸이코패스, 리플리증후군, 해리성정체감장애

구여원(2학년), 임수연(2학년), 한승주(2학년)

1. 머리말

최근 정신장애 범죄가 잇따르고 있다. 대검찰청 범죄 분석에 따르면 정신장애 범죄는 2011년 6,697건, 2012년 6,590건, 지난해 7,053건으로 증가하는 추세이다.1) 지난해 기준으로 하루 평균 19건씩 정신장애 범죄가 일어난 것이다. 특히 살인·강간·강도 등 강력범죄는 2012년 1,855건에서 지난해 2,043건으로 급증했다.

---

1) 장혁진 기자, 「정신장애 범죄 느는데, 치료감호소는 만원」, 『중앙일보』, 2014.11.24.

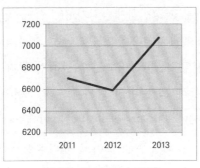

〈그림 1〉 정신장애범죄 증가율

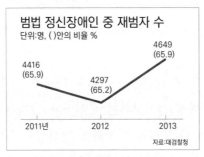

〈그림 2〉 정신장애 중 재범자 수

하지만 이러한 정신장애를 치료해줄 치료감호소가 만원이기에 정신장애를 가진 범죄자들은 치료를 받지 못한 채 다시 재범을 저지르고 마는 실태이다. 우리는 이 사회적 흐름을 보고 이 정신장애범죄가 미연에 방지될 수 있었을지 않을까라는 생각을 하게 되었다. 또한 그들이 사회적인 환경에 의해 정신장애범죄를 가지게 된 것이라면 치료감호소가 만원이 되기 전, 그들을 치료해줄 수 있지 않았을까 라는 의문이 떠오르게 되었다. 이미 정신병의 여러 병리학적 증상이나 원인 등에 대해서 많은 선행연구가 이루어진 상황이긴 하지만, 각 정신질환에 해당하는 사회적 대응방안에 대해 탐구해 보고 정신장애범죄가 감소할 수 있는 방법을 모색함으로써 이 사회에 이바지할 수 있다는 점에 의미를 부여한다.

정신질환의 분류 기준은 명확하게 정해져 있지 않은 채로 시대나 국가, 학자, 등에 의해 변천 되어왔다. 연구범위는 질환의 수와 각 질환의 해당하는 사례가 매우 방대하기에 싸이코패스(반사회적 인격 장애), 리플리증후군 그리고 해리성정체감장애의 총 3개의 정신질환을 선정하였다. 모든 사례를 조사하기에는 시간 및 정보의 제약이 존재하기 때문에 각 질환 당 소수의 사례로 한정하여 조사하였으며, 표본의 다양화를 위해 시대, 성별, 나이 등에 차이를 두었다.

연구 내용은 각 정신질환의 사례를 조사하고 사례에서 귀납적 접근을 토대로 특정 정신질환을 분석한다. 그리고 선행 연구에서 밝혀진 정신질환의 특성을 비교하여 정신질환에 대한 이해를 높이고자 한다. 아울러 분석과 비교를 통해 정신질환의 특성과 연계하여, 각 질환에서 위험성과 심각성을 크게 감소시킬 수 있는 사회적 대안을 모색할 것이다. 논의의 1차 자료는 국내외 심리학 전문서와 학위, 학술논문 등을 근간으로 하고 언론보도 자료와 서울 중앙지법 공판기록 "2004고합972, 973, 1023"을 참고한다.

2. 정신질환

정신질환의 정의는 일반적으로 사람의 사고, 행동 등에 영향을 미치는 정신 상태의 장애가 온 것을 말한다. 그리고 이에 더하여 정신질환의 정의는 광의적 의미와 협의적 의미로 구분하고 있다. 협의의 정신질환은 선천적 정신 이상을 제외한 나머지 병적인 정신 상태를 말하지만, 광의적 의미는 정신 기능의 이상으로 사회생활에 부적응하여 일상생활에 지장을 받는 병적 상태를 포함하고 있다.

1) 사이코패스

(1) 메리 플로라 벨(Mary Flora Bell)

① 성장과정 및 범죄 이전의 행적

메리 플로라 벨(Mary Flora Bell)은 1957년 5월 26일 영국 뉴캐슬어폰타인에서 매춘부였던 베티(Betty)의 첫 자식으로 태어났다. 메리 벨의 아버지는 정확히 알려진 바가 없고 당시 메리는 베티와 결혼 할 상대인 빌리 벨(Billy Bell)을 아버지로 생각했으나 빌리는 이미 다수의 전과를 가진 범죄자로, 나중에 무장 강도 혐의로 체포당한다. 베티는 어린 메리를 놔두고 글래스고로 일하러 가기 일쑤였으며 메리를 여러 차례 사고로 위장해 죽이려했다. 심지어 메리가 네 살이 되던 해 부터는 메리를 직접 매춘의 대상으로 이용하여 남자들이 용이하게 성폭행할 수 있도록 팔과 다리를 붙잡아주기도 하였으며 그로 인해 메리가 11살이 되던 해 그녀의 생식기는 모두 망가져 사용할 수 없었다.

본격적인 범죄를 저지르기 전 메리는 폭력적이고 소름끼치는 면모를 드러내기도 했는데, 1968년 5월 11일, 메리는 선반 가장 자리에 서 있던 자신의 사촌인 3살짜리 소년을 밀어 수 피트 아래로 떨어지게 해 다치게 했으며, 그 다음 날, 유치원 근처에서 놀던 소녀들에게 '사람 목을 조르면 어떻게 될까, 죽는 걸까?'라고 묻더니 말이 끝나자마자 소녀의 얼굴빛이 자줏빛으로 변하도록 목을 조르기도 해 행실을 주의하라는 경고를 받기도 하였다.

② 범행 과정

메리 벨의 연쇄 살인은 1968년 5월 25일에 처음 시작되었다. 메리의 첫 살인은 메리가 소녀의 목을 조른 사건으로 행실 주의 처분을 받은 지 불과 약 10일 후에 일어났다.

가. 마틴 브라운(Martin Brown) 살인사건

1968년 5월 25일, 런던 북쪽의 작은 마을 스카츠우드(scotswood)에서 11살을 앞둔 메리는 당시 4살이었던 마틴 브라운을 목 졸라 살해했다. 마틴은 오후 3시 30분 경 피와 침이 흥건한 채로 어느 판잣집 바닥에 누운 채로 발견되었는데, 마틴의 옆에 놓여 있던 빈 아스피린 병과 직접적인 살해의 흔적이 외견적으로 발견되지 않아 마틴 브라운의 죽음은 살인을 의심할 여지도 없이 사고사로 마무리 되었다.

마틴 브라운 사건의 범인이 메리 벨이라는 정황은 여러 가지가 있었다. 일부 사례로는 마틴의 이모에게 마틴에 죽음에 대해 '마틴이 보고 싶나요?', '마틴이 죽어서 우셨나요?' 등의 질문을 하면서 웃었고, 공책에 마틴 브라운이 발견된 모습과 똑같은 자세를 하고 있는 아이를 그리고 그림 속 아이의 옆에는 '알약'이라고 적힌 병을 그려 넣는 등 살인사건의 정황에 대해 자세하게 알고 있는 모습을 보이기도 했다. 또한 그림 옆에 마틴 브라운의 죽음에 대한 글을 적는 등의 행동을 했다. 이런 행동을 보이는 아이는 메리가 유일했지만 교사들은 메리가 적은 내용을 보고도 별로 대수롭게 여기지 않았다.

나. 브라이언 호(Brian Howe) 살인사건

그해 7월 31일, 동일한 마을에서 메리와 노마는 당시 3살이었던 브라이언 호를 콘크리트 블록 옆에서 마틴과 마찬가지로 목을 졸라 살해한다. 브라이언의 시체는 잔디와 마편초 잎으로 덮인 채로 발견되었는데, 브라이언의 머리는 일부분이 뭉텅이로 잘려나가 있었고 배에는 면도칼로 'M'자가 새겨져 있었으며, 허벅지 몇 군데가 찔리고 성기 껍질 일부가 벗겨진 채 발견되었다. 이번 사건에서 경찰은 브라이언의 사건이 살인 사건임을 확신하고 수사망을 점차 좁혀가기 시작했는데, 그 과정에서 메리 벨이 브라이언의 시체 옆에 놓인 부러진 가위에 대해 알고 있는 점을 바탕으로 조사를 진행했고, 메리 벨과 노마 벨의 범행이 밝혀졌다.

메리는 노마가 브라이언을 살해했고 노마는 메리가 브라이언을 살해했다며 서로의 범행을 부인한다. 법의학 조사 결과 메리의 울(wool)드레스에서 나온 회색 섬유가 두 희생자의 시신에서 모두 발견되었으며, 노마의 적갈색 치마에서 나온 섬유는 브라이언의 신발에서 발견되었다. 노마는 메리 벨보다 열악한 가정환경 속에서 성장한 점, 재판에 회부되었을 때 불안으로 울음을 터뜨리는 등, 아이다운 반응에 동정심을 야기했고 결국 무죄 판결을 받게 된다. 허나 그와는 달리 메리 벨은 유죄를 선고받아 투옥되고 만다.

(2) 연쇄살인자 유영철

① 성장 배경 및 범죄 이전의 행적

유영철은 1970년 8월 18일 전북 고창에서 3남 1녀 중 셋째로 태어났다. 유영철의 아버지는 월남전 참전 군인으로 귀국 후 술과 도박으로 가산을 모두 탕진하고 어려운 형편에서도 첩을 두며 두 집 살림을 한다. 술에 취하거나 기분이 나쁠 때마다 아들에게 망치 등의 흉기를 휘두르는 폭력적인 가장이었다. 아버지는 유영철의 친어머니와 이혼하고 내연녀와 재혼하여 서울 일대의 여인숙을 전전하며 살아왔는데, 유영철도 그런 아버지를 따라 서울에서 생활하였다.

1984년 유영철은 중학교에 진학했는데, 14세 때인 아버지가 사고로 돌아가신 이후 아버지와 계모의 직접적인 학대에서 벗어나 홀어머니 아래에서 형제들과 함께 살아오면서 많이 밝아진 모습을 보였다. 특히 이 시기부터 범죄에 발을 들이는 모습을 볼 수 있는데, 중학교 2학년 세운상가에서 LP판을 훔쳤지만 죄의식을 느끼지 않았으며, 선도부장으로 또래 아이들에게 폭력을 행사하는 등의 모습을 보였다고 한다.

졸업한 후 예고에 진학하려 했지만 색맹에 성적까지 좋지 않아 예고 입학 및 정규 고등학교 입학이 좌절되었고 학력 인정이 되지 않는 국제공고에 입학하였지만 학교생활을 적응하지 못해 자퇴하게 된다. 유영철은 고등학교 2년 중퇴 후 사진기사 1년, 중장비기사 1년 등의 직업을 가졌으나, 1995년 이후에는 지속적으로 일정한 직업이 없이 야간에 경찰관을 사칭하여 불법유흥주점이나 노점상을 상대로 갈취행위를 한다.

유영철은 1988년 8월 23일 야간주거침입절도로 소년부송치처분을 받았고 1991년 9월 4일 특수절도죄로 서울지방법원에서 징역 10월을 선고 받는 등 각종 범죄들을 저질렀다. 또한, 절도죄로 수배생활을 하면서도 계속 경찰관자격사칭 공갈 범행 등을 일삼다가 1998년 2월 13일 서울지방법원에서 공무원자격사칭죄, 절도죄, 공문서위조죄, 불실기재면허증행사죄로 징역 2년을 선고받는다.

1999년 5월 19일 안양교도소에서 만기 출소한 이후 또 다시 같은 범행을 반복하면서 경찰관자격을 사칭해 미성년자를 강간한 혐의 등으로 2000년 3월 15일 구속되어 2000년 10월 27일 서울고등법원에서 징역 3년 6월을 선고 받았다. 피고인의 계속되는 범행에 염증을 느낀 아내로부터 2000년 12월 24일 재판상 이혼을 당하고 1994년 태어나 깊은 애정을 쏟아오던 아들에 양육권도 빼앗겼다. 2003년 9월 11일 그 형의 집행을 종료하였다. 연쇄살인의 시작은 출소한 2003년 9월부터 어머니와 여동생이 살고 있던 공덕동 집을 나온 시점 이후부터다.

② 범행 과정
유영철은 살인피해자 20명과는 아무런 관계가 없었다. 살인 동기는 부유층에 대한 적대감 표출 혹은 전처2)와 동거녀에 대한

분노를 우회적 발산한 것이다. 그리고 아버지와 형의 죽음에 자신도 곧 죽을 것이라는 불안감으로 세상을 비판, 막연한 복수심에 누군가를 살해하고 싶은 충동을 갖게 된 것으로 보인다.

유영철의 살인 행각은 크게 세 가지로 구분할 수 있다. 첫째는 계획적 침입살인인 부유층 주택 노인 살인이며, 둘째는 부유층 대상 범죄 이후 발생했던 무계획적 우발 살인이다. 그리고 셋째는 계획적 유인살인인 직업여성 살인이다. 그간에 알려진 유영철 범죄 행각3)은 다음과 같다.

〈표 1〉 유영철의 범행 정리

구분	일자	살인 장소	피해자	사건 내용
계획적 침입 살해	2003.09.24	강남구 신사동	숙대 명예교수 부부 (남 72세, 여 68세)	• 숙대 명예교수인 이모씨 부부의 단독주택에 침입 • 잭나이프로 위협하고 해머로 머리를 때려 살해 • 금품에는 손대지 않음
	2003.10.09	종로구 구기동	집주인(여 85세), 며느리(여 60세), 손자(남 35세)	• 잭나이프로 위협하고 해머로 머리를 때려 살해 • 강도로 위장하기 위해 2층 방 금고 안의 물건들을 흩트려 놓음
	2003.10.16	강남구 삼성동	여 60세	잭나이프로 위협하고 해머로 머리를 때려 살해
	2003.11.18	종로구 혜화동	집주인 (남 87세) 파출부 (여 53세)	• 해머로 머리를 때려 살해 • 강도로 위장하기 위해 곡괭이와 전지가위로 금고를 부숨 • 자신의 혈흔을 없애기 위해 방화
계획적 유인 살인	2004.03.16	마포구 신수동 (자신의 집)	여 23세	서대문구 소재 전화방에 근무하는 여성을 자신의 집에서 살해 후 서강대 도서관 뒷산 등산로 나무 밑에 암매장

---

2) 유영철은 아내 황씨와 결혼을 전제로 사귀어오던 중 1993년 6월에 혼인신고를 하고 아들까지 낳지만, 2000년 12월 24일 재판상 이혼을 당하게 되며 아들에 대한 양육권도 빼앗기게 된다.

3) 이진동, 「유영철 연쇄살인 분석」, 연세대학교 대학원, 2006.

무계획 우발 살인	2004.04.13	동대문구 황학동	비아그라와 음란물 판매상 (44세 남)	• 경찰을 사칭하여 사건을 무마해준다며 돈을 강취하려다 자신의 신분이 발각되 지 않기 위해서 피해자의 승합차 내에서 잭나이프로 온몸을 찌르고 해머로 머리 를 때려 살해 • 자신의 혈흔을 은폐하기 위해서 차량 방화
계획적 유인 살인	2004년 4~5월 중순	마포구 노고산동 (자신의 집)	여 20~30대 초반	서대문구 소재 전화방에 근무하는 여성을 자신의 집에서 살해 후 봉원사 주변 한방병 원 신축공사장 뒤편에 암매장
	2004년 5월 중순	상동	여 25세	서대문구 소재 pc방에서 인터넷으로 '조건 만남' 쪽지를 보내고 있던 여성을 자신의 집에서 살해 후 봉원사 주변 한방병원 신축 공사장 뒤편에 암매장
	2004.06.02	상동	여 35세	서대문구 소재 전화방에서 근무하는 여성 을 자신의 집에서 살해 후 봉원사 주변 한방병원 신축공사장 뒤편에 암매장
	2004년 6월 초순	상동	여 20대 후반	서대문구 소재 전화방에서 근무하는 여성 을 자신의 집에서 살해 후 한방병원 신축공 사장 개천 건너편에 암매장
	2004.06.09	상동	여 26세	서대문구 소재 출장마사지사로 근무하는 여성을 자신의 집에서 살해 후 한방병원 신축공사장 개천 건너편 공터에 암매장
	2004.06.18	상동	여 27세	서대문구 소재 전화방에서 근무하는 여성 을 자신의 집에서 살해 후 한방병원 신축공 사장 개천 건너편 공터에 암매장
	2004.06.25	상동	여 28세	서대문구 소재 출장마사지사로 근무하는 여성을 자신의 집에서 살해 후 한방병원 신축공사장 뒤편에 암매장
	2004.07.02	상동	여 26세	강남구 소재 출장마사지사로 근무하는 여 성을 자신의 집에서 살해 후 한방법원 신축 공사장 개천 건너편 공터에 암매장
	2004.07.09	상동	여 24세	서대문구 소재 출장마사지사로 근무하는 여성을 자신의 집에서 살해 후 한방병원 신축공사장 개천 건너편 공터에 암매장
	2004.07.13	상동	여 27세	서대문구 소재 출장마사지사로 근무하는 여성을 자신의 집에서 살해 후 한방병원 신축공사장 개천 건너편 공터에 암매장

2) 리플리증후군

(1) '천재소녀'라 불린 김정윤

　김정윤의 친구 증언에 따르면 그녀는 대학 합격 사실을 증명하기 위해 치밀하게 노력했다고 한다. 친구는 이번 사건 이전에도 비슷한 사건이 있었는데 "이전에 학교가 공식 발표한 경시대회 합격자 명단에 김정윤의 이름은 없었으나 그녀는 자신이 합격했다며 기뻐했다."라고 말했다. 이어 어떤 이가 선발전에 합격한 게 맞느냐고 물어보니, 김정윤은 자기가 합격메일을 받은 것처럼 캡처해 보여주기도 했다고 밝혔다. 물론 합격하지 않았고 합격한 것처럼 꾸몄던 것이다.

　김정윤은 대학시험 시기에 본격적으로 학력위조사건을 시작했다. 관련 보도가 처음 나온 언론은 미국에서 발행되는 〈미주중앙일보〉로 알려졌다. 지난 2일 이 신문은 "한국인 김 아무개(18세) 양이 하버드와 스탠퍼드에 동시 합격했고, 김 양의 천재성을 높이 평가한 두 학교가 김 양이 두 학교를 2년씩 다닌 뒤 졸업학교는 선택할 수 있도록 하는 파격적인 제안을 해왔다"는 내용의 보도를 했다. 심지어 보도에는 페이스북 CEO인 마크 저커버그가 그녀에게 전화를 걸어 캘리포니아로 와줄 수 있냐고 물은 내용까지 실려 있어 화제를 모았다.

　한편, 서울대학교 대나무 숲에서 이런 김정윤에 대해 의혹 제기를 해왔다. 그들은 김 양의 논문이 2005년에 발표된 논문과 크게 다를 바 없는 표절이라고 했다. 동시에 미국 우사모 선발자[4]

한인 여학생, 하버드·스탠퍼드 '동시 입학'

토마스제퍼슨 과학고 김정윤 양

졸업 학교는 두 곳 다녀본 뒤 결정
저커버그 "만나자" 직접 전화도

한인 여학생이 하버드대와 스탠퍼드대에 '동시 입학'하는 전례없는 대접을 받게 됐다. 지난해 말 하버드대에 조기 입학했던 김정윤(18·버지니아 토마스제퍼슨 과학고·사진)양이 스탠퍼드대에서도 입학을 요청받아 두 학교를 나눠 다니게 됐다. 당초 하버드대로 결정했던 김양을 놓고 스탠퍼드대도 합격 통지서를 보냈고, 이에 따라 두 학교 측은 김 양이 나눠서 두 대학에 다니는 파격적인 방안을 제안했다.

김양은 2일(현지시간) "두 대학의 교수님들과 상의해 스탠퍼드대에서 첫 1~2년을 공부하고 이후 하버드대에서 전공과 연구를 이어가 나머지 대학 생활을 하기로 했다"고 밝혔다. 두 학교는 김양에게 수업료와 기숙사비를 포함해 연간 6만 달러가 넘는 학비를 전액 제공하겠다고 약속했다. 최종 졸업학교는 김양이 두 학교를 다 다녀본 뒤 결정하기로 했다. 김양의 가족은 동시 입학이라는 제안이 믿기지 않아 두 학교 측에 공식 문서를 요청했다는 후문이다.

김양은 지난해 5월 매사추세츠공대(MIT)가 주최한 연구 프로그램에 참여해 '컴퓨터 연결성에 대한 수학적 접근'이라는 결과물 내놓으며 MIT·하버드대 등의 수학 교수들로부터 크게 주목받았다. 페이스북 최고경영자(CEO)인 마크 저커버그는 김양에게 직접 전화를 걸어 만나자는 뜻을 알리기도 했다. 저커버그는 "와이파이로 지구촌 오지까지 세계를 하나로 묶는 프로젝트를 진행하고 있는데 너의 수학적 이론이 도움이 될 것 같다. (페이스북 본사가 있는) 캘리포니아로 올 수 있냐"고 물었다고 한다. 김양이 "가고는 싶은데 엄마가 허락할 것 같지 않다"고 하자 저커버그는 파안대소하며 "그럼 조만간 중간지점에서 만나기로 하자"고 대화를 마쳤다는 후문이다.

위싱턴=채병건 특파원 mfemc@joongang.co.kr

(11.5×12.1)cm

〈그림 3〉 당시 중앙일보에 실렸던 기사

공식 인터넷 사이트 최근 3년의 기록 중 어디에도 김양의 이름이 없다는 것이 밝혀지며 의혹이 증폭되었다.

그 뒤 김 양 측은 '텐퍼드대 입학처장'의 해명 글이라며 메일을 공개했는데, 글의 내용이 매우 기본적이었던 점과, 스탠퍼드 입학처장이 보냈다는 글은 인덴트(들여쓰기)나 문단의 사용 등 기초적인 문서작성 요령조차 숙지되지 않은 것이 드러나 오히려 의혹을 증폭시켰다.

커져가는 의혹 속에서 하버드대와 스탠퍼드대가 사실을 밝혔다. 하버드 대학본부의 공보담당자는 "김 양 가족이 제시한 합격

---

4) USAMO qualifier, 미국 수학경시대회로 미국 전역에서 매년 한 학년 당 약 100명을 선발하는 대회.

통지서가 위조된 것"이라 답변하고 합격 사실을 공식 부인했다. 또한 애나 코웬호번 하버드대 공보팀장은 "한국 언론에 보도된 것처럼 스탠퍼드대에 일정기간 수학한 뒤 나머지를 하버드대에서 공부하고 어느 한쪽으로부터 졸업장을 받는 프로그램은 존재하지 않는다."고 설명했다. 스탠퍼드대 리사 라핀 공보팀장도 "현재 김정윤이라는 이름의 학생이 스탠퍼드 대학에 등록되어 있지 않다."고 밝혔다. 그리고 "우리는 스탠퍼드대학과 하버드대학에서 동시에 공부하는 형태의 프로그램을 갖고 있지 않다"는 사실도 확인해 주었다. 스탠퍼드대학은 김 양 가족이 대학 측으로부터 받았다면서 언론에 보여준 합격통지서에 대해서 "대학의 공식 담당자가 그런 문서를 발행한 적이 없다."고 답변했다.

이제까지 했던 말들이 모두 거짓임이 드러난 김 양 가족은 결국, 2015년 6월 12일 미국생활을 청산하고 한국에 귀국하였다. 공항에서 많은 취재진이 기다리고 있었고 김양의 아버지는 김양의 모습을 가려주며 황급히 빠져나갔다. 토머스제퍼슨 고등학교에서는 6월 중 김양의 퇴학을 결정할 것이라고 한다.

(2) '그것이 알고 싶다' 가짜 대학생

① 성장과정 및 범죄 이전의 행적

대학교수의 아들이었지만 소심한 성격 탓에 중학교 때부터 따돌림을 당했다고 한다. 학생에게는 네 명의 친누나가 있었는데, 명문대학에서 공부하는 누나들에 비해 자신이 평범한 대학을 다닌다는 사실에 좌절감과 열등감을 갖고 있었다 한다.

② 범행과정

그는 무려 6년 동안 서울대, 고려대, 연세대, 관동대 등 전국 48개 대학교에 항상 신입생으로 나타나곤 했다. 목격자들이 진술하길, 그 학생이 말하는 것이나 행등은 일반 학생들과 전혀 다름이 없이 지극히 평범했다고 한다. 다만 그 학생은 행동이 좀 넉살스럽고 뻔뻔스러웠다고 말했다. 선배들에게 서슴없이 밥을 사달라고 하거나 돈을 빌리는 등 신입생이라 보기엔 상당히 거침없이 보였다는 것이다. 학생들에게 다소 비용이 부담스러울 수 있는 스테이크나 삼겹살을 사달라고 요구하기도 했다.

또한 그 학생은 학교 동기생들에게 종종 숙식을 부탁해 신세를 지는 경우가 많아 동기생들에게 골칫거리 존재로 부각되었다고 한다. 연세대의 경우, 동아리단체에 한 신입생이 가입하기 위해 찾아왔는데 그를 상대했던 기존 회원이 말하길, 그 신입생은 3년 전에 신입생 자격으로 찾아왔던 학생과 동일한 인물이라 크게 놀랐다고 했다.

늘 소외감과 자괴감에 빠져 있던 그는, 심지어 한 고려대 학생의 명의를 도용해 거짓 신분증을 만들기에 이른다. 또 자신이 완벽한 그 학생이 되기 위해 실제 학생을 학교 행사에 참여하지 못하도록 협박했다. 6년 간 신입생 행세를 하며, 그는 48개 대학의 수많은 학생들을 속인 20대 청년이었다. 여러 명문대를 전전하며 명문대 마크가 새겨진 옷을 입고 스스로 만족감에 도취해 여러 친구들, 동아리 선배와 어울리면서 소외감을 잊고 싶었던 것이다.

3) 해리성정체감장애

(1) 윌리엄 스탠리 밀리건(William Stanley Milligan)

① 성장 배경 및 범죄 이전의 행적
윌리엄 스탠리 밀리건은 어릴 적 부모님의 이혼과 10살 때부터 시작된 양아버지의 성적 학대, 그리고 양아버지의 자살 등으로 마음에 큰 상처를 받았고 이후 점차 다중인격 증세가 나타나기 시작했다. 사회부적응과 불안증세로 고등학교를 중퇴했으며 특정 사건을 새로 겪을 때 마다 인격이 하나씩 늘어나기 시작했다. 윌리엄의 핵심 인격은 '빌리', 빌리를 중심으로 아서, 레이건, 앨런, 타미, 월터 등 총 24개의 인격을 가지고 있었다.

② 범행 과정
1977년 3명의 여성을 강간, 납치한 사건과 무장 강도 사건으로 체포당한다. 하지만 미국 최초로 다중인격 장애와 정신 이상을 이유로 무죄를 선고 받게 된다. 처음에 다중인격장애를 연기로 의심한 수사관과 의사들은 여러 가지 검사 결과를 토대로 윌리엄 밀리건의 행동이 연기가 아님을 밝혀냈다. '아서'라는 인격은 아랍어와 아프리카어를 유창하게 구사함은 물론 수학, 물리, 의학에 대한 전문가 수준의 지식을 소유하고 있었다. 그리고 '레이건'이라는 인격은 크로아티아어에 능통했으며 '타미'라는 또 다른 인격은 전자제품을 아주 능숙하게 다룰 수 있는 재능을 드러냈다고 한다.

〈표 2〉 윌리엄 스탠리 밀리건의 24개 인격

이름	국적	나이	성격
윌리엄 스탠리 밀리건(빌리)	미국	26	정상 또는 다중인격의 핵심, 본래의 인격
아서 존스	영국	22	지적이며 합리적임, 감정을 드러내지 않음
레이건 바다스코니비치	유고슬라비아	23	증오와 분노로 가득한 인격
앨런 머스크	미국	18	사기전과 5범의 사기꾼, 협상에 능통함
타미 드리머	미국	16	탈출에 뛰어난 예술가
대니얼 워드	미국	14	남자를 무서워하는 겁이 많은 성격
데이비드 내쉬	미국	8	고통과 공감의 관리자
크리스틴 홀	미국	3	구석의 아이, 난독증이 있었으나 2번의 인격인 아서가 가르침
크리스토퍼 다니엘스	미국	13	크리스틴 홀의 오빠, 하모니카 연주를 함
에이들리나 틀리쉬	미국	19	레즈비언, 수줍고 외로움을 잘 타며 내성적(밀리건이 체포되는 계기를 제공한 인격)
필 스캇	미국	20	전직 폭력배, 뉴욕 일대를 휘어잡은 최고의 주먹
케빈 내쉬	미국	20	계획가, 하찮은 범죄자
월터 하이드	오스트레일리아	22	사냥꾼
에이프릴 워드	미국	19	새아버지에게 복수하려는 마음을 품은 나쁜 여자아이, 질풍노도의 시기
새뮤얼 브라이언	미국	18	길거리를 방황하는 유대인
마크 헨리	미국	16	단순 노동을 책임짐, 별명은 좀비
스티브 크레이그	미국	21	미국을 대표하는 희대의 사기꾼, 한때 헌병이었음
리타이어 존스	미국	20	한 시대를 풍미한 전설의 코미디언
제이슨 오스틴	미국	13	히스테릭한 성격
로버트 빌리	미국	17	희대의 몽상가 '바비'라고도 불림
숀 코너리	미국	4	귀머거리
마틴 레니	미국	19	뉴욕 출신의 천박한 자랑쟁이
티모시 스티브	미국	15	가상세계에 빠져 있음
오프리 미즈	미국	26	24개의 다른 인격들을 하나로 융합시킨 인격

(2) 부천 비디오가게 살인사건

우리나라에서 다중인격에 의한 살인이 의심되었던 사례로는 1998년에 발생하였던 부천 비디오가게 살인사건이 있다. 이 사건에서 피고인은 피해자인 비디오가게 주인의 고향후배였고 피고인과 피해자는 상해보험금을 거짓으로 타내기 위하여 서로 짜고 보험사기를 계획하였다. 피해자가 강도를 당한 것처럼 위장하기 위하여 피고인은 피해자의 동의하에 피해자를 꽁꽁 묶었고, 피고인은 피해자와의 합의내용을 증거로 남기기 위하여 이러한 과정을 전부 비디오로 녹화하였다.

나중에 압수되어 법정에 제출된 비디오는 충격적이었다. 피고인과 피해자는 피해자가 상해를 입은 것처럼 보이기 위해 몽둥이로 피해자를 몇 대 때리기로 합의하였다. 비디오에 피고인은 처음 피해자에게 매우 공손히 "형님, 빨리 끝낼 테니 걱정 마세요. 조금만 참으세요."라고 말하는 등 피해자에게 친근한 태도를 보였다. 하지만 몽둥이를 몇 차례 휘두르더니 갑자기 전혀 다른 얼굴이 되어 피해자를 미친 듯이 몽둥이로 내리쳤고 이윽고 살해하고 말았다.

그 과정에서 피고인은 다음과 같은 전혀 이해할 수 없는 말을 쏟아내었다고 한다. "내가 누군 줄 알아? 난 쉐도우다. 난 3000살 먹은 악마다. 너 같은 놈이 이해하지 못할 위대한 존재로 수천 년 전부터 너를 응징하기 위해 기다려왔다!"라는 이해할 수 없는 말을 하고 있었다. 피고인은 조사 과정에서 자신이 이런 말을 하면서 피해자를 죽인 사실을 전혀 기억하지 못하고 있었다.

피고인이 과연 심신상실 상태에 있었는지에 대해서는 전문가들의 의견도 극과 극으로 갈렸다고 한다. 결국 우리나라 법원은 피고인의 심신상실을 인정하지 않고 피고인이 계획적으로 피해자를 살해한 것으로 판단하였다. 그래서 피고인에게는 무기징역을 선고한다. 이 사건은 피고인이 피해자의 아내와 내연 관계에 있는 등 피고인의 계획적인 살인을 입증할 만한 다양한 정황들이 있었기에, 법원도 피고인의 다중인격에 의한 살인을 인정하지 않은 것으로 보인다.

3. 정신 질환의 특징 추론

메리 플로라 벨, 윌리엄 스탠리 밀리건 등 사이코패스, 리플리 증후군, 해리성정체감장애의 각 질환 별 사례는 서로 성별, 국적, 연령, 활동시기 등에서 차이를 보이고 있다. 하지만 각 질환에서 그들은 마치 다른 듯 같은, 곧 본질적으로 같은 문제를 안고 있음을 견지할 수 있었다.

1) 사이코패스

메리 플로라 벨, 유영철은 서로 성별, 국적, 연령대, 활동시기 등에서 차이를 보이고 있지만 그 중 본질적으로 같은 문제를 안고 있다고 판단할 수 있는데, 그 요인들은 성장배경, 죄의식의 여부, 범죄의 잔혹성이 그것이다. 메리 벨은 친모에 의한 성적인 학대와 폭력에 시달렸으며, 친모는 물론 아버지로 여겼던 사람의 사랑도 전혀 느끼지 못하는 불우한 가정환경 속에서 성장했다. 유영철도 유년시절부터 넉넉지 않은 가정형편 속에서 알코올 중독자인 아버지와 내연녀의 폭행, 방임, 학대 속에 그대로 노출되었다.

메리 벨은 범죄 이전에, 선반 위의 사촌을 이유 없이 밀쳐 상해를 입혔고 유치원에서 소녀의 목을 조르기도 하는 등 폭력적인 성향을 표출했다. 유영철의 경우도 중학교 재학 중, 선도 부장을 하면서 또래 아이들을 스스럼없이 폭행하는 등 반사회적 성향의 폭력성을 드러냈다. 무엇보다 사이코패스에 해당하는 사례들 속에는 공통적으로 유년기 엽기적이라 할 만한 폭력 성향을 발견할 수 있다. 또한 메리 벨, 유영철[5] 모두 경찰에 체포된 직후나 재판에 회부되었을 때, 자신이 피해자를 대상으로 저지른 범죄에 대해 일말의 죄책감과 죄의식을 전혀 찾아볼 수 없었다.

2) 리플리증후군

명문대 입학서류를 조작하여 '천재소녀'인양 행세한 김정윤 사례나 '그것이 알고 싶다 가짜 대학생' 사건에는 학업의 높은 성취도를 통해 사회적으로 인정받으려는 그릇된 욕망과 허구 속 숨겨진 자아를 찾을 수 있었다. 특히 김 군은 친누나가 명문대에 진학함으로써 학업에 대한 열등감을 크게 느꼈고 아버지가 대학교수

---

5) "유영철은 유가족의 피해 회복을 위해 어떠한 노력도 하지 않았으며, 자신이 저지른 범죄에 대한 죄책감도 보이지 않았다."(서울중앙지법 2004고합972, 973, 1023)

라는 환경도 그를 압박하는 부정적 요인이었다. 지극히 개인적인 환경이 그들을 이런 상황까지 몰아넣은 것이라 볼 수도 있겠지만, 어쩌면 그들은 수단과 방법을 가리지 않는 결과 위주의 경쟁 사회가 낳은 또 다른 슬픈 자화상이다. 입시를 마치 과시욕구의 장으로 서열을 갈음하는 사회 풍조 속에 매몰된 피해자 중 한 사람이라 할 수 있다.

이미 김정윤은 이전에 교내에서 실시된 수학경시대회 수상자 명단에 이름을 올리지 못했다. 김 군 또한 명문대에 들어가지 못했다. 이것은 그들의 현실이고 부정할 수 없는 사실이다. 하지만 그들에게는 명문대에 들어가 소위 남들에게 인정받고 싶은 일종에 그들만의 허구적 이상 세계가 존재했을 것이다. 이루지 못한 이상과 현실 사이에 큰 거리감은 견딜 수 없는 괴리감으로 인해, 돌이킬 수 없는 범죄로까지 표출되고 말았다.

3) 해리성정체감장애

부천 살인사건 가해자는 피해자에게 친근한 모습을 보이다가 돌변하여 피해자를 참혹하게 폭행해 사망에 이르게 했으며, 윌리엄 스탠리 밀리건은 여성을 대상으로 납치와 강간 및 무장 강도 행위를 저질렀다. 하지만 이들에게는 공통적으로, 부분적 기억의 부재 현상을 찾아볼 수 있었는데, 이것은 인격이 바뀌어 도중에 기억이 삭제된 것을 의미한다. 윌리엄 스탠리는 어릴 적 부모님의 이혼을 경험하게 되면서 계부의 폭력과 성적 학대를 당해 왔다. 이 점, 스탠리에게 있어 해리성정체감장애를 유발하는 요인이 되었던 것이다. 이러한 사실을 통해 성장 과정 속에서 과도하게 노출된 폭력과 학대는 해리성정체감장애로까지 이어져, 또 다른 가해자와 피해자를 만들 수 있음을 알아야 한다.

4. 맺음말

사이코패스 성향의 형성 요인에 대한 의견이 분분하지만 어린 시절 교정하지 못한 품행장애와 열악한 사회적 환경 속에서 성장한 점이 극단적인 반사회적 인격 장애로 발전될 수 있다는 점은 이견이 없다. 리플리증후군은 지나친 경쟁 속 가정환경에서 받은 열등감과 사회적 성공에 대한 비뚤어진 욕망이 발병한 것이며, 해리성정체감장애는 후천적인 여러 요인이 작용하지만, 그 중 많은 비중을 차지하는 요인은 어린 시절 받은 과도한 학대와 폭력이라 볼 수 있다. 해리성정체감장애는 이를 기반으로 하는 일종에 방어기제의 표출로 판단된다.

세 질환의 원인을 해결하기 위해 다음과 같이 사회적 대응 방안을 생각해 볼 수 있다. 첫째, 아동 및 청소년을 성폭력, 방임, 폭행, 학대 등 가정환경 문제의 열악함 속에서 보호를 좀 더 구체화해야 한다. 이미 아동학대에 대한 처벌이 강화되어 특례법이 시행되고 있기에, 가해자에게 엄중한 법적 제제를 취함에는 큰 문제가 될 것은 없어 보인다. 둘째, 범죄율 감소를 위해 어른과 아이 모두를 대상으로 하는 아동학대의 심각성에 대한 교육프로그램 운영과 사회적 차원의 홍보 및 정보 공유를 제공해야 한다.

이것은 새로운 가정 만들기의 인식 전환에도 도움을 줄 것이다. 셋째로, 정신질환자의 상담과 교육을 담당하는 전문 인력의 충원이 무엇보다 필요하다.

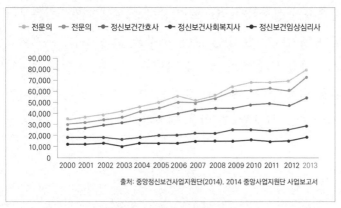

〈그림 4〉 정신보건 직종별 추이

〈그림 4〉를 살펴보면, 전문의와 전공의 수에 비해 정신보건 사회복지사와 임상심리사의 비율이 낮음을 알 수 있다. 즉, 전문의와 전공의를 통한 정신질환 진료에 반해 저소득층이나 사회적 지위가 열악한 사람들의 정신보건복지 분야가 상당히 부족할 수 있음을 나타낸다. 이는 정신보건 예산의 투입을 정신보건 인력 충원에 더욱 투입해야 함을 시사한다.

그리고 유년기 성장과정이 정신질환에 미치는 영향이 크다는 점을 감안해 교사직무 교육과정에 정신건강 문제를 포함하고 교내 심리치료 전문 인력 확보 등, 교사와 교육기관의 정신건강 관리 체계를 확보해야 한다. 치료대기시간 단축, 학교연계 통합서

비스 무료 제공 등 정신질환 치료 서비스에 학생들의 접근성을 확보하고 모니터링 서비스 구축도 필요하다. 정신건강 문제로 조기 학교교육 이탈을 방지하는 측면에서도 또는 이탈자를 지원하는 사회 정책적 측면에서도 실현돼야 할 과제가 아닐 수 없다.

아직까지 선천적 요인으로 작용하는 정신질환을 처음부터 바로잡아 태어나게 할 수는 없다. 하지만, 전문적이고 체계화된 교육과 상담을 통해 환자 스스로 욕구를 제어할 수 있게 하고 정신질환을 심화시키는 후천적 요인을 제거할 수 있다면 사회는 더 큰 안전망을 확보할 수 있을 것이다.

제**2**부 청소년과 문화

청소년 미혼모의 학습권 보장을 위한 보고서

김지예(3학년), 문준혁(3학년), 최현우(3학년), 최현정(3학년)

1. 머리말

중·고등학생 미혼모들은 청소년이고 또한 청소년의 학습권은 가장 기본적인 인권 중 하나다. 그리고 만약 그들이 임신, 출산을 이유로 학업을 중단하게 된다면 본인은 물론 자녀들까지 빈곤의 악순환에 빠질 우려가 크기 때문에 학습권은 마땅히 보장되어야 한다.

그런데 우리나라 청소년 미혼모[1]들은 약 60~70%가 학업중단 상태이고 그 가운데 약 60%가 학업을 계속 하고 싶지만, 학교 측의 전학 및 자퇴 권유 등에 의해 학업을 중단한 상태이다. 따라

---

[1] 이 글에서 청소년 미혼모는 만 18세 이하의 학생 미혼모를 말한다. 여기서 미혼모는 출산경험이 있는 사람들뿐 아니라 임신 경험이 있는 미혼모를 포함한 의미다.

서 본고의 출발은 침해 받고 있는 청소년 미혼모들의 학습권 보
장을 확보하는 방편으로 한걸음 더 다가서고자 한다. 이를 위해
미혼모와 학습권 보장에 대한 현황을 조사해 제시하고 다른 국가
들에 학교 차원의 미혼모프로그램이나 탁아시설에 대하여 사회·
제도적 지원을 살펴볼 것이다. 아울러 우리 현실에 맞는 정책 방
안을 제언해 보고자 한다.

2. 청소년 미혼모의 발생 원인과 현황

1) 청소년 미혼모의 원인

청소년 미혼모의 발생 원인을 크게 두 가지로 구분할 수 있다.
성관계 전 과정상의 원인과 성관계 이후의 원인이 그것이다. 첫
째는 과정상의 원인으로 현재 성교육의 문제, 대중매체의 발달,
그리고 가정구조의 문제로 분류 할 수 있다. 먼저, 성교육의 문제
와 관련해 아래는 2014년 성교육 만족도와 실시 횟수, 방법 등을
설문조사한 내용이다.

〈그림 1〉을 통해 이미 학생들이 알고 있는 사실과 배웠던 내용
을 수업할 뿐만 아니라, 주로 이론 중심에 수업을 하여 학생들은
지루함을 느낀다고 말한다. 더욱이 이성이 함께 성교육 수업을
듣게 되어, 서로 부끄러워 성교육 시간이 별다른 효과가 없었다
는 것이다.

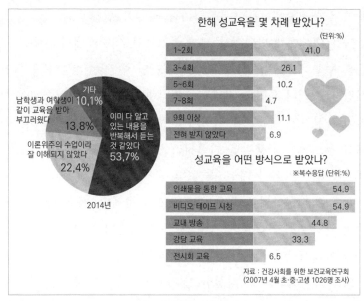

한해 성교육을 몇 차례 받았나?
(단위:%)

1~2회	41.0
3~4회	26.1
5~6회	10.2
7~8회	4.7
9회 이상	11.1
전혀 받지 않았다	6.9

성교육을 어떤 방식으로 받았나?
※복수응답 (단위:%)

인쇄물을 통한 교육	54.9
비디오 테이프 시청	54.9
교내 방송	44.8
강당 교육	33.3
전시회 교육	6.5

기타 10.1%
이미 다 알고 있는 내용을 반복해서 듣는 것 같았다 53.7%
남학생과 여학생이 같이 교육을 받아 부끄러웠다 13.8%
이론위주의 수업이라 잘 이해되지 않았다 22.4%
2014년

자료 : 건강사회를 위한 보건교육연구회
(2007년 4월 초·중·고생 1026명 조사)

〈그림 1〉 성교육 실태 관련

　그리고 성교육을 받은 횟수가 아직은 많이 부족하다는 점과 성교육이 시청각 자료에만 의존하는 경우가 대부분이란 것을 알게 된다. 이어지는 〈표 1〉은 우리나라와 외국의 성교육 수업을 비교한 내용인데 비교를 통해서도 알 수 있듯 외국에 비해 성교

〈표 1〉 한국과 외국의 성교육 수업 비교

한국	외국
• 2008년 보건과목 신설, 성교육 일부 포함 • 2013년 초등학교 성교육, 학교장 재량으로 변경 • 중·고등학교 선택과목으로 보건교육 실시 ▶ 성교육 의무(X), 주로 학교장 재량	• 미국: 성교육 의무화 • 독일: 성교육 의무화, 피임법, 성관계 체위 등 수업 • 프랑스: 성교육 정규과정, 콘돔 학생들에게 무료 배포 • 네덜란드: 생물학적인 부분뿐 아니라 가치, 태도 등에 대해서도 수업 ▶ 성교육 의무(○), 실용적 교육내용 포함

육이 상대적으로 매우 부족하다는 사실을 말해주고 있다.

다음 대중매체 발달의 문제를 살펴보면, 대중매체의 급속한 보급은 누구나 다양한 정보를 쉽게 접근할 수 있는 용이성을 확장시켰다. 그러나 드라마, 광고 등, 인터넷을 통해 누구나 쉽게 외설적이고 성적인 내용들을 접하게 되었다. 이는 성 윤리, 성 의식에 대한 청소년들의 생각을 변화시키는 데 큰 영향을 미치고 있다. 대중매체의 역설이 아닐 수 없다.

끝으로 과정상의 원인은 가정구조의 문제다. 사실 이 문제가 주된 원인으로 언급될 수 있는데 주로 이혼이나 편부모, 조부모 가정 속에서 겪는 상황을 말한다. 더욱이 경제적으로 또는 정서적으로 가정의 기능을 상실한 상태의 학생들이 가출을 통해 소위 불량한 아이들과 어울리며 지내게 된다. 이러한 원인들로 인해 학생들의 성에 대한 윤리의식이 약화되고 성에 대한 가치관이 좀 더 개방적이고 과감해 지기 쉽다. 따라서 첫 성 관계 시기도 자연스레 낮아져, 청소년 미혼모가 발생하게 된다는 경우가 혼한 현실이다.

청소년 미혼모의 발생 원인에 두 번째 구분은 성관계 이후의 원인이다. 청소년들이 성 관계를 한 이후, 자신의 상황에 맞는 구체적인 피임법을 몰라 자신도 모르는 사이 원치 않는 임신을 하게 된다. 설령, 피임법은 알고 있다 해도 자신이 임신 사실을 인지한 시기가 늦어져, 피임은 이미 늦은 상태가 되어 버린다. 대부분의 청소년들은 어린 나이에 임신을 하는 것을 마땅히 꺼려한다. 따라서 청소년 미혼모가 발생하는 원인에 큰 문제는 성 관계 이후, 자신의 상황을 정확히 인지하지 못해 일어나는 것이라 볼 수 있다.

2) 청소년 미혼모의 현황 및 관련자료

현황을 조사하기에 앞서 청소년 미혼모에 대한 사람들의 생각을 조사하기 위해 화성고등학교 학생 약 400명을 대상으로, 설문조사를 실시했다. 다음에 제시된 도표는 미혼모에 대한 학생들의 인식을 조사한 것이다.

Q1. 청소년 미혼모에 대해 어떻게 생각하는가?

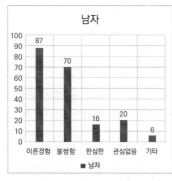
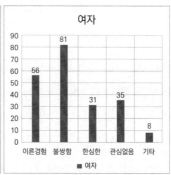

Q2. 청소년 미혼모는 주로 어떤 학생들이 된다고 생각하는가?

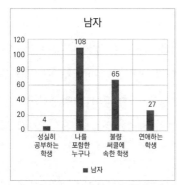
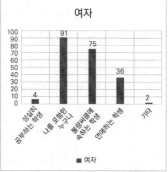

위의 자료는 화성고등학교 학생들을 직접 설문조사한 것이라 바로 일반화시키기는 어려울 수도 있겠다. 허나 조사결과 다른 보고서의 다양한 연령층에 대한 조사와 위의 자료가 유사함과 변별성을 함께 지니기에 우리가 조사한 자료를 토대로 논의를 이끌고자 한다.

첫 번째 질문을 살펴보면, 대다수의 학생들이 청소년 미혼모에 대해 연민의 감정을 가지고 있지만 부정적 입장을 지닌 학생들도 적지 않았다. 그리고 두 번째 질문은 대다수의 학생이 누구나 청소년 미혼모가 될 수 있다는 입장을 견지했으나 이른바 '불량 학생들'이 미혼모가 된다는 생각들도 상당수였다. 이를 통해 아직까지는 청소년 미혼모에 대한 부정적 인식과 불량 학생들이 주로 미혼모가 된다고 생각하는 의식이 남녀 모두 결코 적지 않았다. 아울러 그러한 의식도 남학생보다는 여학생 쪽이 보다 많음을 확인할 수 있었다.

우리나라 청소년의 첫 성 경험 나이는 2009년 15.9세, 2011년 14.6세, 2013년 12.8세로 파악 되었다. 거의 해마다 약 0.5세씩 감소하고 있음을 볼 수 있다. 한국에 십대의 출산건수는 공식적으로 약 3,000여 건으로 보고된다. 통계청 인구조사 결과, 2012년 십대 출산건수는 2,946건으로 전체 출산건수의 약 0.6%을 차지했고 2008년 이후 지속적으로 증가하여, 5년간 172건, 약 6.2% 정도 증가한 것으로 판단한다. 그리고 십대 임신중절건수는 연간 약 12,000여 건으로 전체 임신중절건수의 약 3.5%을 차지한다.[2]

---

2) 정해숙 외 2명, 「학생 미혼모 학습권 보장 방안」, 『한국여성정책연구원 연구보고서』, 2014.

하지만 우리나라의 임신중절에 대한 제약을 고려해 본다면 이보다 훨씬 많을 것으로 예상된다.

일단 조사된 자료를 통해 우리나라 십대 임신건수를 추정해 보면 3,000(출산건수)+12,000(임신중절건수)≒15,000, 즉 매년 십대 청소년 중 약 15,000명이 임신을 경험했다는 것을 알 수 있다. 이를 통해 청소년 미혼모 수 역시, 약 15000명이라는 추정 값을 얻을 수 있다. 이것은 사실 전혀 낮은 수치가 아니다. 여기서 드러나는 더욱 심각한 문제는 임신중절의 비중이다. 12,000/15,000, 청소년 미혼모 가운데 약 80%가 임신중절수술을 시도한다는 점이다. 임신중절수술은 각종 질병에 대한 감염과 합병증, 불임, 산모의 사망 등 많은 부작용을 야기할 수 있어 위험한 현실에 노출되어 있다.

3. 청소년 미혼모 학습권 현황과 보장

1) 청소년 미혼모 학습권 현황

이 부분에 대해 본격적으로 설명하기에 앞서, 우리는 청소년 미혼모 학습권 현황에 대해 얼마나 인지하고 있는지, 파악하기 위해 설문조사를 실시했다. 이어 제시되는 도표는 학생들이 청소년 미혼모 학습 수준에 대해 얼마나 알고 있는가를 보여주는 지표다.

Q1. 우리나라 청소년 미혼모 중 학업 중단 상태인 미혼모는 어느 정도라 보는가?

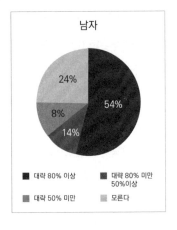

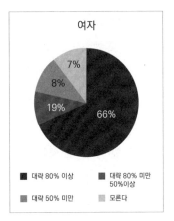

Q2 청소년 미혼모에게 학교에서 자퇴나 전학을 권유하는 것을 어떻게 생각하는가?

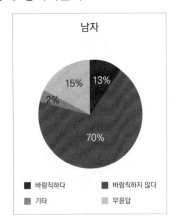

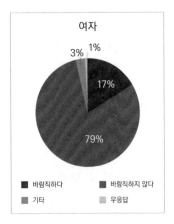

현재 우리나라 청소년 미혼모들의 학업 수준은 매우 저조하다. 첫 번째 질문의 응답에서 알 수 있듯이, 대다수의 사람들이 이

실태에 대해 인지하고 있음을 알 수 있다. 실제로 청소년 미혼모들 중 60~70%가 임신 이후 학교를 그만두게 된다. 2008년 청소년 미혼모는 고등학교 중퇴가 47.9%, 중학교 졸업 이하가 38.4%에 달했다. 이는 우리나라 청소년 미혼모의 학업수준이 매우 낮은 수준임을 확인할 수 있는 자료가 된다.

여기서 우리가 주목해야 할 점은 임신 이후의 자퇴 비율이다. 대부분의 청소년 미혼모들이 임신 이전에 학교를 그만 두지만, 임신 이후에 학교를 그만두는 학생들도 적지만은 않다. 두 번째 질문을 통해 볼 수 있듯 대다수의 학생들은 미혼모에게 학교 측의 자퇴나 휴학 권유가 매우 바람직하지 않음을 의미한다.

그러면 현재 우리는 이러한 상황에서 어떻게 하고 있을까. 먼저 이성교제 처벌을 생각해 보면, 국가인권위원회가 이성교제 처벌 조항에 대한 학칙개정을 요구하고 있음에도 한국의 경우 중학교의 55.6%, 고등학교의 58.8%가 이성교제 처벌조항을 가지고 있다.

이러한 자료는 학교나 교사가 청소년 미혼모에 대한 부정적인 입장은 물론, 이성교제 자체에 부정적인 입장을 가지고 있다는 점을 알 수 있다. 그리고 청소년 미혼모에 대한 학교 측의 태도를 살펴봐도 이러한 사실을 확인할 수 있다. 학교는 임신 사실을 알리고 학업을 지속하고자 하는 학생에게 주로 출산 후 복학이나 휴학, 자퇴를 권유한다. 또한 한국 교사의 50% 이상이 학생의 임신 및 출산이 징계사유가 될 수 있다는 생각을 지니고 있다.

이와 같이 청소년 미혼모들의 학업수준 정도는 매우 부정적이고 열악한 환경에 노출되어 있다. 학교 측과 교사의 부정적 인식이 이러한 결과를 초래하고 있음을 읽어낼 수 있다.

2) 청소년 미혼모 학습권 보장정책의 문제

청소년 미혼모들이 학업지속 욕구가 높지 않다면 이러한 정책 제언이 필요하지 않다. 하지만 학업중단 상태인 청소년 미혼모들의 약 87.6%가 학업지속 욕구가 매우 높다고 드러났다. 따라서 청소년 미혼모들의 학습권을 보장하기 위해서 노력이 필요하다. 그러면 이러한 권리를 보호하기 위해 현재 시행되고 있는 정책으로는 무엇이 있는가.

먼저 청소년 미혼모 학습권 보장 정책은 헌법 제31조 교육권과 교육기본법 제3조 학습권, 제4조 1항에 "모든 국민은 성별, 종교, 신념, 인종, 사회적 신분, 경제적 지위 또는 신체적 조건 등을 이유로 교육에서 차별을 받지 아니한다."는 내용을 명시하고 있다.

그리고 초중등교육법, 제18조 4, 인권보장을 법적 근거로 삼는다. 대표적으로 시행되고 있는 정책은 미혼모위탁교육기관(대안학교)3)과 여성가족부와 보건복지부의 지원비, 경기도교육청의 미혼모·부 학습권 보장조례 등을 제시할 수 있다. 하지만 이러한 정책들은 다양한 문제점이 존재한다.

첫째, 대안학교에 문제를 언급해 보겠다. 청소년들은 과연 대안학교에 대하여 얼마나 알고 있을까. 다음은 대안학교의 교육과정을 학생들이 얼마나 알고 있는가의 여부를 조사한 설문결과다.

---

3) 이후부터 이 글에서는 미혼모위탁교육기관 대신 대안학교로 지칭한다. 대안학교란 공교육의 문제점을 보완하고자 학습자 중심의 자율적인 프로그램을 운영하도록 만들어진 종래의 학교 교육과는 변별된 학교를 말한다. 더욱이 여기서는 청소년 미혼모를 위한 학교만을 말하는 것이니 혼란이 없길 바란다.

Q. 미혼모 위탁교육기관(대안학교)이 있다는 것을 알고 있는가?

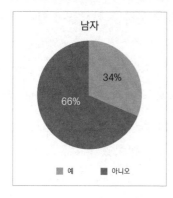

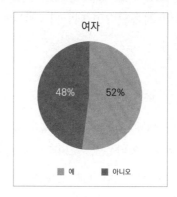

남자의 경우는 절반이 훨씬 넘는 인원이, 여자의 경우는 절반 가량이 대안학교의 존재를 전혀 모르고 있었다. 청소년 미혼모들 중 대다수가 임신 후에 대안학교의 존재를 알게 된다. 이는 이러한 보호시설 홍보가 정부 차원에서 충분히 이루어지지 않고 있음을 보여준다. 대부분(82.4%)의 대안학교 홍보가 공문으로 이루어지고 있으며, 3개 교육청은 홍보 자체를 하고 있지도 않다.

둘째, 예산지원이다. 17개 교육청 가운데 5개 교육청은 대안학교에 예산을 지원하지도 않았으며, 심지어 예산지원을 하는 12개 교육청의 예산도 2013년 대비 2014년에는 약 6% 정도 감소했음이 드러났다. 이는 대안학교의 효율적인 운영을 어렵게 할 뿐 아니라, 교육프로그램 편성과 강사진을 구성하는 데에도 큰 어려움을 겪게 하고 있다.

셋째, 부모님께 반드시 임신 사실을 알려야 한다는 것이다. 대안학교 전문가와 전화통화에서 "부모님께 얘기를 드려야 다양한 지원을 받을 수 있다"고 하는 내용을 알려왔다. 대부분의 청소년 미혼모들은 임신 사실을 누구에게도 알리기 꺼려하는데, 이런 상황이 계속된다면 대안학교를 다니지 못하는 학생들이 많아질 수밖에 없다.

넷째, 대안학교 교육대상 인원이 매우 적다는 것이다. 앞의 청소년 미혼모 현황 및 관련 자료에서는 매년 청소년 미혼모 수가 약 15000명이라는 내용이 언급된 바 있다. 하지만 2013년 대안학교에서 위탁교육을 받은 학생은 68명뿐이었다.

다섯째, 대안학교 교육운영의 문제이다. 청소년 미혼모와 심층면접 자료를 보면 주로 수업 내용이 기초학습 교과수업이고 더욱이 임신 중인 학생들은 수업시간에 장시간 앉아 있기도 힘든 상태다. 또한 전문계 공부를 위한 과목이 딱히 준비되어 있지 않은 점도 개선되어야 할 몫이다. 대부분 대안학교가 학년 구분 없이 통합적으로 운영되고 있는 상황과 교육과목이 다양하지 못하다는 사실도 많이 지적되고 있다. '미혼모·부 학습권 보장조례'는 단지 경기도교육청에서만 운영되고 있어 다른 지역은 상대적으로 혜택이 제한 적일 수 있으며, 강제성이 약해 큰 영향력을 행사하지 못하고 있는 실정이다.

4. 해외의 우수 사례

해외 우수 사례에 앞서 그 목적은 무엇보다 미혼모 복지와 학습권 보장에 대하여 해외 국가들의 관련 정책과 교육 프로그램을 살펴보고자 한다. 모범적 해외 사례를 통해 우리의 제도적, 사회적 상황을 점검하고 현실에 적합한 정책적 모색과 교육적 방안을 찾고자 함에 있다. 미혼모 복지 선진국은 많지만, 미국과 영국을 중심으로 제시해 보겠다.

미국은 청소년 미혼모 복지 정책을 크게 경제적 자립을 위한 정책과 학습권 보장을 위한 정책으로 대별되는데, 경제적 자립을 위한 정책 TANF(Temporary Assistance for Needy Families)와 PAF (Pregnancy Assistance Fund)의 두 가지가 그것이다.

TANF는 빈곤가구에게 현금을 일정기간 동안 지원하는 사회보장제도로 청소년 미혼모도 그 대상에 포함된다. 이 정책에서 청소년 미혼모는 재정적 지원을 받으려면, 부모 등을 포함한 후견인이 감독하는 거주지에 거주해야 하며 학교나 훈련연수 프로그램에 참여해야 한다.

이는 재학 중인 학생 미혼모뿐 아니라 학교의 울타리 밖에 있는 청소년 미혼모도 감싸 안을 수 있다는 의미를 갖는다. 하지만, 십대부모는 다른 TANF 수급자에 비해서 제재를 받은 확률이 높아 TANF 수혜 중단으로 인한 갑작스러운 수입 감소, 경제적 불안정성을 겪기도 한다. 후견인 감독 거주지에서 거주하는 십대부모들이 그렇지 않은 십대부모들과 음주, 흡연 행동에서는 별 차이(Acs and Koball, 2003)가 없기도 하다. 그리고 일반 학교를 비롯한 교육기관들이 청소년 미혼모들에게 다소 부적절 할 수 있는 교육 환경 개선을 위한 별도의 조치를 하지 않는다는 한계도 있다.

PAF는 연방정부가 주정부에 재정지원을 통해 학생 미혼모를 지원하는 정책으로, 주정부들은 경쟁 과정을 거쳐 연방정부에 지원을 받아 다양한 교육프로그램을 운영하도록 하고 있다. PAF는 고등교육기관이나 커뮤니티 센터에 재학 중인 임신 혹은 출산 미혼모, 양육 미혼모에 대한 지원과 성범죄 피해 임신 여성지원도 하고 있다. 그리고 청소년 미혼모에 대한 인식 개선과 교육서비스 향상을 지원하며, 재학 중인 미혼모가 중도 이탈하지 않게 도와주는 업무를 담당하고 있다. PAF의 성공 사례로 코네티컷 주는 PAF의 지원을 받아 실시한 프로그램 결과, 참여자의 80%가 재학 중에 있거나 졸업하였고 미혼모의 재임신은 2% 미만으로 감소하였다는 보고가 있다.

다음은 학습권 보장을 위한 정책으로 1972년 교육개정법 9편 (Title IX)이 있는데, 이는 1972년 미국의 미혼모 현황이 현재 우리의 상황과 매우 유사하다는 점에서 주목된다. 이 정책의 대상은 공립학교와 연방정부의 지원을 받는 사립학교를 모두 포함하고 있다. 임신한 학생들을 학교에서 쫓아내는 일이나 일반 학생들과 차별하는 것, 혹은 같은 조건의 남학생과 차별하는 것 등을 법으로 엄격히 금지하고 불이행 시, 해당 학교에 지원을 끊는 강력한 조치를 수행하고 있다. 교육개정법 9편의 내용은 〈표 2〉와 같다.

〈표 2〉 U. S. Department of Education

학교활동에서의 차별금지 대상	1. 대학과목선이수제도(AP) 2. 우수반 3. 특별활동 4. 학교대항 스포츠 5. 리더십 등
임신학생 대상 맞춤 프로그램	1. 해당 프로그램의 참여는 전적으로 학생의 자율적인 선택 2. 일반학생 대상의 프로그램과 동등한 수준
임신 및 출산으로 인한 결석	1. 출산휴가제도 2. 학교 복귀 시, 이전과 동일한 여건 보장 3. 병결학생과 똑같이 대우
진단서 제출 차별금지	일반 학생의 의학적 조치와 관련해 학교가 진단서 제출을 요구하는 것과 같은 맥락에서 허용

1972년 미국의 교육개정법 9편은 강력한 법을 제정하여 법에 따르지 않으면 지원을 끊는 등의 요소를 도입해 법에 강제성을 부여하고 있는데, 이는 법에 강제성이 거의 없어 관련된 법이 제정되어 있음에도 잘 운영되지 않고 있는 우리의 실정과는 대조적 현실이다. 또한 PAF는 주정부에서 미혼모 관련 예산을 적절히 책정한 뒤, 도와 시 단위로 각종 프로그램을 운영하게 하고 이후 경쟁 과정을 거쳐 좋은 프로그램에 예산을 지원하는 정책이다. 이 또한 지원예산 확보도 턱없이 부족한 우리의 현실에 좋은 모형의 사례가 아닐 수 없다.

학업지속과 연관되는 경제적 지원정책 역시 우리에게 시사점이 크다. 현재 우리나라는 사실상 학교 밖의 학생 미혼모들은 정책 사각지대에 놓여 있다. 학생 미혼모에 대한 경력지원이 학력취득이나 직업훈련 등을 전제하지 않는다는 점을 고려한다면 이 정책은 우리 현실에도 적용 가능하다 생각한다. 그러나 TANF에서 드러난 한계는 극복해야 할 필요가 있을 것이다. 아울러 미국이나 우리나라 모두 학교 외의 다른 학업지속 수단이 잘 보장되어 있지 않은 사항은 그에 대한 보완이 필요하다.

해외 우수 사례로 영국 미혼모 복지 정책은 학업유지 및 복구를 위한 프로그램들로 구성되어 있다. 우선 가장 큰 프로그램은 'The care to learn programme'이다. 이 프로그램은 청소년 미혼모들이 교육 및 훈련 과정에 참여해, 재진입할 수 있도록 보육 관련 재정을 지원하고 있다. 2006년부터 1년 간 영국에서 약 6,600명 이상의 청소년 미혼모들이 이 프로그램을 통해 학업을 지속할 수 있었다(Department for children, young people and families-Department of Health, 2007).

영국은 프로그램을 통해 청소년 미혼모들에게 신뢰감 있고 경제력 있는 보육 장소가 제공되도록 노력했기에 십대 부모들의 심리적 안정을 유도할 수 있었다. 그래서 학업 지속을 위해 자녀 보육이 장애 요소가 되지 않도록 이끌었다. 아래는 영국 정부가 권고한 사항이다.

하나, 모든 학교들은 'The care to learn programme' 운영을 위해 2010년까지 십대 모들이 학교에서 생활하는 8~18시까지 이용 가능한 보육 관련 정보들을 연중 제공해야 한다. 둘, 프로그램 활성화를 위해 기관장들은 지방정부와 긴밀한 협조관계를 맺어야 한다.4)

청소년은 프로그램 시작 시점의 연령이 20세 미만이어야 하고

---

4) Department for children, young people and families-Department of Health, 2007.

양육 미혼모만 그 대상이 될 수 있다. 보육기관은 교육기준청 혹은 'the care Quality Commission'에 등록되어 있어야 프로그램의 지원을 받을 수 있다. 청소년 미혼모의 경우 조건이 충족되어 자격 요건을 인정받으면 이 프로그램에서 탁아 비용과 학습 비용을 모두 지불해준다. 영국 정부가 실시한 조사 결과, 대략 70%의 십대 부모들이 Care to learn 지원으로 학업을 지속하고 있음이 확인됐다. 하지만 이 프로그램은 십대 부모들이 공공보육에 대한 불안을 보여, 자녀의 학령기가 되어서야 학업지속을 희망한다는 점이나 교육이 직업교육에만 한정되어 있다는 측면이 단점으로 드러난다. 그리고 교육유지 수당의 제공 과정에서 서비스 질이 저조하다는 점도 한계로 보인다.

다음은 영국의 'the sure start plus piots'란 프로그램이다. 이는 청소년 미혼모에게 주거, 건강, 육아기술, 학업지속 및 보육 등을 제공해 임신과 연관된 사회적 배제를 감소시키는 데에 그 목적이 있다. 이 프로그램의 운영 방안과 관련된 조항은 "첫째, 모든 십대 모에게 개인상담사를 배치한다. 둘째, 모든 연령의 부모보다 십대 부모에게 집중해 서비스를 제공한다. 셋째, 스태프는 서비스 변경에 대해 유연하게 접근해야 한다."의 내용을 담고 있다.

그리고 Leicester의 '원적학교 복귀 장애물 제거' 프로그램은 청소년 미혼모들의 학습권에 방해 요소가 되는 훈련을 포함해 학습 과정의 비유연성과 보육비 등을 지원한다. 이것은 프로그램의 정보 제공과 학습 기회에 대한 유연성 및 접근성을 개선한 프로그램으로서 의의가 있다. 끝으로 Knowsley, Merseyside의 'YMCA Kirkby young women's centre' 프로그램은 십대 모들의 고용이나 교육, 훈련 준비를 위해 건강 상태와 자활에 필요한 실용적 기술을 제공해 주고 있다.

이처럼 영국은 국가 차원에서 학생 미혼모 문제에 관심을 갖고 적극적으로 지원 정책을 추진하고 있다. 또한 정책에 대한 피드백을 받아 정책 개선에 적용시켜 왔다는 점에서, 상대적으로 그렇지 못한 우리 복지 체계를 돌아보게 한다. 또한 영국의 신뢰할 만한 경제적 차원에 자녀보육 제공 정책은 우리가 주목할 만하다. 현재 우리나라의 청소년 미혼모들은 위탁교육기간 종료 후에도 기관에 남기를 희망하고 있다. 가장 큰 이유가 자녀양육 문제일 정도로, 자녀보육 문제는 청소년 미혼모들에게 학습권을 심각하게 침해하고 있는 현실이다. 하지만 영국에서 발생한 한계점은 극복해야 할 문제다.

그리고 영국의 개인별 맞춤형 서비스 제공 역시 우리나라에 큰 의미가 있다. 우리나라도 미혼모자 시설에서 상담전화나 인터넷 개별상담 등을 운영하긴 하지만 우리가 실시한 실태조사에 따르면 그리 잘 운영되고 있지 못하다. 그러므로 영국처럼 국가적 차원의 관심을 바탕으로 미혼모 개인별 상황에 맞춰진 서비스 제공은 충분히 고려해 볼 만한 정책이라 본다. 아울러 교육유지수당의 도입을 생각해 볼 수 있다. 미국과 마찬가지로 영국에서도 실시되고 있는 교육을 유지하는 조건부 수당 지원은 학생 미혼모의 학습 유지에 긍정적 효과를 발휘할 수 있다고 판단된다.

5. 맺음말

앞서 해외 우수 사례로 제시한 미국과 영국의 정책과 청소년 미혼모 학습권 보장을 대하는 국가적 차원의 태도, 그리고 우리의 미혼모와 학습권 관련 현황을 토대로 다음에 정책 제언을 정리해 보겠다.

성교육의 강화는 청소년 미혼모의 발생을 사전에 예방할 수 있는 가장 좋은 해결책이다. 앞서 청소년 미혼모 발생 원인에서 언급했던 바, 우리의 성교육은 의무가 아니라 주로 학교장 재량으로 실시되고 있다. 따라서 보여주기 위한 형식적 교육으로 인해 학생들의 만족도가 아주 저조하다. 이 내용 역시 청소년 미혼모 발생 원인에서 확인할 수 있었다. 그러므로 우리는 성교육의 횟수를 법적으로 정해 강화하고 그 방식에 있어 이론수업뿐 아니라 현실성 있는 실용적 내용도 포함할 수 있도록 교육 체계를 구축해야 한다. 예컨대, 콘돔 사용법, 피임 방법, 성관계에 대한 태도와 이른 성경험의 폐해 등의 내용을 포함해 선진국의 성교육처럼 내용을 현실화해야 할 필요가 있다. 더욱이 낯설 수 있지만 학교 주변에 콘돔 등의 피임 기구를 판매하는 자판기를 설치해 피임기구에 대한 접근성을 용이하게 하는 것 역시 성교육 강화 정책의 일환으로 생각해 봐야 할 것이다.

대안학교는 우리나라의 청소년 미혼모 학습권 보장에 주요 정책 중 하나이지만, 논의를 이어오면서 그에 대한 문제점을 발견하였다. 앞서 청소년 미혼모 학습권 보장 정책의 문제에서 언급한 것처럼 부모님의 동의가 없으면 대안학교에 입학할 수 없는 점은 부모님과 연락이 닿지 않는 경우나 알리고 싶지 않은 경우에 청소년 미혼모들의 학습권을 제한하게 된다. 또한 대안학교 운영상의 문제로 수업시간이 일반학교보다 긴 1시간 30분인 것은 임신한 상태이거나 양육을 하는 미혼모들을 전혀 고려하지 않는 처사라 생각한다. 수업 수준이 정규 교과과정에 비해 지나치게 낮아, 청소년 미혼모들의 불만족을 야기하며, 원적 학교로의 복귀할 때에 어려움을 초래하기도 한다. 대안학교에 대한 홍보 부족으로 인해 위탁교육생의 수가 적다는 점도 큰 문제가 되고 있다. 그러므로 대안학교 입학 시, 부모의 동의가 필요하지 않도록 입학 과정을 간소화하고 수업 수준을 시설마다 재량으로 하되, 입소 미혼모들의 욕구에 맞도록 기준을 설정해야 한다. 각 대안학교들이 정기적으로 모든 학교와 교육청 그리고 미혼모 사이트를 통해 교육 정보를 공시해, 교육의 공개성과 공정성, 투명성이 확보되도록 법적 의무화하는 정책 마련도 필요하다. 아울러 이를 명목상으로만 유지할 것이 아니라 불이행 시는 강력한 행정적 불이익을 줘야 할 것이다.

　해외 우수 사례에서 언급했듯 학교 외에, 다른 학업 지속 수단을 마련할 필요가 있다. 그것은 국가 차원에서 청소년 미혼모만을 위한 사이트를 운영하는 것이다. 이 사이트에서는 학교 교육과정과 동일하게 원격으로 수업이 이루어지고 출석 체크도 해서 일정 이상 출석률이 좋으면 중, 고등학교 졸업장을 수여하는 방안이다. 이는 임신 중이거나 양육해야 하는 미혼모들이 임신, 출산을 이유로 학습권을 제한 받지 않도록 일반 학생들과 동일한 교육적 기회를 부여하고자 함에 있다. 또한 이 사이트에는 청소년 미혼모들이 알아야 하는 양육, 임신, 교육, 복지, 시설 정보 등을 포함하는 내용이 게시되어 있고 그들에 세상과의 소통을 지원하는 일도 할 것이다. 따라서 미혼모들의 사회적 소통과 자기 역할을 회복해 가는 정책 대안이 될 것으로 기대한다.

혹여, 일부 "청소년 미혼모만을 위한 역차별적 정책 지원이 아니냐."하는 오해의 소지도 없지 않을 것이다. 하지만, 앞서 지적한 바와 같이 "헌법 제 31조 교육권, 교육기본법 제 3조 학습권, 제 4조 1항, 초중등교육법 제 18조 4 인권보장" 등에 법적 근거가 그 보장 내용을 이루고 있다. 이 법적 근거는 청소년 미혼모 보장 정책이 과도한 처사가 아닌 가장 기본적인 권리로서 학습권을 보장하기 위해 제정되었다는 것을 명확히 하고 있다. 이에 청소년 미혼모 학습권 보장 정책은 역차별적 의식보다, 그동안 사회의 편견 속에 소외된 이들에게 교육과 보육을 위한 자립의 안전망을 제공하는 방편으로 인식해야 할 것이다.

〈설문지 내용〉

다음 내용은 청소년 미혼모 학습권 보장에 대한 설문조사입니다. 정성껏 답해 주십시오.

*자신의 성별에 체크하시오.
남 □   여 □

1. 만약 내가 지금 미혼모가 된다면?
   □ 출산 혹은 낙태 후 학교를 계속 다닌다.
   □ 출산 혹은 낙태 후 학교를 그만 둔다.
   □ 기타(   )

2. 학교를 그만 둔다면 그 이유는?
   □ 주변 학생들이나 선생님들 등 사람들의 나를 보는 시선이 싫어서
   □ 아이 양육 등의 문제 때문에 다닐 시간이 없어서
   □ 굳이 학교를 다닐 필요를 못 느껴서
   □ 기타(   )

3. 만약 우리 반에 미혼모가 있어서 우리와 함께 학교생활을 한다면?
   □ 바람직하다고 생각한다.
   □ 상관없다.
   □ 조금 불편하지만 참을 수 있다.
   □ 신경 쓰이고 불편해서 싫다.
   □ 기타(   )

4. 청소년 미혼모에 대해서 어떻게 생각하는지?
   □ 임신이라는 새로운 경험을 나이에 비해 좀 빨리한 것이다.

□ 불쌍하다.
□ 너무 한심하고, 이해할 수 없다.
□ 나와는 상관없는 일이라고 생각한다.
□ 기타(   )

5. 청소년 미혼모들에게 학교에서 자퇴나 전학을 권유하는 것이 바람직하다고 생각하는가?
□ 바람직하다.
□ 바람직하지 않다.
□ 기타(   )

6. 청소년 미혼모들에게 학교에서 자퇴나 전학을 권유하는 것이 기본권 침해라고 생각하는가?
□ 예.
□ 아니오.
□ 기타(   )

7. 미혼모는 주로 어떤 학생들이 된다고 생각하는가?
□ 성실하게 공부하는 학생
□ 나를 포함한 누구나 다
□ 학생 신분에 맞지 않게 노는 무리에 속해 있는 학생
□ 연애하는 학생
□ 기타(   )

8. 현재 우리나라 청소년 미혼모 학습권 보장을 위한 정책이 얼마나 마련되어 있다고 생각하는가?
□ 잘 되어 있다.
□ 관심 없다.
□ 많이 부족하다.
□ 기타(   )

9. 청소년 미혼모를 학습권을 보장하기 위해 지원이 필요하다 생각

하는가?
- □ 예.
- □ 아니오.
- □ 기타(   )

10. 현재 우리나라의 청소년 미혼모들 중 학업중단 상태인 미혼모들은 얼마정도라고 생각하는가?
- □ 대략 80% 이상
- □ 대략 80% 미만 50% 이상
- □ 대략 50% 미만
- □ 모른다.

11. 만약 당신이 미혼모라면 누구에게 알릴 것인가?(중복체크 가능)
- □ 부모님
- □ 친구
- □ 선생님
- □ 기타(   )

12. 만약 당신이 미혼부라면?(여기서 미혼부란 미혼모의 배우자 혹은 남자친구)
- □ 미혼모에게 낙태시키자고 요구한다.
- □ 미혼모에게 같이 키우자고 한다.
- □ 미혼모를 두고 도망간다.
- □ 미혼모에게 경제적으로만 지원을 해준다고 한다.
- □ 기타(   )

13. 미혼모 위탁교육기관이 있다는 것을 알고 있는가?
- □ 예.
- □ 아니오.

청소년 아르바이트에 대한 연구

: 현황 조사와 고용, 임금, 처우를 중심으로

강세연(2학년), 김혜민(2학년), 전유빈(2학년)

1. 머리말

요즘 청소년들의 소비 욕구가 증가하면서 자신이 원하는 물건을 스스로 구매하기 위해 아르바이트를 하는 학생들이 많아지고 있다. 중학생부터 고등학생까지, 그들은 위와 같은 이유 외에도 다양한 사유로 다양한 종류의 아르바이트를 하고 있다. 배달 아르바이트부터 흔하게 볼 수 있는 전단지 부착 아르바이트까지, 그들은 돈을 벌기 위해 다양한 일에 뛰어들고 있는 실정이다.

하지만 그들이 좋은 환경에서 순탄하게 돈을 벌 수 있기를 기대했던 바와 달리 근무 조건과 환경은 열악한 상태다. 2015년 기준 시급 5,580원보다 급여를 덜 받는 청소년 아르바이트생이 다수 있었고 정해진 휴식 시간을 부여받지 못하거나 계약 시 조건과 다르게 더 힘든 일에 배정되는 등에 계약 위반이 많았다. 심지어 각종 범죄에 노출되어 있는 환경이 발견되기도 한다. 그들은 대부분 이런 행위가 부당하다는 것을 인식하고 있음에도 돈을 벌기 위해 침묵하는 경우가 많았으며, 아예 최저 시급이 얼마인지, 근로 계약서를 작성해야 하는지조차 모르고 있는 청소년들도 다수였다.

따라서 청소년들이 이러한 문제에 직면하고 있음에도 그것이 부당고용이라는 사실을 인식하지 못하는 현실을 직시하면서, 부당고용이나 청소년 보호법을 근저로 논의를 이끌고자 한다. 더욱이 청소년들이 아르바이트를 하는 과정에서 겪는 문제점을 파악하고 이를 해결하기 위한 방편으로 대안을 모색해 보겠다.

이를 위해 근로기준법과 청소년 부당고용을 연계하여 청소년 근로현황을 조사고 청소년들의 아르바이트 동기와 종류에 대해 알아보기로 한다. 그리고 아르바이트의 인식 조사와 아르바이트를 하고 있는 사람들의 인터뷰, 실제로 구직하고 있는 청소년들의 상황을 경험해 보기로 하였다. 나아가 외국의 경우 부당고용으로부터 청소년들이 어떻게 보호되고 있는지, 아르바이트를 하는 목적을 충족시키기 위해 어떤 정책을 시행하고 있는지에 대해 제시할 것이다.

2. 청소년 아르바이트 현황과 문제

아르바이트는 본래 정규 직업이 아닌 임시로 하는 일, 또는 부업을 가리킨다. 이는 독일어 Arbeit(노동, 업적)에서 유래한 말인

데 제2차 세계대전 이후 경기침체로 인해 유명해졌다가 일반화
되었다. 현재 근로기준법 상으로 통상근로자보다 짧은 시간 동안
일하는 단시간 근로자와 그들이 하는 일을 통칭하는데, 학업이나
가사를 하면서 일하는 시간제 노동자를 말한다.

청소년 아르바이트의 경우 청소년의 본업은 학업이고 노동을
부수적으로 하고 있기에 청소년이 노동시장에서 근로자의 기본
적인 권리조차 인정받지 못하고 있는 형편이다. 청소년 노동권은
법적으로 매우 열악하게 규정되어 있고 규정된 권리조차 노동시
장에서는 거의 보장받지 못하고 있다. 이와 관련해 볼 때, 청소년
의 아르바이트 개념은 '청소년들이 별도의 수입을 얻기 위해 노
동을 제공하고 대가를 받는 모든 행위'로 정의할 수 있을 것이다.

〈표 1〉 2014년 청소년 아르바이트 경험 유무

응답자유형별(1)	응답자유형별(2)	있다	없다
성별	남자	15.2	84.8
	여자	11.6	88.4
학교유형별	중학교	6.7	93.3
	일반/특목/자율고	15.1	84.9
	특성화고	42.2	57.8
지역규모별	대도시	12.5	87.5
	중소도시	12.6	87.4
	읍면지역	19.1	80.9
가족유형별	양부모가정	12.7	87.3
	한부모가정	23.6	76.4
	조손가정	19.6	80.4
	기타	23.3	76.7
학업성적별	상	7.3	92.7
	중	11.8	88.2
	하	20.6	79.4
경제적 수준별	상	10.4	89.6
	중	12.9	87.1
	하	20.4	79.6
평균		13.5	86.5

〈표 1〉은 청소년 아르바이트 경험 유무를 다양한 유형별로 조사한 통계청(갱신, 2015.12.03) 자료다.

〈표 1〉을 통해 알 수 있듯 아르바이트 남학생이 여학생에 비해 3.6% 많게 조사되었다. 중학교나 인문계 일반, 특목, 자율고 보다는 취업과 직업을 중심으로 교육하는 특성화고 학생의 아르바이트 비율이 현저히 높았다. 지역 규모별로는 읍면지역으로 갈수록 아르바이트 경험이 있는 학생이 많았으며 가족유형별로 보자면 비교적, 일반적으로 경제수준이 좋은 양부모가정에 비해 한 부모가정이나 조손가정, 혹은 소년소녀 가장이 아르바이트 경험이 더 많은 것으로 나타났다. 학업 성적별로 본다면 성적이 낮을수록, 경제 수준별은 경제 수준이 낮을수록 아르바이트 비율은 높았다. 그리고 〈표 2〉는 청소년들이 종사하고 있는 직종별 통계청(갱신, 2015.12.03) 자료다.

〈표 2〉에서 만 9세에서 12세까지는 자료 숫자가 0이었으므로 연구자들의 판단 하에 삭제했다. 청소년 전체의 아르바이트 건수는 2,199,868명이고, 만 13~24세의 아르바이트 건수 또한 2,199,868명이다. 따라서 그 연령 이하의 청소년들은 아르바이트를 거의 하지 않는 것으로 알 수 있었다. 청소년들이 가장 많이 하는 업종은 식당 아르바이트로 나타났다. 신문 배달이나 전단지 부착, 주유소 업무 등 몸을 많이 사용해야 하는 일에는 남학생들이 많이

〈표 2〉 2014년 청소년(만 13~24세) 전체 종사 직종

구분 1	구분 2	사무업무	PC방	식당	옷가게	신문	전단지	포장	건설	주유	돌보기	기타	계(건)
성별	남	68.408	59.421	429.973	79.873	15.020	37.800	90.623	52.142	17.964	0	206.162	1.057.387
	여	116.220	36.412	588.783	117.631	4.485	28.231	10.512	0	0	17.192	223.014	1.142.480
합계		184.628	95.833	1.018.756	197.505	19.506	66.031	101.136	52.142	17.964	17.192	429.176	2.199.868

종사하는 것으로 나타났고 아이돌보기, 또는 동물 돌보기나 옷가게, 포장 등의 직종에는 여학생들이 상대적으로 많았다.

한국 노동시장에서 노동자로서 청소년은 노동자의 근로권을 제대로 보장받지 못하고 있는 것이 사실이다. 그들은 임금, 근로 환경, 근로시간, 직업복지, 부당대우 등 많은 영역에서 부당한 대우를 받고 있다. 그중 몇몇을 살펴보고자 한다.

첫째, 임금으로 화성고등학교 학생 172명을 대상으로 청소년 아르바이트의 문제점에 대해 설문조사한 결과 임금관련 문제가 가장 심각하다고 답했다. 실제로 국민신문고에 올라온 아르바이트 관련 민원의 68.8%는 임금체불로 나타났다(아시아투데이, 2015. 12.8). 또한 최저임금도 못 받고 일하는 상황이지만 생계유지를 위해 돈을 벌어야 하는 청소년의 경우, 제대로 된 대처를 하지 못하고 어쩔 수 없이 부당대우를 받고 있었다. 이러한 고용주의 청소년 부당대우도 문제이지만 더욱 심각한 것은 최저임금도 모른 채, 혹은 부당대우에 대처방법을 전혀 모른 채 아르바이트를 하고 있는 청소년이 많다는 점에 있다.

둘째, 근로시간이다. 근로기준법 제69조는 "15세 이상 18세 미만인 자의 근로시간은 1일에 7시간, 1주일에 40시간을 초과하지 못한다. 다만, 당사자 사이의 합의에 따라 1일에 1시간, 1주일에 6시간을 한도로 연장할 수 있다."라고 명시한다. 하지만 청소년들은 노동자들이 꺼려하는 주말에 7시간 이상의 노동을 하고 있으며 근로연장수당 또한 제대로 받지 못하고 있다. 근로기준법에 의하면 18세 미만의 남녀는 원칙적으로 저녁 10시부터 오전 6시까지 야간노동을 할 수 없다. 사전에 노동부장관의 허가를 받은 경우는 예외적으로 가능하지만 아르바이트 청소년은 대부분 자의 혹은 타의에 의해 불법으로 야간까지 일을 한다. 한 예로 백화점에서 주차요원으로 아르바이트를 하고 있는 학생은 아침 9시부터 저녁 10시까지 한 시간 일하고, 삼십분 쉬는 방식으로 노동에 종사하고 있다. 허나 이를 계산해 보면 근로기준법을 위반한 경우에 해당된다. 또한 업체에서 식비를 제공하지 않아 하루에 두 끼는 알아서 해결해야 한다. 이러한 사례에서 드러난 것처럼, 청소년들은 장시간 노동을 착취당하고 있는 실정에 있다.

셋째, 직업복지다. 음식점에서 배달 아르바이트를 하다 교통사고로 부상을 당해 산업재해 보상을 받은 청소년이 매년 500명 안팎에 달하고 이중 10여 명은 사망하는 것으로 나타났다. 24일 국회 환경노동위원회 소속 정의당 심상정 의원이 안전보건공단에서 받은 자료에 따르면 최근 5년(2010~14)간 2,607명의 청소년(만 15~19세)이 음식점 배달 중 교통사고를 당했으며, 이 가운데 53명은 사망한 것으로 나타났다(경향비즈라이프, 2015.8.24). 아르바이트를 하다가 다친 경우 산업재해보상보험법에 의해서 산업재해로 처리해야 함에도 불구하고, 산업재해로 처리를 하지 않거나 치료비를 청소년에게 떠넘긴 경우도 적지 않았다. 하지만 근로 시간이 짧은 아르바이트도 사고 발생 시 사업장이 산업재해보험에 가입되어 있지 않았어도 근로자 1명 이상, 의무 가입 사업장이었으면 산업재해보상을 받을 수 있다(근로복지공단, 2013).

넷째, 부당해고에 관한 부분이다. 근로기준법 제30조(해고 등의 제한)에는 "사용자는 근로자에 대하여 정당한 이유 없이 해고, 휴직, 정직, 전직, 감봉 기타 징벌을 하지 못한다."라고 명시되어 있다.

정당한 사유가 있다 하더라도 해고일 30일 전에 해고 예고를 해야한다. 그렇지 않은 경우 30일 분 이상의 임금을 지급하여야 하는데 아르바이트 청소년의 경우 이러한 절차에 따라 해고되는 일은 거의 없으며 고용주의 임의대로 해고가 이루어지고 있는 현실이다.

다섯째, 폭언, 구타, 성희롱에 관련한 문제다. 여성가족부의 '2010 청소년 아르바이트 실태 분석' 보고서에 의하면 폭언 등을 경험한 경우가 학생은 11.2%, 학교 밖 청소년은 15.0%로 나타났으며, 구타 및 폭행을 당한 경우 학생은 4.8%, 학교 밖 청소년은 4.0%로 조사된 바 있다. 특히 학생 중 4.8%는 아르바이트 도중 성희롱을 경험한 적이 있다고 응답했으며, 학교 밖 청소년의 경우에도 성희롱 등의 사례를 다수 발견할 수 있었다. 또한 '2014 서울시 여성 청소년 아르바이트 실태조사'에 따르면 성희롱 피해 유형 중 55.6%는 특정신체부위농담, 48.1%는 음란한 농담과 상스러운 말, 33.3%는 가벼운 신체접촉, 22.2%는 노골적 신체접촉으로 나타났다. 임금, 근로시간, 작업환경, 직업복지(사회보험), 근로기준법 위반, 산업재해적용 등 실업계 고등학생의 경우에는 실습이라는 명목으로 노예노동을 강요당하는 일도 문제로 지적될 수 있다.

3. 청소년 보호정책

1) 청소년 보호법

이 법의 목적은 유해행위와 유해위험환경 등에서 청소년을 보호하기 위한 것이다. 청소년 보호법은 근로에 대한 의무와 권리보다는 일(직종, 직업, 업무, 업종)이 청소년에게 위험하거나 유해한 업종에 고용되거나 이런 일을 수행하는 경우, 청소년이 아예 접근되지 않도록 예방하거나 접근 된 경우 이를 대처하기 위한 목적을 갖는다. 청소년 보호법 제2조 5호는 청소년에게 위험하거나 유해한 업종 등을 명시하고 있다. 이는 청소년이 아닌 사람의 근로기준까지 포함하는 근로기준법상에 사용금지 직종과는 많은 차이를 보인다.

청소년 보호법은 주로 도덕적, 윤리적으로 허용되지 않는 업종들을 주요 대상으로 한다. 이런 업종들의 예로는 성인 전용 업소, 유흥주점, 비디오방, 숙박업, 이용업, 목욕장업 중 안마업, 유독물 제조업, 호프 등이 이에 해당된다. 현재 시행되고 있는 이 법에 대해서는 대체로 긍정적이라 할 수 있겠으나, 고용 자체만 금지하고 있기 때문에 더 자세한 방법, 예컨대 어떻게 고용을 금지할 것인가, 만약 고용 되었다면 어떻게 사업주를 제제하고 청소년 고용을 차단할 것인가에 대한 구체적인 방안이 수반되어야 할 것으로 본다.

2) 근로기준법

근로기준법은 청소년 보호법과는 달리 '연소근로자'라는 용어를 사용해 정의한다. 또한 취업이 가능한 최소 연령을 15세부터로 규정하고 있다. 예술공연의 경우에는 13세 이하도 근로할 수 있다. 하지만 15세 미만인 경우 지방노동관서에서 취직인허증을 발급받아야 한다. 다음은 취직인허증의 발급 요건인데, 이어진 표는 청소년 보호법과 근로기준법의 청소년고용금지 업소 기준 (여성가족부)이다.

<표 3> 취직인허증 발급 요건

① 도덕상 또는 보건상 유해, 위험한 직종이 아닌 경미한 작업일 것
② 근로자의 생명, 건강 또는 복지에 위험이 초래되거나 유해하다고 인정되는 업무가
　아닐 것
③ 근로시간이 수업에 지장을 주지 않을 것
④ 친권자 또는 후견인의 동의와 학교장의 의견이 명기되어 있을 것

<표 4> 청소년 보호법과 근로기준법의 청소년고용금지 업소 기준

청소년 보호법상 고용금지 업소	근로기준법상 사용금지 업소
유흥주점, 단란주점, 비디오방, 노래방(청소년의 출입이 허용되는 시설을 갖춘 업소에는 출입만 가능), 숙박업, 이용업, 목욕장업 중 안마실을 설치하거나 객실로 구획하여 하는 영업, 담배 소매업, 유독물 제조 판매 취급업, 티켓다방, 주류판매 목적의 소주방, 호프, 카페 등 형태의 영업, 음반 판매업, 비디오물 판매 대여업, 일반게임장, 만화대여업, 전화방, 무도학원업, 무도장업, 사행행위영업, 성기구 취급업소 등	고압작업 및 잠수작업, 운전 조종면허 취득을 제한하고 있는 직종, 또는 업종의 운전 조종 업무 청소년보호법 등 다른 법률에서 18세 미만 청소년의 고용이나 출입을 금지하고 있는 직종이나 업종, 교도소 또는 정신병원에서의 업무, 소각 또는 도살의 업무, 유류를 취급하는 업무(주유소 제외) 등

　우선적으로 위와 같은 직종의 사업주가 연소근로자를 고용할 때 그 행위가 불법이라는 것을 인식시키는 것에 있다. 이를 위한 정책으로 사업장에 청소년 고용금지 업소나 직종을 정확하게 알려주는 고지의무를 시행하는 방안을 마련할 필요가 있다.

3) 청소년 보호법에 의거한 위반행위와 형사처벌 조항

구분	위반 행위	위반 시 형사처벌
청소년의 고용금지 및 출입 제한 등(제24조)	청소년을 유해업소에 고용한 자	3년 이하의 징역 또는 2천만 원 이하의 벌금
	청소년을 유해업소에 출입시킨 자	2년 이하의 징역 또는 1천만 원 이하의 벌금
청소년 유해약물 등으로부터 청소년 보호(제26조)	청소년에게 주류 또는 담배를 판매한 자	2년 이하의 징역 또는 1천만 원 이하의 벌금

이런 조항들의 문제는 각 법률에 따라 적용 범위가 상이하게 나타날 수 있으며, 법적 강도 또한 달라진다는 것이다.

4) 법률 별로 상이한 연소근로자의 기준

법률	연소근로자의 기준
근로기준법	18세 미만인 자
청소년 보호법	만 19세 미만인 자
민법	만 19세
아동복지법	9세 이상 24세 이하인 자

이 법의 사용 금지 직종은 청소년 보호법에서 정한 고용금지 업종을 포함한다. 더 넓은 개념이긴 하지만 이 근로기준법 또한 청소년들이 이런 업종에 종사하지 못하도록 예방 조치를 하거나 실제 고용되어 그 업무를 수행하고 있는 경우 사업주에 대한 강력한 제재 조치를 실효성 있게 수행해야 할 것이다.

4. 외국의 청소년 고용지원 실태

1) 미국연방정부

(1) 학생 고용 교육 프로그램(Student Educational Employment)

미래의 고용창출을 목적으로 능력 있는 학생들을 찾기 위해 학교 수업과 일을 병행할 수 있도록 고안되었다. 학생들의 성과에 따라 나중에 학생인턴제나 장학 프로그램에도 참여할 수 있다.

① 임시고용제: 학과와 상관없이 잡역부터 직책이 있는 일거리 까지 종사할 수 있다. 학생신분을 유지하는 한 지속 가능하 며 일반적인 학생 파트타임 고용과 같은 성격이다.
② 직업 경험제: 재학 중 학생의 전공과 상관있는 일거리에 일 정 기간 종사할 수 있다. 연방정부와 학교 그리고 학생 사이 에 일정한 약정이 필요하며 학업과 일이 모두 끝난 후 직장 에서 요구한다면 정식으로 고용 가능하다.

(2) 협동교육 프로그램(Co-operation Education)

SEE프로그램의 일환으로 연방정부 인력충원의 주요 원천이다. 학생과 교육기관과 다양한 연방정부기구들 사이에 일도 하고 공부도 하는 협력 프로그램을 제공한다. 학생에게는 적절한 직업 경험의 기회를 주어 교육효과를 증대하고 정부에게는 장래의 노동력 개발과 확보에 이점이 있다.

2) 캐나다연방정부

(1) 학생직업경험 프로그램(federal student work employment program)

연방정부의 학생대상 정책의 가장 대표적인 정책 중 하나로 서, 궁극적으로 학생들에게 고용기회를 제공하자고 하는 것이 다. 이 과정에서 학생들이 자신의 전공에 맞는 직업 경험을 재학 중에 쌓을 수 있도록 학자금도 지원받는다. 졸업 후에는 취업진 로 선택에 도움이 되게 하고 취업에 관련된 기술도 익히도록 하 여 고용기회 확대는 물론 연방정부 소속기관에 취업기회도 확대 시킨다.

(2) 협동 및 인턴십 프로그램(post secondary co-op/internship program)

자신의 전공분야에서 경험을 쌓을 수 있도록 하는 프로그램으 로 학생은 학교당국의 도움이 없이도 개인적으로 지원할 수 있 다. 이는 고용주와 학생, 학교당국이 서로 긴밀한 관계를 유지하 는 데 이 모든 과정에서 '공공서비스위원회'가 직접 혹은 간접적 으로 관여하여 감독 및 지원에 힘쓰고 있다. 이 프로그램에 참여 기간은 학교에서 결정한다. 대체로 학사일정에 따라 1년 이내의

기간 동안 600여 인정프로그램에 참여하고 있으며 대체로 풀타
임이다.

3) 아일랜드

아일랜드는 파트타임 고용제도를 반드시 청소년에게만 국한
시키지 않고 복지 차원에서 일반 실업자들의 고용기회 확대를
위한 제도를 실시하고 있다. 이 제도에는 파트타임 교육과정, 파
트타임 구직 장려계획, 학생 부업지원계획 등이 있다.

일례로 '학생 부업지원계획'은 지역사회가 청소년에게 파트타
임 일거리를 주어 지역사회에 유익한 일을 하게 한다. 그리고 대
가로 일정한 보수를 지불하는 프로그램으로 여기서 '지역사회에
유익한 일'에는 '가정 및 지역사회부'에 등록된 지원 단체에서 일
하게 하는 내용이다.

4) 독일

독일의 청소년 고용은 민법에 의해 이루어진다. 하지만 연소근
로자에 대해서는 연소자근로보호법이 따로 규율한다. 이 법의 적
용 대상은 18세 미만의 근로자로, 청소년 보호법에서 정하고 있
는 14세 미만의 어린이와 14세 이상 18세 미만의 청소년 모두를
대상으로 한다. 직업훈련생과 견습생까지 이 법률을 적용받게 되
고 보호자의 동의를 요구한다.

독일도 우리나라의 법률과 유사하게 14세 이하이거나 전일적

인 학교교육을 받는 연소자의 경우에는 고용이 금지된다. 그러나 주정부의 영업감시청에서 인가를 받은 경우 고용을 할 수 있다. 인가를 받는 조건은 보호자의 서면 동의서, 3개월 이내 발행한 의사의 건강확인서, 연소자의 생명건강 및 인격발달에 지장이 없는 것을 증명하는 서류, 근로시간 중 보호와 감독, 근로 종료 후에 최소 14시간의 휴식 확보, 학업에 지장이 없을 것 등으로 구성된다. 독일은 이 법률을 통해 연소자의 지식과 경험 부족으로 위험을 인지하거나 피하기 어려운 장소 및 위험한 기계를 다루는 작업 또한 금지하고 있다. 아울러 시간당 작업량도 정해져 있다.

5) 외국 고용사례의 시사점

외국의 청소년 고용관련 사례들은 한국 청소년 고용과는 비교되는 점이 많다. 그들은 우리와 달리 청소년 파트타임 고용을 간단한 잡역에 종사하여 용돈이나 버는 식의 대수롭지 않은 일로 여기지 않는다. 국가적 차원에서 법에 따라 그들을 경제 활동의 일환으로 취급하며 근로권을 보장·보호해주고 있다. 그리고 외국 선진국의 청소년 고용 프로그램은 고용제도와 교육계가 밀접한 관련을 맺고 있는 상호의존적 관계에 있음을 알 수 있다. 대표적으로 미국 SEE프로그램의 직업 경험제, 인턴쉽 제도는 학교와 일터가 밀접하게 관련되어 운영된다. 이는 청소년의 일시적인 취업, 즉 아르바이트가 졸업 후에도 취직과 직결될 수 있도록 장기적 안목에서 청소년을 배려하고 있는 것이라 하겠다.

청소년 아르바이트 고용을 실제적으로 가능하게 해주는 요소로서 학교에서는 청소년에게 일터를 소개해 주는 취업 지도실이 있고 전국 각지에는 정부의 고용안내소가 있어 청소년들에게 취업정보들을 제공하고 그들의 권익을 보호해주는 체계적 장치가 마련되어 있다. 이런 측면에서 볼 때, 한국의 청소년 고용 실태도 말로만 청소년의 권익을 보장·보호하는 것이 아니라 학교와 지역사회가 고용계와 협력하여 청소년의 바른 아르바이트 문화를 제도적으로 정착시켜야 함을 절감하게 된다.

5. 청소년 고용에 대한 설문1)조사

(1) 아르바이트를 하는 친구가 있습니까?

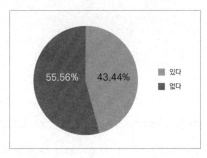

55.56%　43.44%
■ 있다
■ 없다

---

1) 설문조사 과정은 화성고등학교 1, 2학년 학생 98명을 대상으로 2015년 12월 17일부터 21일까지 실시했으며, 주제는 청소년들의 청소년 고용에 대한 인식 조사를 중심으로 진행했다.

(2) 청소년의 아르바이트에 대해 본인은 긍정적으로 생각합니까?

(3) 긍정적으로 생각하는 이유는 무엇인가요?

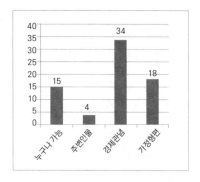

　　위는 청소년 아르바이트에 대해 긍정적으로 생각하는 사람들을 대상으로 조사한 것이다. '경제관념을 길러주기 때문'이라는 답변이 34명로 가장 많았고 그 뒤를 '가정형편이 어려울 수 있으므로'가 차지했다. 그에 반해 '주변 친구들의 영향으로'는 가장 적은 선택을 받았다. 응답자가 아르바이트에 대해서 긍정적으로 생각하는 이유가 '주변 친구들이 아르바이트를 하고 있어서' 보다는 '경제관념을 길러주기 때문'이나 '가정형편이 어려울 수 있

으므로' 등의 선택이 많은 것으로 보아 청소년들의 경제관념에 대한 인식이 어느 정도 자리 잡고 있음을 알 수 있었다.

(4) 부정적으로 생각하는 이유는 무엇인가요?

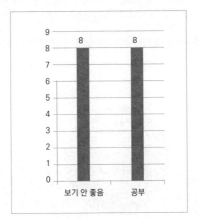

(5) 2015년 기준 최저임금이 얼마인지 알고 계십니까?

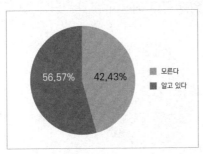

설문조사를 시작할 때 설문대상 학생들은 잠정적으로 아르바이트를 할 수 있는 학생으로 상정하고 조사했다. 그런 전제를 바탕으로 질문했을 때, 98명 가운데 42명이 최저임금을 알고 있지

못했다. 물론 학생들의 무관심과 최저임금에 대한 인식 결여, 정보 부족 등이 있을 수 있겠으나 이는 사회에 진출해 아르바이트를 할 때 부당고용에 노출될 가능성이 크다는 것을 의미하기도 한다.

(6) 아르바이트를 시작할 때 근로계약서를 작성해야 한다는 점을 알고 계십니까?

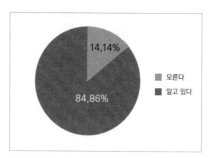

(7) 청소년을 위한 근로 정책이 잘 마련되어 있다고 생각하십니까?

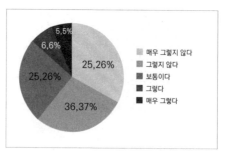

결과적으로 '매우 그렇다'와 '그렇다'가 총 12.5%를 차지한 반면 '매우 그렇지 않다'와 '그렇지 않다'는 61.63%로 5배 정도 높게

현 근로 정책의 문제점이 있음을 드러냈다. 특히 그래프에는 드러나지 않았지만 여학생 반을 대상으로 조사한 결과, 단 한명의 학생도 '그렇다'와 '매우 그렇다'에 답변하지 않았다.

(8) 우리나라 청소년 고용의 개선 내용은(자율 답변)

1. 최저임금 이하로 급여를 주는 행위 – 4명
2. 계약 조건을 속이는 행위 – 2명
3. 근로계약서 작성의 체계화 – 2명
4. 청소년에 대한 부당한 대우 – 2명
5. 오토바이 무면허 배달 아르바이트 – 2명
    (청소년들에게 위험한 일을 시키지 말아야 한다)
6. 아르바이트 중 성범죄에 대한 대책 마련 – 1명
7. 헌법에서 정의하는 '청소년 보호법'과 '근로기준법' 교육 필요 – 1명
8. 무시하는 사회 시선들을 개선하는 방안 필요 – 1명
    (아르바이트 학생들을 소위 불량 학생이나 일진 등으로 생각하는 부정적 시선)

6. 맺음말

청소년들은 아르바이트를 하는 과정에서 임금문제, 부당해고, 근로시간 초과 등의 문제뿐 아니라 구타, 폭언, 성추행, 성폭행 등, 각종 범죄에 노출되어 있는 실정이다. 그 중 임금문제는 가장 빈번히 일어나고 있다. 화성고등학교를 대상으로 설문조사를 실시 한 결과 절반정도가 주변에 학생들이 아르바이트를 하고 있음을 답했고 대부분 아르바이트를 하는 것이 경제관념을 키우는 데 도움이 된다는 긍정적 생각을 지니고 있었다.

하지만 1/4정도가 이를 부정적으로 바라보았는데 그들은 청소년이 아르바이트를 하는 것은 보기 안 좋을 뿐만 아니라 공부에

도 방해가 된다고 말했다. 또한 우리는 최저임금과 근로계약서를 알고 있는지에 대해 질문 했는데 최저임금은 절반도 되지 않는 수가 모른다고 답했으나 80% 정도는 근로계약서를 알고 있었다.

우리의 경우 청소년을 위한 근로 정책이 그다지 잘 갖추어져 있지 않다는 생각이 지배적이었다. 이에 외국의 사례를 통해 청소년을 위한 근로 정책으로 어떤 차이가 있는지 조사해 보았다. 조사 대상은 미국과 캐나다, 아일랜드, 독일이었다.

우리나라 아르바이트는 단순히 용돈을 벌기 위한 잡역으로 생각하는 반면 외국은 아르바이트를 경제활동의 일환으로, 국가가 체계적인 법으로, 보장해 주고 있다. 더욱이 각종 프로그램을 통해 아르바이트를 일종의 취직을 위한 경험으로 보아 단순 노동직뿐 아니라 전공과 관련된 전문직에도 청소년이 아르바이트로 취직할 수 있었다. 아르바이트하는 곳을 학교와 공공기관에 연계하여 근로 청소년이 부당한 대우를 받지 않는지의 유무를 꾸준히 감시한다.

이처럼 외국의 사례는 아르바이트 청소년을 보호하는 정책이 잘 마련되어 있으며 아르바이트에 대한 긍정적 시각을 가지고 그들이 아르바이트를 할 수 있도록 지원하고 있었다. 하지만 우리는 안타깝게도 아르바이트를 경제 활동의 일환으로 취급 받을 수 있도록 보호해 주는 법안이 존재하지 않는다. 아르바이트를 하나의 경제 활동에 직업이 아닌 단순 용돈벌이로 인식하기에, 상위권 학생들은 단순히 공부에 방해만 주는 수준으로 부정적 견해를 지니고 있다.

또한 법으로는 청소년을 보호한다고 명시되었으나 이에 관련해 구체적인 방안도 제시 되어 있지 않기에 청소년들의 인식도 낮은 편으로 드러났다. 청소년이 아르바이트에 종사하는 가운데 부당한 대우를 받게 되어도 경제적 어려움으로 인해 감수해야 하는 경우가 있다. 하지만 우리나라는 이러한 문제를 호소하거나 감시할 제도적 장치가 제대로 마련되어 있지 않다. 따라서 열악한 환경에 노출된 청소년들의 정당한 처우를 위해 법적 제도와 정책 보완이 시급한 현실이다.

학생들에게 가장 먼저 개선되어야 할 것이 무엇일까라고 물었을 때, 최저임금보다 낮은 급여를 주는 임금문제가 가장 시급하다고 답했다. 그 뒤로 무면허 오토바이 운전, 계약 내용을 속이는 행위, 청소년에 대한 부당한 처우, 근로계약서 작성의 체계화 등 계약을 제대로 하지 않거나 이를 지키지 않은 경우를 지적했고 사람들의 무시하는 시선도 뒤를 이었다.

이러한 문제를 위해 일차원적으로 해야 할 일은 교육인데, 학생들이 잘 알지 못하는 이유로 불이익이 발생되기 때문이다. 지금처럼 인터넷 검색 수준으로는 부족하다. 학교에서 이를 위한 교육프로그램을 만들고 사회적 차원의 제도적 보완도 병행해야 한다. 또한 방송을 통해 청소년 시청률이 높은 예능프로그램이나 가요프로그램 전후에 공익광고 형태의 홍보도 필요하다고 본다.

다음은 사회적 인식의 변화다. 이를 위해서 다른 나라의 사례를 참고할 필요가 있다. 즉 아르바이트를 하나의 직업체험으로 만드는 것이다. 우리나라는 직업체험을 해볼 수 있는 곳이 그다지 많지 않고 하루를 넘는 경우도 거의 없으며, 대다수가 초등 수준에 불과한 형편이다. 미국에 학생 고용 교육프로그램과 같이 전공과 관련된 직업군에 파트타임으로 일하고 이후 그 회사에서 학생을 채용해 가는 과정이다. 일종의 인턴과 같이 활동하며 학교에서 장학금을 지원한다면, 인식은 취업을 위한 교육과정으로 긍정적 방향이 조성될 것이다.

끝으로 가장 중요한 것은 청소년의 권익을 보호해 주는 체계적 장치다. 학교와 지역사회가 고용부와 협력하고 공공기관은 정기적으로 제대로 된 처우를 받고 있는지 감사를 실시하고 개선해 나아간다. 그리고 이에 수반해 청소년 아르바이트를 경제활동의 일환으로 명시하는 법적 조치가 뒤따라야 할 것이다.

청소년과 성인의 신체변형을 조장하는 사회적 요인

: 미디어와 사회의 미적 기준으로 발생한 외모지상주의를 토대로

배소영(3학년), 배현진(3학년), 표현우(3학년)

1. 머리말

성형 문화가 사회 깊숙이 자리 잡고 있는 현실에서 성형이 흔한 일로 치부되고 미용이라는 명목으로 멀쩡한 신체를 바꾸는 풍토가 사회에 만연하다. 이는 심각한 일이 아닐 수 없는데, 청소년의 미에 대한 잘못된 가치관이 형성되고 외모에 개성이 묵살된 채 사회가 정한 미적 기준에 획일화 되어 가는 모습이다.

청소년을 비롯해 구직을 위해 성형을 택하는 사람들이, 성형을 하게 되는 원인은 어찌 보면 미디어가 확산시킨 일종의 미적 기준에 원인이 아닌가 한다. 신체에 위험을 감수하면서까지 외모를 바꾸고자 하는 비정상적인 의식 확산을 지양하기 위해 이상적이고 실질적인 해결 방안의 모색이 필요하다.

지금도 서로 비슷한 외형의 얼굴이 생겨나고 미적 기준에 맞지 않으면 사회적으로 소외당하는 일종의 고립된 생활을 하게 된다. 실제로, 외모로 인한 따돌림과 우울증, 사회 부적응 등 이미 그 사례가 적지 않다. 이러한 병리현상이 발생하게 된 원인은 무엇인가. 앞으로 우리의 자세와 이상적인 해결방안을 모색하는 방편으로 논의의 방향을 제시해 보겠다.

먼저 성형이 보편화의 길을 걷고 있는 사회적 현실에서, 무엇이 이토록 극단의 성형수술까지 감행하게 하는지 그 원인을 찾고자 한다. 아울러 청소년은 아직 성숙 단계에 있기에 큰 신체 부작용을 감수하면서 수술을 감행하는 조기성형과 이른바 취업이라는 '생계형' 취업성형을 토대로 그 현상을 조명해 볼 것이다. 끝으로 이러한 요인 분석을 통해 사회에 팽배한 미용성형의 근절에 혜안을 제언해 보겠다. 아래는 본고의 논의 대상인 청소년과 성인, 한국여성민우회 등에 관한 대상 내용, 항목, 조사 방법을 정리한 사항이다.

<표 1> 청소년 대상

날짜	2015.9.14
대상	경기도 H고등학교 재학생 1, 2학년 중 여학생 271명 (1학년 6학급, 2학년 3학급)
방법	서면 설문조사
문항 수	7문항 중 폐쇄형(객관식) 질문 6문항, 개방형(주관식) 질문 1문항
문항 내용	미용 목적으로 하는 성형에 대한 자신의 입장 사람들의 미용성형 감행 원인과 선택의 영향 요인 청소년(19세 미만)들의 미용성형 감행 원인과 선택의 영향 요인 성형 수술과 관련된 법적 제재의 필요성 여부 우리나라에서 취업에 외모가 미치는 영향 정도 구직자 의사에 따라 취업성형이 필요하다고 생각하는 분야 채용 과정에서 외모가 개입되지 않는 평가 방법의 필요성 여부

<표 2> 성인 대상

기간	2015.12.16~2015.12.20
대상	서울 S대 재학생 중 여자로만 구성된 128명
방법	웹상 설문조사(Google docs)
문항 수	폐쇄형(객관식) 질문 4문항
문항 내용	자신이 생각하는 이마의 미적 기준 자신이 생각하는 눈 크기의 미적 기준 자신이 생각하는 입술의 미적 기준 자신이 생각하는 얼굴형의 미적 기준

<표 3> 한국여성민우회 대상

기간	2015.12.18
대상	한국여성민우회 활동가 '제이'
방법	전화 인터뷰
인터뷰 내용	약 30분 정도 인터뷰 주요 내용은 아래와 같다. • 렛미인 폐지를 주장한 이유 • 획일화된 미적 기준의 발생원인 • 렛미인 폐지 외의 활동 • 현대사회 보편적, 대중적 미용성형의 발생원인 • 고용 시 외모 평가가 사회적 인식에서 비롯되었다고 보는지 여부

2. 한국 성형 인구의 증가와 의식 변화

1) 국내 실질적 성형 인구의 추정

의학 기술이 고도로 발달한 지금, 정상적인 신체를 변형하는 행위를 보편적으로 바라보며 아름다워지기 위한 미용성형은 서슴없이 행해지고 있다. 세계적으로 한국은 성형 강국으로 부상하면서 내국인에게 행해지는 성형 시술 및 수술의 규모는 물론, 성형 수술을 목적으로 유입되는 관광객 또한 증가하였다. 그러나 조사 과정에서 한국인만을 대상으로 한 성형 시술과 수술의 횟수에 관한 명확한 수치를 조사한 자료를 발견할 수 없었다. 불가피 국내에서 이루어진 미용성형 횟수에 성형 목적으로 방문한 방문객 수를 빼는 방법을 통해 내국인 성형 횟수를 갈음하였다.

ISAPS(International Society of Aesthetic Plastic Surgery)의 통계에 의하면 2010년 국내에서 행해진 성형 시술과 수술 횟수의 총합은 531,425회이며, 2014년에는 980,313회를 기록했다. 한국관광공사에 따르면 2014년 의료관광객 수는 266,501명이므로 모든 의료관광의 목적이 성형이라고 간주했을 때, 한국인만이 한 미용성형의 시술 및 수술 횟수는 713,812회 정도로 예상할 수 있다.

2010년 의료관광객 수는 81,789명이며 이 중 성형관광객이 차지하는 비율을 알 수 없으므로 이들 모두가 '성형 수술을 하지 않았다'고 가정했을 때와 '성형 수술을 했다'고 가정했을 때로 나눈다면 2010년 한 해 한국인의 미용성형수술 시행 횟수의 값은 449,636회와 531,425회 사이에서 형성될 것이다. 이러한 결과를 바탕으로 우리는 2010년 대비 2014년 총 5년 간 내국인들의 성형 수술 횟수가 약 182,387~264,176 정도의 폭으로 증가했음을 추정할 수 있다. 이처럼 대한민국의 실질적인 성형 인구를 파악하고자한 데에는 그만한 이유가 있다. 현재 한국에는 성형을 목적으로하는 관광이 상당수 유치되고 있는데 이들의 성형 횟수까지도 포함된 수치가 일차원적으로 성형 강국을 설명하는 근거가 될수 있기 때문이다.

2) 미용성형의 보편화

우리나라는 전통적인 유교사상의 영향으로 부모에게서 받은 신체를 인위적으로 변형하는 것을 금기시했던 과거와는 달리, 아름다움을 추구하는 미적 지향 시대로 변화하고 있다. 얼굴에 칼을 대면 안 된다는 보수적 인식에서 벗어나 미용성형수술에 대해 점차 긍정적인 인식을 가지게 된 것이다. 생활수준의 향상으로 인해 외모를 돌볼 여유가 생겼고 외모에 대한 사회적 편견 등 시대 흐름에 따라 미용성형산업이 점차 활발해지고 있는 추세다.

현대에는 매스미디어의 발달로 인하여 유행의 변화도 빠르고 인체의 아름다움을 객관화하려는 노력도 계속되고 있다. 또한 신체의 아름다움을 일종의 능력이나 자본의 영역 중 하나라는 인식이 증가하면서 성형수술에 대한 거부감이 적어지고 개인적인 아름다움이 투자의 대상이 되고 있다. 즉, 인적 자본의 일부라는 인식에 따라 미용을 목적으로 하는 성형수술이 보편화될 수 있었다. 미용성형수술을 원하는 사람들에 대해 과거 부정적인 시선이 있었으나 최근에는 자기만족과 취업면접, 원활한 사회생활을 위하여 자신의 가치를 높이는 방편으로, 보다 실용적 이유에서 미용성형이 증가한다.

실제로 엄현신(2007)의 연구 결과 지난해 9월 서울, 경기지역의 18세 이상 여성 810명 중 47.3%인 383명이 '미용성형수술·시술을 받은 경험이 있다.'고 응답했다. 특히 25~29살 여성의 경우 설문에 답한 130명 가운데 80명(61.5%)이 수술을 받은 것으로 조사됐다. 응답자 중 69.9%인 566명은 자신의 "외모 때문에 스트레스를 받은 적이 있다"고 밝혔고 응답자의 72.6%는 "성형수술이 필요하다면 해야 한다."라고 답한 반면, 그와 반대의 응답은 20.4%에 그쳤다.

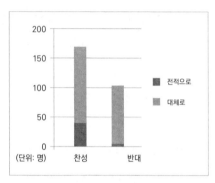

〈그림 1〉 미용목적으로 하는 성형에 대한 자신의 입장
(단수응답, 폐쇄형 질문, 응답자수 271명)

경기도 H고등학교 학생 271명을 대상으로 조사한 결과 43명이 미용성형수술을 수술 부위·횟수·정도와 관계없이 개인의 선택으로 여기는 '전적으로 찬성한다.'는 입장에 응답했다. 126명은 한두 군데 정도는 긍정적으로 생각해 미용성형에 '대체로 찬성한다.'고 응답해 약 169명(약 62%)이 미용성형에 찬성하는 입장이었다.

하지만 이러한 의식이 만연하여 획일화된 미적 기준이 존재한다는 사실을 우리는 너무도 당연하게 받아들이고 있지는 않은가. 사회가 무의식적으로, 일정한 아름다움의 틀에 들지 못하는 것을 마치 비정상처럼 치부하고 이 '비정상'을 개인의 탓으로 돌리는 모습이다. 또, 그 개인에게 가혹할 만큼, 사회의 미적 기준에 부합하도록 변화할 것을 강요하고 있는 실정이다.

3. 조기성형[1]과 취업성형

1) 조기성형

최근 독일에서는 10대 청소년과 어린이들에 대한 미용성형수술 금지 법안을 추진했다. 독일 내에서 20세 미만의 청소년의 성형수술은 전체의 약 10%나 차지하는 것으로 밝혀졌다. 국내는 정확한 수치가 나와 있지는 않으나 10대의 70%가 성형수술을 희망하는 등에 긍정적 답변을 선택한 조사 결과와 같이, 10대 성형은 이제 먼 나라의 얘기가 아니다.

성형외과에서 일반적으로 볼 수 있는 10대 성형은 고3수험생의 경우, 수능 이후 방학을 이용해 성형을 하는 일은 이미 잘 알려져 있다. 지난겨울 일부 강남 성형외과에서 수험표를 가져오면 가격을 할인해 준다거나 홈페이지에 수험생을 유치하기 위해 성형 광고까지 등장하는 모습은, 지나친 성형 조장이라는 비난을 받기도 했다.[2]

비록 국내 통계자료는 없으나 학생들이 중, 고등학교에 재학하며 성형수술을 받고 있다는 것은 명백한 사실이다. 오래 전의 자료이긴 하지만 시사저널에 따르면 서울 소재 10여 개 성형외과에 문의한 결과 전체 환자의 8% 가량 차지하던 10대의 성형이 2006년 15%에 이르렀다고 한다.

그러나 전문가들은 고3 성형수술도 이른 나이라고 지적한다.

---

1) 본 논의에서 조기성형은 만 19세 미만 청소년의 미용성형을 말한다.
2) 조원익, 스포츠월드(2014.09)에서 발췌.

아직 성장 중인 청소년이 과다한 성형수술을 받거나 그로 인해 합병증이 생기면 성장에 심각한 장애를 입을 수 있다는 것이다. 더욱이 뼈를 자르는 수술은 신중하게 결정할 필요가 있다. 보통 신장이 더 이상 자라지 않으면 뼈 성장이 마무리됐다고 생각하기 쉽지만, 얼굴뼈는 다른 뼈보다 1~2년 정도 성장이 늦기 때문에 신장이 다 자란 후에도 계속 성장한다. 얼굴 뼈 성장이 끝나지 않은 상태에서 무리해 성형수술을 하면 수술 결과가 계획대로 나오지 않거나, 얼굴 모양이 변하는 부작용이 생길 수 있다. 심하면 입을 제대로 벌리지 못하거나 절개한 얼굴 근육이 잘 아물지 않는 합병증이 나타날 수 있다.

특히 코뼈는 인체에서 가장 늦게 자라는 부위로, 코뼈 성장기에 실리콘 등 인공 보형물을 넣으면 코가 휘거나 코뼈가 튀어나오는 부작용이 생길 수 있다.[3] 우리는 이토록 많은 청소년들이 신체 성장이 충분히 이루어지지 않은 상태에서 부작용이 발생할 수 있는 위험한 수술을 감행하는 것은 분명 어떠한 사회문화적 원인을 가질 것이라 판단한다.

2) 취업성형

미용성형의 유혹을 떨치기 힘든 또 다른 사람들이 있다. 바로 취업준비생이다. 전국적인 취업난이 계속되는 상황에서 오늘날 아름다운 외모는 하나의 스펙, 더 나아가 취업을 위한 그 이상의

---

3) 노진섭, 시사저널(2015.01)에서 발췌.

힘을 가지며, 외모가 한 사람을 평가하는 기준이 되어가고 있음이다. 직장을 구하기 위해 취업성형까지도 감행해야 하는 시대가 왔다.[4] 심지어 2014년 대통령 직속 청년위원회 '2030 정책참여단 스펙조사팀'에서는 '취업을 위해서 쌓아야 하는 스펙 9종', 즉 소위 말하는 '취업 9종 세트'를 내놓으면서 취업에 필수적인 요소로 성형을 꼽기도 했다.

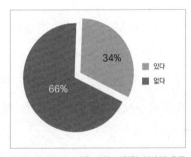

〈그림 2〉 취업·이직을 위해 성형할 의사의 유무

관련 통계자료로 2014년 9월 취업포털 잡코리아가 성인남녀 408명을 대상으로 실시한 '외모관리와 성형에 대한 인식' 보고가 있다. 조사 결과에 따르면 응답자의 34.3%가 취업이나 이직을 위해 성형할 생각이 있다는 긍정적 답변을 내놓았다.

4) 박상진, 아시아뉴스통신(2015.12)에서 발췌.

〈표 4〉 미용성형수술 이유

구분		용모에 자신감이 없어서	피부 노화의 개선을 위해	원활한 대인관계를 위해서	취업을 위해서	다른 사람들도 모두 하니까	기타	계	χ^2 (df)	p
연령	20대	39 (33.1)	7 (5.9)	19 (16.1)	27 (22.9)	10 (8.5)	16 (13.6)	118 (26.3)	87.62 (10)	0.000
	30대	51 (35.2)	17 (11.7)	47 (32.4)	6 (4.1)	10 (6.9)	14 (9.7)	145 (32.4)		
	40대 이상	53 (28.6)	63 (34.1)	36 (19.5)	5 (2.7)	11 (5.9)	17 (9.2)	185 (41.3)		

또한 실제로 취업성형을 이유로 성형을 감행한 사람들의 비율도 눈에 띈다. 노현희5)의 연구를 참고해 보면, 448명을 대상으로 한 설문조사에서 20대의 성형 이유 중 '취업을 위해서'라고 답변한 비율은 22.9%로 '용모에 자신감이 없어서'라는 항목 다음으로 높은 수치를 보이고 있다. 사실상 이러한 결과는 30대(4.1%)와 40대 이상(2.7%)에 비하면 가히 압도적이라고도 할 수 있는 수치다.

〈그림 3〉 취업 성형 이유에 대한 조사

〈사람인〉에 따르면 1,090명을 대상으로 한 '취업 성형 이유에

---

5) 노현희, 「성인 여성들의 미용성형에 대한 인식과 실태에 대한 연구」, 숙명여자대학교 석사논문, 2014.

관한 조사'에서 '외모도 중요한 스펙이라서(67.2%)'가 가장 높은 수치를 보였다고 한다. 사람들은 취업성형의 이유를 아름다운 외모에서 기인한 자신감을 위해서라 말하며, 또는 치열한 경쟁 속에서 승자가 되기 위해 외모는 능력이자 자신의 이점 중 하나가 될 것이라 말한다.

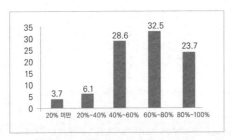

〈그림 4〉 아르바이트와 외모 인식 조사

〈알바천국〉에서 대학생 818명을 대상으로 실시한 설문조사는 외모가 절반 이상의 영향력을 갖는다는 수치가 최소 56.2%(499명), 최대 84.2%(688명)인 것으로 조사됐다. 즉, 실제로도 구직 과정에서 외모가 다른 평가 요소보다 더 많은 영향력을 차지한다는 것이다. 직업에 따라 차이는 존재하지만, 사무직이나 회사에 취업하려는 경우 실질적인 업무 능력 외에 외모가 막대한 영향력을 끼친다는 것을 알 수 있다. 이처럼 외모가 사회적으로 능력을 넘어 스펙으로서의 역할을 하고 있는 것이다.

Countries by Total Number of Procedures (Top 25)							
Rank		Total Surgical Procedures	% of total surgical procedures	Total Nonsurgical Procedures	% of total nonsurgical procedures	Total Procedures	% of total procedures
1	U.S.	1,090,838	16%	1,918,042	26%	3,008,880	21%
2	Brazil	1,037,958	15%	546,661	7%	1,584,620	11%
3	China	402,560	6%	472,540	6%	875,100	6%
4	Japan	361,568	5%	446,123	6%	807,691	6%
5	India	389,680	6%	413,140	6%	802,820	6%
6	Mexico	297,892	4%	463,233	6%	761,125	5%
7	Italy	320,490	5%	320,190	4%	640,680	5%
8	South Korea	248,413	4%	283,013	4%	531,425	4%
9	France	205,696	3%	193,545	3%	399,240	3%
10	Colombia	238,146	4%	150,072	2%	388,218	3%
11	Germany	184,639	3%	170,796	2%	355,435	3%
12	Turkey	141,239	2%	159,502	2%	300,741	2%
13	Spain	119,637	2%	118,100	2%	237,737	2%
14	Russia	110,627	2%	104,009	1%	214,637	2%
15	Canada	81,273	1%	129,557	2%	210,830	1%
16	United Kingdom	94,851	1%	88,767	1%	183,618	1%
17	Venezuela	96,784	1%	68,032	1%	164,816	1%
18	Argentina	88,572	1%	65,847	1%	154,418	1%
19	Taiwan	70,620	1%	79,751	1%	150,371	1%
20	Greece	61,201	1%	61,441	1%	122,643	1%
21	Australia	48,719	1%	67,912	1%	116,631	1%
22	Thailand	53,469	1%	60,383	1%	113,852	1%
23	Saudi Arabia	45,398	1%	51,269	1%	96,667	1%
24	Netherlands	45,810	1%	42,501	1%	88,311	1%
25	Romania	42,342	1%	40,222	1%	82,564	1%

〈그림 5〉 ISAPS International Survey on Aesthetic/Cosmetic Procedures Performed in 2010

Countries by Total Number of Procedures—2014							
Rank*		Total Surgical Procedures	% of total surgical procedures	Total Nonsurgical Procedures	% of total nonsurgical procedures	Total Procedures	% of total procedures
1	USA	1,483,020	15.4%	2,581,551	24.4%	4,064,571	20.1%
2	Brazil	1,343,293	13.9%	715,212	6.8%	2,058,505	10.2%
3	Japan	326,398	3.4%	933,953	8.8%	1,260,351	6.2%
4	South Korea	440,583	4.6%	539,730	5.1%	980,313	4.8%
5	Mexico	381,207	4.0%	324,865	3.1%	706,072	3.5%
6	Germany	287,262	3.0%	246,360	2.3%	533,622	2.6%
7	France	233,615	2.4%	182,533	1.7%	416,148	2.1%
8	Colombia	252,244	2.6%	104,871	1.0%	357,115	1.8%

* Rankings are based solely on those countries from which a sufficient survey response was received and data were considered to be representative.

〈그림 6〉 ISAPS International Survey on Aesthetic/Cosmetic Procedures Performed in 2014

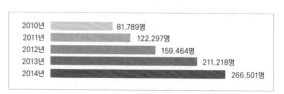

2010년 81.789명
2011년 122.297명
2012년 159.464명
2013년 211.218명
2014년 266.501명

〈그림 7〉 의료관광 성장세(한국관광공사)

4. 연구결과의 제시와 분석

1) 연구결과 제시

질문: 한국 여성 민우회에서 그동안 렛미인 TV프로그램 방영에 반대 의사를 표명해 왔는데 그러한 입장을 취한 이유가 무엇인가?

답변: 여성의 몸이 점점 세분화되고, 미디어에서는 특정화된 외모 기준들을 제시하며 예뻐지라는 압박을 하고 있다. 조사에 따르면 성형수술에 대한 긍정적인 생각이 46%로 많아졌고 "미디어가 방송을 통해 성형을 쉽게 생각하게 하거나 성형을 부추긴다."라고 생각하는 사람들이 77%다. 미디어는 획일화된 외모 기준을 가지고 있는 성형 문화를 재생성하고 강화한다.

질문: 렛미인 프로그램의 문제점 중 하나가 사람들에게 획일화된 미적 기준을 생성하고 강요한다는 것이다. 그 획일화된 미적 기준이 생기는 것에 문제점이 무엇이라고 생각하는가?

답변: TV는 사람의 특정 외모를 강조하면서 이 사람이 불행하다고 강조하는데, 흔히 사회가 원하는 기준에 맞는 외모로 변화하는 모습을 통해서 행복한 결말처럼 만든다. 사실 사람들의 모습은 다양한데 그것에 대한 사회적 시선들이 차별에 문제를 제기하는 것이 아니라 개인이 극복해야 하는 문제로 만든다.

질문: 렛미인 외에도 대중의 성형을 조장하는 원인들이 많이 있다.

렛미인 폐지 외에 다른 대표적 활동으로 무엇이 있는가?

답변: 여러 가지 활동 외에도 지하철이나 대중교통에서 미용성형에 관한 광고의 규제를 주장하며 보건복지부에 의견을 제출하고 있다. 현행법에 미용성형에 규제가 있어 충분히 실현 가능하다고 본다.

질문: 대한민국에서 미용성형이 보편적, 대중적으로 일어나고 있다. 왜 이런 의식이 생겨났는지, 그 원인은 무엇이라고 생각하는가?

답변: 미디어의 영향이 가장 크다고 생각한다. 요즘에는 친구, 직장, 가족까지 서로에 대한 외모를 지적하는 문화가 당연시되었다. 서로 비교하면서 자신의 몸을 부정적으로 인식하게 되고 사회의 기준에 도달하려 노력한다. 또 도달할 수 없는 기준을 주고 그것에 맞추도록 압박하여 자신의 신체에 부정적 감정을 키우게 된다. 어릴 때부터 외모로 평가받는 문화를 통해서 외모꾸미기, 미용성형이 자기계발로 인식되고 그것이 사회문제가 아닌 본인이 해결해야 할 개인적 문제로 자리매김한다. 사람들은 이런 문화가 사회 구조에 문제라고 생각하면서도 차별이 너무 팽배해 성형을 선택할 수밖에 없게 된다.

질문: 취업에서 기업이 사람을 고용할 때 외모적인 면을 고려하는 경우가 많이 있다. 이런 것도 사회적 인식에서 비롯된 것이라고 보는가?

답변: 외모 관리가 곧 자기관리로 여겨지는 문화 속에서 취업에도 업무와 관련 없는 평가가 이루어지고 있다. 특정한 외모

를 갖추지 않으면 자기 관리가 부족하다 판단하고 특정 몸에 대한 사회적 편견도 존재한다. 취업 준비생에게 이런 상황은 직접적으로 압박되어 '선택할 수밖에 없는' 상황에 처하게 된다. 이력서에 사진을 붙이지 않고 채용공고 시에 외모와 관련된 규정을 없애는 등 기업이 책임감을 가지고 변화해야 한다고 본다(한국여성민우회 인터뷰 요약).

2) 유의미한 연구결과 분석

(1) 미용성형

직접 실시한 조사와 선행 연구 결과를 토대로 미용성형의 원인을 파악하고자 한다. 유의미한 연구 내용은 다음과 같다.

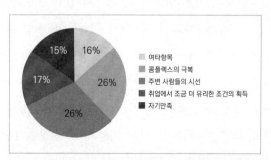

〈그림 8〉 사람들의 미용성형 감행 원인과 선택에 영향을 주는 요인들(복수응답, 폐쇄형 질문, 응답자 267/271(명), 미응답자 4명, 답변수 834개)

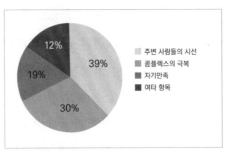

〈그림 9〉 사람들의 미용성형 감행 원인과 선택에 영향을
주는 요인(단수응답, 폐쇄형 질문, 응답자 234/271(명),
미응답자 37명)

H고등학교 학생들을 대상으로 사람들이 성형을 하는 이유에
대한 조사결과다. 성형 이유로 단 복수 응답가능 여부 무관하게
공통적으로 '주변 사람들의 시선', '취업에서 조금 더 유리한 조건
획득', '자기만족' 등이 상위 항목에 드러났다.

아울러 취업포털 〈잡코리아〉는 외모에 신경 쓰는 이유를 성인
남녀 1,090명을 대상으로 조사한 결과 '자기만족'(자체 연구 '자기
만족' 항목에 해당)과 '사회의 시선'(자체 연구의 '주변 사람들의 시
선' 항목에 해당)이 전체 83%를 차지했다. 이를 통해 실제 성인들
도 앞선 조사결과와 흡사한 경향성을 볼 수 있었다. 외모에 신경
쓰는 이유로 등장하지 않은 '콤플렉스의 극복' 측면은 성형이라
는 근본적인 외형을 바꿀 수 있는 가능성이 존재한다는 상황 설
정에 의해 나타난 것으로 보인다.

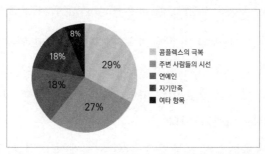

<그림 10> 일부 청소년(19세 미만)들의 미용성형 원인과 선택에 영향을 주는 요인(복수응답, 폐쇄형 질문, 응답자 268/271(명), 미응답자 3명, 답변수 660개)

H고등학교 학생들을 대상으로 한 조사에서도 비슷한 결과가 나타났다. 많은 학생들이 최대 또는 모든 청소년들의 미용성형 감행 원인으로 '주변 사람들의 시선', '콤플렉스의 극복', 그리고 '자기만족'을 공통적으로 꼽았다.

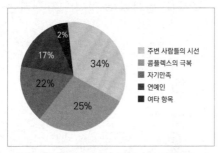

<그림 11> 일부 청소년(19세 미만)들의 미용성형 원인과 선택에 영향을 주는 요인(단수응답, 폐쇄형 질문, 응답자 234/271(명), 미응답자 37명)

그림의 분석을 통해 상당수가 선택한 '주변 사람들의 시선'과 '콤플렉스의 극복', '자기만족' 항목에는 공통적인 사실을 확인할

수 있었다. 그것은 본인과 타인 모두 자신이 사회의 특정한 '미적 기준'에 부합하는지의 여부를 지속적으로 평가하고 있다는 점이다.

첫째, '주변 사람들의 시선'은 타인들이 자신을 외모로 평가한 다는 사실, 그리고 그로 인해 차별, 혹은 적어도 그런 심리가 내포 되어 있다는 의미가 된다.

둘째, '콤플렉스의 극복'은 자신의 외모에서 미적 기준에 '충분 히 부합하지 않는' 요소를 소위 '비정상적인 것' 또는 '추한 것'으 로 인식하여, 이를 제거하고자 하는 심리로 설명할 수 있다.

셋째, '자기만족'은 '콤플렉스의 극복'과 유사하나 이상적 외모 의 획득 욕구로 자신의 외모에서 미적 기준에 '도달하지 못한' 부분에 개선을 원하는 선택적 측면으로 이해할 수 있다.

결국 모든 상위 항목들은 '획일화된 미적 기준'에 귀결한다는 것을 분석할 수 있었고 이를 증명하기 위해 128명의 성인을 대상 으로 추가적인 조사를 실시해 보았다. 그 결과는 다음과 같다.

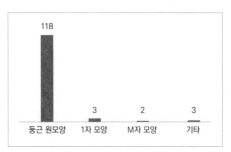

〈그림 12〉 자신이 생각하는 '이마 모양'의 미적 기준(단수응 답, 폐쇄형 질문, 응답자 126/128(명), 미응답자 2명)

서울 S대학교 여학생 128명 중 126명이 응답했으며, '자신이 생각하는 이마 모양의 미적 기준'으로 가장 많이 꼽은 것은 압도적으로 118명이 선택한 '둥근 원 모양'(93.65%)이 차지했고 이어 '1자 모양', 'M자 모양', '기타'는 6.35%로 미미했다.

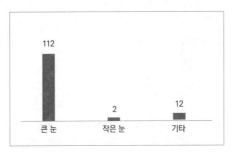

〈그림 13〉 자신이 생각하는 '눈 크기'의 미적 기준(단수응답,
폐쇄형 질문, 응답자 126/128(명), 미응답자 2명)

S대학교 여학생 128명 중 126명이 응답했으며, 그 중 112명이 '자신이 생각하는 눈 크기의 미적 기준'을 '큰 눈'이라고 응답했다. 아름다움의 미적 기준에 있어 '작은 눈'은 2명으로 상대적으로 응답자 수가 적었다.

〈그림 14〉 자신이 생각하는 '입술 모양'의 미적 기준(단수응답, 폐쇄형 질문, 응답자
124/128(명), 미응답자 4명)

S대학교 학생 128명 중 124명이 응답했으며, '자신이 생각하는

입술 모양의 미적기준'으로 '얇은 윗입술과 도톰한 아랫입술'이 가장 많았다. 그 뒤를 '도톰한 윗입술과 도톰한 아랫입술', '얇은 윗입술과 얇은 아랫입술', '도톰한 윗입술과 얇은 아랫입술'이 따랐다.

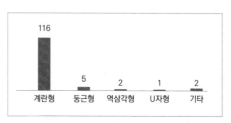

〈그림 15〉 자신이 생각하는 '얼굴형'의 미적 기준(단수응답, 폐쇄형 질문, 응답자 126/128(명), 미응답자 2명)

S대학교 학생 128명 중 126명이 응답했고 '자신이 생각하는 얼굴형의 미적 기준'으로 '계란형'이 압도적으로 많이 나왔다. 이어 '둥근형', '역삼각형', 'U자형'이 뒤를 이었다. 이 같은 결과는 대부분의 사람들(성인)이 특정한 미의 기준을 지니고 있음과 또한 그것을 대체로 선호한다는 의미를 반영한 것이다. 중앙일보가 중, 고교 청소년을 대상으로 조사한 '이상적인 외모' 역시 성인의 경우와 매우 유사한 결과의 틀을 발견할 수 있었다.

(2) 취업성형

취업포털 잡코리아는 성인 408명을 대상으로 '외모관리와 성형에 대한 인식'에서 '아름다운 외모가 인간관계나 사회생활에 긍정적인 영향을 미칠까?'라는 질문을 했다. 예상대로 '매우 그렇다'(51.0%)와 '거의 그렇다'(42.4%)의 답변은 93.4%로 압도적이었다고 말한다. 아울러 외모로 인한 서류 심사나 면접에서 불이익 발생 가능성을 재직자들은 더욱 높게 예상하는 모습을 보였다.

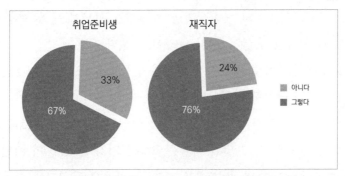

〈그림 16〉 취업이나 이직 시 외모에 신경을 쓰는 정도

바노바기성형외과는 최근 20~40대 남녀 직장인과 취업준비생 164명을 대상으로 '취업이나 이직 시 외모에 신경을 쓰는 정도'에 대한 설문조사를 진행한 바 있다. '서류 심사나 면접에서 외모로 인해 불이익을 받을 수 있다.'고 생각하는지에 대해 직장 재직자의 경우 75.6%(90명)의 응답자가 불이익을 받을 수 있다는 결과가 나온 반면, 취업준비생은 이보다 적은 66.7%(30명)가 그렇다고 응답했다.[6]

위의 내용을 통해 실제 직장생활을 하고 있는 재직자가 취업준비생에 비해 외모로 인한 불이익에 더욱 민감하게 반응한 것은 이들이 사회생활에서 이미 호감을 주는 외모가 사회활동에 직,

---

6) 조원익, 「취업준비생보다 재직자가 구직 시 외모에 더 민감하다」(『스포츠월드』, 2012.11) 중 발췌.

간접적인 영향을 주는 것을 경험해 보았기 때문이라 생각된다. 페이스라인성형외과와 NHI뉴헤어모발이식센터가 586명을 대상으로 실시해 2011년 발표한 '수술을 결심한 동기'는 응답자의 52%가 취업이나 사회생활 등의 이유로 수술을 결심했다고 말한다. 그리고 취업이나 사회생활을 위해서는 외모가 큰 영향을 미친다고 생각한 응답자 수가 96%에 달했다고 한다.

2012년 취업포털 커리어가 실시한 설문조사에도 구직자 538명 중 85.2%는 구직활동에서 외모가 영향을 미친다고 답했으며, "영향이 크다"는 의견이 78.9%로 압도적이었다. 이 중 '능력보다 외모로 평가 받았다.'고 답한 사람은 36%로 가장 많았고 '타 지원자와 비교당하며 차별 받았다'가 26%, '노골적으로 외모를 비하하는 발언을 들었다'와 '외모 관련 질문을 받았다'가 각각 21%, 17%로 뒤를 이었다. 이렇게 능력보다 외모로 평가, 또는 차별 받는 일이 늘어나면서 많은 구직자들이 구직에 앞서 성형을 생각하고 있다고 지적한다.

면접관은 사실 구직자들의 실력이나 능력보다 외모를 먼저 마주하게 된다. 2015년 온라인 취업포털 사람인이 기업 인사담당자 880명을 대상으로 '채용 시 지원자의 외모 평가 여부'에 대해 설문한 결과, 63.8%가 '평가한다.'고 답했다. 앞서 제시한 여러 논의와 같이 취업에 외모가 반영되고 있다는 사실은 명백해졌다. 그 이유로 두 가지 정도를 생각해 볼 수 있을 것이다.

먼저, 면접관도 자신의 미적 기준을 가지고 있는 경우가 있을 것인데, 단시간 내에 사람을 평가해야 하는 상황에서 어쩌면 본인의 의도와 관계없이 외모는 평가에 영향을 주게 될 것이다. 무의식적으로 지니고 있는 이상적 외모의 긍정적 인식은 의식 아래 언제나 작용하고 있기 때문이다. 그리고 사람인이 조사한 바로는 외모를 보는 직무 분야로 영업 또는 영업 관리(50.3%, 복수응답)가 1위를 차지했다. 이어 서비스(43.3%), 마케팅(21.4%), 인사, 총무(21.2%), 광고, 홍보(21%) 등의 순이었다. 외모를 반영하는 비율이 높은 항목일수록 사람을 대면하는 일이 주요 업무였다.

한편, 기업 인사담당자 880명 중 56.9%가 "외모 때문에 감점을 주거나 탈락시킨 지원자가 있다."라고 답했으며, 무려 51%는 스펙이 조금 부족해도 외모가 뛰어나 가점을 주거나 합격시킨 경험이 있다고 응답했다. 이렇게 취업 과정에서 단순히 스펙을 뛰어넘는 외모에 대한 차별적 평가는 현실적으로 명백히 존재한다. 이를 극복하기 위해, 실상 개인의 노력만으로는 해결하기 어려운 취업 현실에서 '취업성형'이 두드러지는 양상을 보인 것이다.

(3) 조기성형

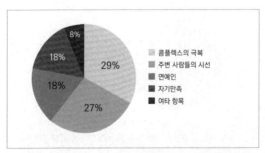

〈그림 17〉 청소년(19세 미만)들의 미용성형 원인과 선택에 영향을 주는 요인(복수응답, 폐쇄형 질문, 응답자 268/271(명), 미응답자 3명, 답변수 660개)

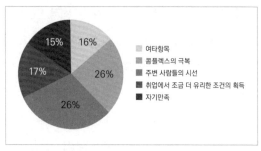

〈그림 18〉 사람들의 미용성형 원인과 선택에 영향을 주는 요인(복수응답, 폐쇄형 질문, 응답자 267/271(명), 미응답자 4명), 답변수 834개)

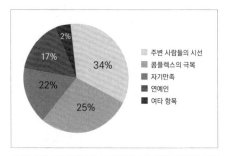

〈그림 19〉 청소년(19세 미만)들의 미용성형 원인과 선택에 영향을 주는 요인(단수응답, 폐쇄형 질문, 응답자 234/271(명), 미응답자 37명)

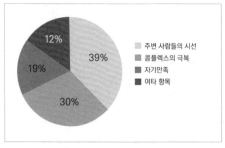

〈그림 20〉 사람들의 미용성형 원인과 선택에 영향을 주는 요인(단수응답, 폐쇄형 질문, 응답자 234/271(명), 미응답자 37명)

성인이 미용성형을 감행하는 이유 가운데 연예인이란 항목이 최대(단수응답), 모든(복수응답) 요인 선택 시, 각각 5.13%, 9.6%로 낮은 수치를 드러냈다. 하지만 연예인이라는 항목이 청소년 성형의 이유를 묻는 설문조사에서 18%, 최대 요인으로는 17%에 높은 수치를 보여줬다. 이는 성인에 비해 청소년들이 연예인에 상당한 영향을 받는 것으로 해석할 수 있겠다.

과거와 달리 요즘은 '아이돌'로 불리는 10대 연예인의 활동이 왕성하게 이루어지고 있다. 연예인 지망생 100만 명 시대라는 말도 허언은 아니다. 이에 편승해 중고생 성형수술도 크게 늘어났다. 정성일 성형외과원장은 "부모가 아닌 연예기획사 직원과 함께 상담하러 오는 청소년도 더러 있다"라는 말을 했다. 한 연예계 관계자는 "특정 성형외과를 정해두고 10대 연예인 지망생에게 성형수술을 시키는 경우가 많다."는 언급도 들을 수 있었다. 여기에 오디션프로그램이 등장하면서 청소년들에게 성형은 미인이 되기 위한 통과의례가 됐다. 또래 연예인을 보면서 상대적 박탈감을 느낀 청소년들이 외모에 관심을 가질 수밖에 없다. 더욱이 성형수술로 예뻐진 외모를 자랑스럽게 얘기하는 연예인이 TV에 등장하면 그 파급력은 엄청나다. 그래서 부모 몰래 성형외과를 찾는 학생이 늘어나기도 한다.[7]

'아이돌(idol)'은 우상이라는 뜻을 가진 단어이다. 이에 걸맞게 청소년들은 대부분 자신이 좋아하는 아이돌 가수나 연예인의 외모를 닮고 싶어 하는 경향이 있으며, 자신의 외모 중 마음에 들지

---

7) 조철·노진섭·최혜미, 「해맑은 얼굴에 왜 자꾸 칼을 들이대죠」(시사저널, 2013.07) 중 발췌.

않는 부위에 과도하게 집착하는 경향이 있다. 자기 또래의 연예인들이 성형을 통해 아름다운 외모를 갖게 되고 그들이 계속해서 여러 매체에 등장하고 있는 상황에서 미용성형의 유혹으로부터 벗어나는 것은 분명 매우 어려울 것이다.

청소년은 타 연령층에 비해 SNS와 매스미디어에 상당 시간 노출되며 수많은 정보와 지식을 이로부터 얻고 있다. 청소년기는 자아 정체성이 완전하게 확립되지 않은 상태이며, 미적 가치관역시 외부적인 요인에 의해 결정되는 경우가 많다. 그런데 대부분의 미디어는 은연중에 비슷한 외모의 기준을 충족한 사람들을 '미인'이라 추켜 평하며 지속적으로 등장시킨다. 그리고 사회의 미적 기준에서 벗어난 외모를 가진 사람들이 이를 이용해 웃음을 주려하기도 한다. 결국 매체는 청소년이 획일화된 미적 기준을 가지도록 강요하게 되는 것이다.8)

무엇보다 대중매체가 신체 조건의 차이 지각과 신체 이미지 모두에 영향을 준다는 점을 고려해 광범위한 파급효과를 지닌 대중매체를 통해 현실적이고 건강한 신체상을 제시하는 과정이 요구된다. 더불어 자신의 내면적 가치 개발이 중요한 일임을 인식시켜 줄 프로그램도 병행되어야 할 것이다. 청소년들 스스로도 자신의 몸에 대한 자아존중을 가지도록 노력하고 획일화된 미적 기준에 미혹되지 않도록 개성과 다양성을 존중하는 자세가 필요하다.

---

8) 박상진, 「외모지상주의로 만연해진 성형, 안전한 성형수술이 중요」(아시아뉴스통신, 2015.12) 중 발췌.

(4) 미디어의 영향

　결과적으로 대중매체는 사회가 제시한 특정한 미적 기준을 강요하고 전파하는 역할을 했다. 유비쿼터스시대의 대중매체는 획일화된 기준을 더 빠르고 강하게 세상에 옮겨 놓았다. 사람들은 미적 기준을 충족한 사람을 동경하고 그들에게 열광하기도 한다. '인간은 사회적 동물이다.' 집단으로부터 벗어나면 인간에게는 소외감과 외로움으로 우울증과 같은 문제가 생긴다. 결국 그들은 단순히 예쁘다는 이유보다 스스로 사회적 기준에 편승하기 위해, 또는 소외당하지 않기 위해, 외모에 집착하는지도 모른다. 그러나 대중매체가 보여주는 기준들은 모델이나 연예인이 아닌 일반인에게 너무나 가혹한 현실이며 성취하기 힘든 요소들이 존재한다. 결국 사람들은 본인의 노력으로 해결할 수 없는 외모를 최후의 수단이자 유일한 방편으로 성형을 선택하게 되는 것이다.

　이상적인 외모는 매스미디어를 통해 빠르게 전달될 뿐만 아니라, 좋은 신체적 외모에 행복과 성공이 양식화된 이미지로 융합되어 마른 신체의 문화적 이상이 강화되고 있다(Featherstone, 1991; 성영신, 1997). 이와 같은 매스미디어를 통한 외모에 메시지 전파는 개인의 가치관과 신체 이미지에 큰 영향(Heinberg, 1995)을 미치고 있다. 성인이 외모로 인해 취업과 결혼 등에 직접적 차별을 받은 경험이 없음에도 청소년들의 외모지상주의 가치관이 두드러지는 것은 학교와 가정 외에 정보를 접하는 대중매체의 영향이 그만큼 크다는 것에 있다. TV 오락프로그램은 청소년이 즐겨보는 것으로 외모지상주의 가치관에 상당한 영향력이 미치고 매스미디어는 치명적이다. 아직 어린 나이의 또래 집단 내에서도 외모지상주의가 자리 잡고 있으며, 가까운 1차 집단 내에서도 이미 외모를 중시해 사람을 평가하거나 차별하는 모습이 드러난다.

5. 해결방안 모색과 맺음말

오늘날의 사회는 의식적이든 무의식적이든 일정한 미적 기준을 노출시키고 또한 그러하기를 사회 구성원에게 요구하고 있다. 스스럼없이 계속되는 미적 기준과 아름다움의 홍수 속에 사람들은 이러한 미적 기준이 마치 공식처럼 여기게 되고 그 기준에 자신을 맞추려 열광한다. 그 과정은 자연스럽게 미용성형을 부추기고 사회에 팽배한 외모지상주의 의식은 이제 개인의 문제를 넘어 사회 병리현상으로 봐야 할 정도가 되었다. 물론 무엇보다 사회적 인식 전환이 전제돼야 하겠지만 그러한 변화 역시 개개인의 의식 변화가 선행되지 못한다면 미봉책이 되고 말 것이다. 획일화된 미적 기준으로만 사람을 판단하는 것이 아니라 저마다 지닌 고유의 개성과 내면의 아름다움을 찾아내고 존중하는 사회 구성원들의 이해와 소통이 절실하다고 본다.

"요즘에는 친구, 직장, 가족까지 서로에 대한 외모를 지적하는 문화가 당연하게 되어 있다. 서로 비교하면서 자신의 몸을 부정적으로 생각하게 되고 사회의 기준에 도달하려고 노력하고, 또 도달할 수 없는 기준을 주고 그것에 노력하도록 압박을 주며 자신의 몸에 대한 부정의 감정을 키우게 된다."

이와 같이 앞서 제시한 한국여성민우회의 인터뷰 내용은 우리 사회의 이러한 미적 기준에 위험성과 현실 문제를 잘 지적하고 있다.

사실 사람들의 모습은 저마다 다양하고 개개의 개성적 아름다움이 부여돼 있음에도 자신의 삶은 없고 사회가 제공하는 미적 기준에 빠져, 스스로 획일화 되는 모습이 안타깝기도 하다. 이런 사회에서는 '개성 있게 생겼다'는 말은 더 이상 칭찬이 되지 못한다. 사회는 외모 차별에 대해 문제의식을 갖지 못하고 당연한 것으로 여겨, 기준과 다른 외모를 위해 개개인이 극복해야 하는 문제로 만든다. 따라서 우리는 사회가 노출시키는 기준에 자신을 억지로 맞추기보다 자신의 외모에 자긍심을 가지고 경쟁력을 갖춘 긍정적 자존감을 세우는 일에 더욱 노력하는 마음가짐이 필요하다고 본다. 더불어 이러한 사회의 폐해를 줄이고 불합리한 구조를 현실적으로 견제할 규제 방안을 아래에 제시해 보겠다.

첫째, 대중교통 및 인터넷 성형광고의 규제가 필요하다. 대중교통을 매일 이용하는 수많은 사람들은 지속적으로 자극적인 문구나 비포, 애프터사진이 실린 성형광고에 노출되면서 성형에 대한 욕구를 가지게 될 수 있다. 또한 부실한 법적 규제의 이행으로 인한 과대광고도 많아 광고 내용과 실제가 달라 피해를 입은 사례들도 다수 발생하고 있다. 그리고 최근 미용성형 광고는 포털 사이트나 기사에 뜨는 배너광고에 그치지 않고 비슷한 상황의 다른 소비자가 쓴 듯이 보이는 후기 형식의 광고가 늘어나고 있다. '바이럴 마케팅'의 일종이다. 입소문과 같은 형태의 자연스러운 광고는 사람들에게 신뢰를 줄 수 있어 소비자를 현혹한다. 또한 모바일 웹 및 애플리케이션을 통한 광고도 급증하고 있다. 하지만 현재 의료법에 의해 시행되는 '의료사전광고심의' 대상에서 후기성의 광고나 모바일 웹, 모바일 애플리케이션 광고는 포함되지 않는다. 즉, 실질적으로 소비자에게 많은 영향을 주고 있으며 접근성이 높은 매체에 대해서는 규제가 되지 않고 있는 것이다. 이처럼 대중교통보다 더 접근성이 용이한 인터넷이나 모바일 애플리케이션의 성형광고 규제도 시급히 개선이 필요한 실정이다.

둘째, 성형 관련 TV 프로그램의 규제. 최근 TV에서는 성형 관련 프로그램이 늘어나고 있는데, 이런 프로그램들은 시청자들에게 성형에 대한 긍정적 단면만을 보여줌으로써 성형에 대한 욕구를 자극하고 있다. 그 결과 사람들의 불필요한 성형수술을 조장할 수 있고 TV 성형프로그램이 마치 하나의 광고로 이용되기도 한다. 한국여성민우회는 "렛미인은 의료법에 위배되는 사실상 불법 방송이자 1시간짜리 의료광고"라고 지적하며 비판의 수위를 높이고 있다. 그 이유로 "출연자의 행복 실현을 위한 방송처럼 연출되지만 그 이면은 어마어마한 제작비를 협찬 받는 방송사, 어마어마한 광고 효과를 노리는 성형외과의 이익이 존재한다."고 말한다. 현행 의료법 제56조(의료광고의 금지 등)는 방송을 통한 의료광고를 금지하고 있다. 하지만 일부 성형외과는 성형 TV 프로그램에 나오면서 방송을 통해 직, 간접적으로 광고를 한다. 이는 명백히 의료법에 위반되는 행위이며 여러 가지 사회문제를 노출시킨다.

이처럼 성형 관련 TV 프로그램은 '인생역전'이라는 타이틀을 내걸며 사람들에게 "나도 성형을 하면 저렇게 예뻐질 수 있겠지."

라는 막연한 환상을 심어주어 성형을 모든 문제의 해결책으로 인식하게 한다. 이는 곧 무분별한 성형을 불러일으킨다는 문제를 안고 있다. 또한 방송은 쉽게 알 수 없는 수많은 부작용이나 고통을 모른 채, 아름답게 변화하는 모습만 방영해 성형을 쉽게 결정할 수 있는 것으로 생각하게 한다. 이러한 문제들을 해결하기 위해서라도 성형 관련 TV 프로그램의 법적 규제가 시급한 현실이다.

셋째, 만19세 미만 청소년의 성형 규제다. 청소년은 성장이 완료되지 않은 상태다. 성형수술로 인해 뼈의 성장이나 연골의 성장에 영향을 줄 수 있기에, 향후 성장과정에서 신체에 변형이 생길 수 있어 매우 위험하기도 하다. 따라서 통상적으로 미용성형수술은 성장이 완료된 후에 시행하는 것을 권장하고 있다. 청소년들은 육체적, 정신적으로 미성숙한 상태로, 유행이나 호기심에 이끌려 섣불리 미용성형수술을 계획하는 일들이 많아 심각한 부작용에 시달릴 수도 있다. 그럼에도 양심 없는 일부 의료인은 돈벌이를 목적으로 얼짱 연예인에 준하는 인물들을 광고에 모델로 쓰거나, 수험생 할인 등의 상술을 앞세워 학생들을 현혹하고 있다. 향후 감당해야 할 환자들의 부작용은 제대로 공지하지도 않고 현재의 수익만을 취하는 이런 행태는 규제가 시급한 일이 아닐 수 없다.

넷째, 채용 시 외모 평가의 규제가 필요하다. 요컨대 블라인드 면접, 이력서에 사진 첨부 금지, 외모 외에 우선적인 평가 항목의 공식적 적용, 면접관 교육 등의 4가지 방안을 제시해 볼 수 있다. 블라인드 면접이 현실화되는 데는 많은 어려움이 뒤따를 수 있으나 재정적인 면을 고려했을 때 가장 효과적으로 외모로 인한 차별을 차단할 수 있는 방법이 아닐까 한다. 그리고 외모 차별을 줄이는 첫걸음은 증명사진을 부착하지 않도록 하는 것에 있다고 본다. 실제로 2012년 취업포털 사람인이 기업 인사담당자 776명을 대상으로 조사한 결과 이들 기업에서 59.6%는 입사지원서에 사진을 부착하지 않은 지원자를 탈락시킨 경험이 있다고 밝혔다. 2015년 서울 YMCA 시민중계실 조사결과 30대 기업 가운데 3개 기업은 구직자에게 신장과 몸무게 등, 신체사항을 기재하라고 요구한 바 있다.

외모 외에 우선적인 평가 항목들을 공식적으로 적용하는 방안도 있다. 면접관이 채점표에 창의성, 의사소통 능력, 질의응답 태도, 비전, 발전 가능성, 문제해결능력 등의 항목을 반드시 기재하도록 하고 만일 높은 점수를 부여했다면 어떠한 이유에서 그랬는지, 반대로 낮은 점수를 줬다면 무엇이 감점 요소가 되었는지를 구체적으로 작성해 문서화, 공식화하자는 것이다. 아울러 면접관 교육에 있어서도 이와 관련한 재교육을 실시해 절대 권력을 부여하기보다 인사담당자로서 외모에 구애됨 없이 기업에 필요한 인재를 선발할 수 있도록 해야 한다. 보다 합리적이고 공정한 평가가 이루어질 수 있도록 기업자체의 면접관에 대한 감사와 평가도 병행해야 할 것이다. 요컨대 기업에서 이러한 채용과정과 주요 평가항목, 취업 관련 사항을 자체적, 또는 의무적으로 실시하도록 한다면 의식 개선에 한결 도움이 될 것으로 본다.

동화 속 여자들 다른 시각으로 보기

김민지(2학년), 김유빈(2학년), 이채원(2학년)

1. 머리말

어릴 적 한 번쯤은 디즈니(Disney) 공주 영화나 동화책을 접한 기억이 있을 것이다. 돌이켜보면 철없고 예쁘기만 한 공주들, 왕자가 오기만을 바라는 공주에게 느꼈던 흥미와 일종의 동경은 지금 사뭇 다르게 다가온다. 신데렐라, 백설공주, 콩쥐팥쥐, 장화홍련, 인어공주 등 이러한 스토리의 고정된 전개나 유형화된 인물, 그 속에서 드러나는 이분법적 시선은 아이들에게 여과 없이 노출되어 심리적으로나 고정된 인식으로 성장 과정에 결코 적지 않은 영양을 줄 수 있기 때문이다.

첫째, 유아기 성 고정관념으로 블래이크 모어(Blake more, 2003)는 이 나이 아동들에게 머리 스타일이나 입는 옷, 갖고 노는 장난

감들이 성 고정관념과 위배될 수 있는지 물었는데, 반 이상의 아동이 그럴 수 없다고 보고했다. 또한 레인바흐 등(Leinbach, Hort, & Fagot, 1997)은 학령 전기의 유아들이 성별 차이에 따라 갖고 노는 장난감, 좋아하는 색깔, 입는 옷, 미래의 직업, 행동 등이 다르다는 생각을 가진다고 말한다. 성 고정관념이 내포된 은유, 예컨대 장난감 총은 남자아이, 인형은 여자아이, 등을 가진다는 것이다. 이 시기에 아동들은 성 고정관념에 노출되면서 점차 관념이 강화되는데, 이들은 성 고정관념적인 특성들이 생물학적인 성을 결정짓는 게 아니라는 것을 잘 이해하지 못한다(Berk, 2012).

둘째, 아동 중기와 청소년기 성 고정관념과 관련해, 아동 초기를 지나 약 만 5세가 되면 인지 능력이 증가하여 성 고정관념으로 인한 특징들이 이미 결정된 것이 아니고 성 특성에 의해 영향을 받는다는 것을 이해하기 시작한다(Berk, 2012). 이 시기 아동들의 성 고정관념 발달을 알아보기 위해 여러 연구가 실시되었는데, 성 고정관념은 연령이 증가함에 따라 점차 발달하며 약 11세가 되면 성인과 같은 수준으로 성 고정관념이 형성되는 것으로 보고했다(Best, 2001; Heyman & Legare, 2004).

캐나다에서 진행된 연구(Serbin, Powlishta, & Gulko, 1993)는 유치원생에서 초등학교 2학년에 이르는 아동들을 대상으로 이들이 어떤 성 고정관념을 갖고 있는지 알아보고자 했다. 이 시기의 아동들은 사회가 자신의 성에 대해 긍정적으로 갖고 있는 성격 특성에 대해 가장 많은 지식을 가지고 있었으며, 초등학생의 경우 긍정적인 여성의 특성과 부정적인 남성의 특성에 익숙해진다. 또한 이들은 학교 교육을 받게 되면서 학습 교과목에도 성 고정관

넘이 있다고 생각하게 된다. 예를 들어, 수학과 기계, 운동과 같은 영역은 남자아이들에게 적합하다고 느끼며, 음악이나 미술 같은 예술 영역과 읽기 영역은 여자아이들에게 적합하다고 생각했다 (Eccles, Jacobs, & Harold, 1990).

셋째, 성 고정관념은 환경적 요인에 의해 달라질 수도 있는데 여러 환경적 요인 중에 부모의 영향이 있다. 부모가 아이들의 성 고정관념 형성에 영향을 미치는지 여부에 대해 리톤과 롬니(Lytton & Romney, 1991)는 그 영향이 그리 크지 않다고 주장한다. 하지만 그렇다고 해서 부모의 영향이 중요하지 않다는 의미는 아니다 (Berk, 2012). 무엇보다 부모가 아이들에게 미치는 효과가 특정 방향으로 그 방향성이 일치했기 때문이다. 부모가 아이들에게 미치는 성 고정관념의 영향은 유아기부터 나타난다. 예를 들어 부모는 남자아이에게 독립성이나 자기주장, 활동적인 행동을 하도록 하지만, 상대적으로 여자 아이에게는 정서적 감성이나 타인에게 의존하는 행동을 보이도록 격려하며 다양한 방법으로 이런 유도를 하고 있다고 말한다(Berk, 2012).

위의 내용을 근거로 유아기와 아동기는 성 고정관념이 만들어 지거나 적어도 어느 정도 일정한 영향을 준다는 것을 알 수 있다. 아동들이 가지고노는 장난감에서 고정관념이 형성될 수 있다는 사실은 아이들이 듣고 읽는 동화책[1]을 통해서도 고정관념이 형

---

1) 박성휘 기자, 「동화 속 '나쁜 계모' 어린이 '계부모 편견' 키운다」(유안진 조사), 경향신문, 1996.05.05. 유 교수는 이에 대해 "이런 동화들이 모두 계모로부터 괴롭힘을 당하는 여자 아이를 소재로 한 데다 여자아이들은 동화 속의 여주인공과 자신을 동일시하는 경향이 강하기 때문"이라고 분석했다. 또한 "최근 들어 이혼과 재혼이 늘어 계부모가 많아지는 현실을 감안할 때 계부모에 대한 편견을 조장하는 이런 전래동화들은 개작하거나 이를 바로잡는 어린이 독서 교재 개발이 시급하다."고 지적한다.

성될 수 있음을 짐작케 한다. 또한 부모가 아이들에게 유도하는 행동 유형과 동화 속 여자들의 행동 패턴의 유사성은 아이들로 하여금 의존적 행동과 성향을 당연시 할 수 있음을 간과해서는 안 될 것이다.

2. 성냥팔이 소녀

1) 줄거리 요약

새해를 하루 앞 둔 밤, 한 굶주린 성냥팔이 소녀가 추운 거리를 걷고 있다. 성냥을 팔지 못하면 집에 돌아갈 수도 없는 소녀는 꽁꽁 언 손을 녹이기 위해 성냥 한 개비를 긋는다. 그러자 빨갛게 타오르는 불꽃 속에서 온갖 환상이 소녀 앞에 나타난다. 첫 번째 성냥은 큰 난로가 되고, 이어서 맛있는 음식이 차려진 식탁, 그리고 예쁜 크리스마스트리가 나타나는데, 크리스마스의 트리에 달린 불빛은 높은 하늘로 올라가 밝은 별이 되었다. 그 불빛 속에 할머니가 나타나자 소녀는 자신도 그곳으로 데려가 달라고 부탁한다. 소녀는 할머니를 계속 머물게 할 양으로 남은 성냥을 몽땅 써버린다. 그러자 사방은 밝아지고 소녀는 할머니에게 안긴 채 하늘 높이 올라간다. 추운 밤이 지나고 날이 밝자 소녀는 미소를 띤 채 죽어 있었다. 그러나 소녀가 어떤 아름다운 것을 보았는지, 얼마나 축복을 받으며 할머니와 함께 즐거운 새해를 맞이하였는지 아는 사람은 아무도 없었다.

2) 사회학적 시선

북적이는 지하철 안에서 남루한 할머니가 파는 껌 하나 사려고 하지만 왠지 주위사람 시선이 부담스럽고, 이렇게 많은 사람들 중 누군가는 사주겠지 하는 마음에 선뜻 행동으로 옮기기를 꺼려 하게 된다. 불쌍한 할머니를 보면 마음이 찡해지는 감정에는 변함이 없는데도 말이다. 아마도 우리의 선택행동에 영향을 주는 요인이 의식적인 것만은 아닌 것 같다. 대표적인 영향요인으로 선택시점에서의 '상황'이 있다. 내 의지와는 달리 남의 의견을 따르거나 혹은 모른 척 외면하는 경우가 바로 그 예다.

(1) 집단의 익명성 속 방관자

① 빕 라타네와 존 달리(B. Latane and J. Darley)의 실험 1
• 상황 설정:
  –실험 참가자들이 설문지를 작성하고 있는 강의실
  –갑작스런 연기가 새어 나오는 상황을 연출
• 실험 결과: 더 많은 사람들이 있는 상황에서는 연기가 강의실에 가득한 상황에서 어느 누구도 신고하지 않았을 뿐만 아니라 이 상황을 대수롭지 않게 간주했다. 그 이유는 다른 학생들이 전혀 신경 쓰지 않았기에 굳이 뛰쳐나가 신고할 필요가 없다고 판단2)했기 때문이다.

---

2) 방관자 효과(diffustion of responsibility, the bystander effect)는 집단 속에 있을 때 우리는 종종 내 의지와는 다른 판단과 선택을 하게 된다. 혼자라면 판단이나 행동에 대한 책임

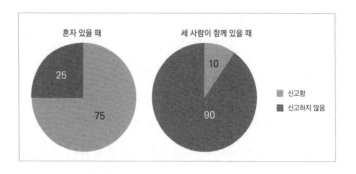

혼자 있을 때	세 사람이 함께 있을 때
25 / 75	10 / 90

■ 신고함
■ 신고하지 않음

② 빕 라타네와 존 달리(B. Latane and J. Darley)의 실험 2

• 상황 설정:

　－실험 참가자를 한 방에서 기다리게 한다.

　－옆방에서 연기를 나게 한다.

　－이때 실험 내용을 모르는 진짜 참가자는 한 명이고 나머지
　　사람들은 연구조교들이 실험 참가자로 위장한 것이다.

• 실험 결과: 발작소리를 듣고 밀실에서 뛰쳐나와 도움을 요청한
　이는 총 실험에 참여한 72명 중 단 31%였다. 연구조교들은 연
　기가 옆방에서 들어와도 가만히 있으면, 상황을 모르는 실험
　참가자는 눈치만 보면서 가만히 있게 된다. 방에 혼자 있게 되
　면 연기가 들어올 때, 불이 났는지 위급한 상황인지를 확인하
　려는 움직임을 보다 빠르게 보인다. 이는 자기 말고는 상황에
　대처할 수 없다는 판단3)에서다. 그러나 옆에 누군가 한 명이라
　도 있게 되면 행동하는 시간이 더 늦춰지게 된다.

감을 의식하지만, 집단 속에 있다면 그 책임감은 쉽게 회피하게 되는 것이다.

3) 책임감 분산(Diffusion of responsibility)은 사건을 목격한 사람이 많을수록 개인이 느끼는
　책임감은 상대적으로 적어지는 반응을 말한다.

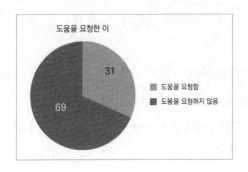

도움을 요청한 이

31
69

■ 도움을 요청함
■ 도움을 요청하지 않음

③ 막스 링겔만(M. Ringelmann)의 실험

개인이 아닌 집단 속에서 발생하는 책임감 회피를 '사회적 태만'
이라고 지적했다.

• 상황 설정: 1인에서 3인, 8인으로 점점 밧줄을 잡아당기는 사람
의 숫자를 늘린다.

• 실험 결과: 한 사람이 혼자서 당길 때에는 평균 63킬로그램이던
것이 세 사람이 함께 당기면 160킬로그램으로 증가하며, 여덟
명이 함께 당길 경우에는 248킬로그램으로 늘었다. 하지만 일
인당 힘의 크기는 급격히 감소한다는 것을 알 수 있다. 이렇게
사회적 태만은 군중의 크기가 클수록 증가하는 경향을 보인다.

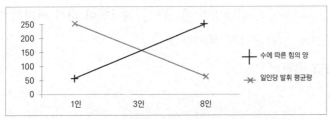

▶ 밧줄을 잡아당기는 사람의 수가 많아질수록 발휘되는 전체적인 힘의 양은 증가하겠지
만 정작 일인당 발휘하는 힘의 평균량은 감소했다.

(2) 집단 소외감이 두려운 순응자

- 윌리엄스(Williams)의 견해: 집단의 소외경험은 신체적 고통을 느낄 때와 비슷한 뇌의 움직임을 유발한다.
- 스텐리 밀그램(Stanley Milgram)의 견해: 복종과 순응을 구분함. 형식적인 권위의 명령에 따른 것이 복종이라면 명령하는 사람이 없음에도 스스로 주변 동료들의 행동을 따라 하는 것이 순응이다.
- 로버트 시알디니(R. Cialdini)의 견해: 방관자 효과를 줄이기 위해서는 "군중에서 한 사람을 따로 떼어내라. 다른 사람이 아닌 바로 그 사람을 정확히 가리키고 똑바로 바라보며 도움을 요청하라"고 제안한다.

① 솔로몬 애쉬(Solomon Asch)의 실험
사람이란 기본적으로 부화뇌동하는 존재이며, 진리를 추구하기보다는 다른 사람과 보조를 맞추려 하는 존재라고 가정했다.
- 상황 설정: 누구라도 차이를 구분할 수 있는 명백한 질문을 5명으로 이루어진 집단에게 던진다. 앞에 4명이 전혀 얘기치 않은 오답을 정답이라고 제시한다.
- 실험 결과

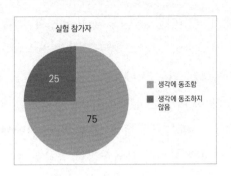

실험 참가자

■ 생각에 동조함
■ 생각에 동조하지
않음

25

75

② 피그만 사건에 대한 어빙 제니스(I. Janis)의 견해

피그만(The Bay of Pigs) 침공은 1961년 4월 16일에 쿠바 혁명정권 카스트로가 사회주의 국가선언을 하자 다음날인 4월 17일 미 중앙정보국(CIA)이 주축이 돼 쿠바 망명자 1500명으로 '2506 공격여단'을 창설해 쿠바를 침공한 사건이다.

1961년 4월 감행된 미국의 쿠바 침공 작전이 집단의 판단에 순응함으로써 잘못된 의사결정을 내린 대표적인 사례라 하였다. 당시 대통령 케네디의 유능한 참모들 중 몇몇은 "지금까지 당연하다고 여겨졌던 집단의 합의를 깨뜨리고 싶지 않았기에 자신의 생각을 감히 입 밖으로 꺼내지 못했다."고 그 이유를 말했다. 집단적인 합의 그것도 강력한 힘을 배경으로 한 집단적 합의라면 쉽게 동조하기 마련이다.

어빙 제니스에 따르면, 집단에의 순응의 가장 큰 위험은 소속감으로 인해 집단이 처한 위험에 대한 눈을 감는 현상으로 나타난다. 이는 위험을 감수하려는 용기에도 눈을 감는 것이다.

③ 차트란드와 바르그(Chartrand and Bargh)의 연구
대화 도중에 상대방이 자신의 행동을 더 많이 따라 할수록 그 사람을 더 좋아하게 되었기 때문에 동조현상이 더 잘 일어난다. 자신과 상호작용하고 있는 상대방의 자세, 독특한 버릇, 얼굴 표정, 기타 행동을 무의식중에 흉내 내는 현상. 집단에의 동조현상은 의식적인 상태뿐 아니라 무의식적인 동참을 통한 동조현상도 일어난다. [카멜레온 효과(chameleon effect)]

④ 익명성에 대한 실험
아이들에게 할로윈 사탕을 나눠줄 때 가장 먼저 사탕을 바구니에서 집어 든 아이가 하나가 아닌 여러 개를 집었다면, 83퍼센트의 아이들 역시 사탕을 한줌씩 집어 든다고 한다. 하지만 집 주인이 아이들에게 이름과 사는 곳을 물어보자, 맨 처음 집어 든 아이와는 무관하게 67퍼센트 아이들이 사탕을 하나씩만 가져갔다. 이번에는 혼자 방문해서 이름과 사는 곳을 말해야 했던 아이들 중 단지 8퍼센트만이 하나 이상의 사탕을 집어갔다고 한다. 이처럼 아이들의 이름과 사는 곳을 상기시킴으로써 아이들의 익명성을 제거하자 집단의 행동에 동조하려는 경향은 매우 낮았다.

3. 백설공주

1) 줄거리 요약

옛날에 한 왕비가 눈처럼 하얀 피부, 앵두처럼 붉은 입술, 흑단처럼 검은 머리를 가지고 태어난 자신의 딸에게 '백설'이라는 이름을 지어주고 얼마 되지 않아 세상을 떠난다. 시간이 흐르고 왕은 새 왕비를 맞이하였는데, 그녀에게는 마술거울이 하나 있었다. 왕비가 거울에게 "거울아, 거울아, 이 세상에서 누가 제일 예쁘지?"라고 물을 때마다 그 거울은 "그야 물론, 왕비님이십니다."라고 대답하곤 했다. 백설공주가 7살이 되던 해의 어느 날, 왕비는 여느 때처럼 자신의 아름다움을 확인 받으려 거울에게 질문을 하지만, 거울은 "왕비님도 아름다우시지만, 백설공주가 더 아름답습니다."라고 대답을 한다. 이에 엄청난 질투를 느낀 왕비는 사냥꾼에게 백설공주를 숲으로 데려가 죽인 후, 그녀의 폐와 간을 가져오라고 명령한다. 하지만 백설공주를 사랑했던 사냥꾼은 돼지의 폐와 간을 가져가고 그녀를 놓아준다. 숲 속에 남겨진 백설공주는 일곱 명의 난쟁이가 사는 작은 오두막을 발견하게 된다. 이후 집안일을 도와주며 그곳에서 은신하지만, 왕비의 거울은 여전히 백설공주가 더 아름답다고 대답했기에 그녀가 살아 있다는 것이 밝혀진다. 왕비는 백설공주를 없애기 위해 오두막으로 찾아가 끈으로 그녀의 목을 조르고 또 독이 묻은 빗으로 머리를 빗게 하지만, 그때마다 백설공주는 난쟁이들의 도움으로 목숨을 구한다. 하지만 왕비의 마지막 계략이었던 독이 든 사과를 먹고 백설공주는 결국 세상을 떠나고 만다. 슬픔에 잠겨 있던 난쟁이들 앞에 이웃 나라 왕자가 나타나는데, 그는 관 속에 누워 있는 백설공주의 아름다움에 이끌려 그녀에게 키스를 한다. 그러자 백설공주의 목에 걸려 있던 독사과 조각이 튀어나오고 그녀는 다시 깨어나게 된다. 그동안 있었던 일들을 알게 된 왕자는 사악한 왕비에게 달군 쇠로 만든 신발을 신게 한 후 죽을 때까지 춤을 추도록 하는 벌을 내리고, 백설공주와 결혼하여 오래오래 행복하게 살았다는 내용이다.

2) 인문학적 시선

1857년 그림형제 당시 출판한 최종본 독어원전과 한국어 해석에 대한 내용이다.

"Und weil das Rote im weiß en Schnee so schön aussah, dachte sie bei sich 'hätt ich ein Kind so weiß wie Schnee, so rot wie Blut, und so scwarz wie das Holz an dem Rahmen.' Bald darauf bekam sie ein Töchterlein, das war so weiß wie Schnee, so rot wie Blut, und so schwarzhaarig wie Ebenholz, und ward darum Sneewiß chen gennant(새하얀 눈 속에 있는 그 붉은 것이 얼마나 아름답게 보였던지, '눈처럼 새하얗고, 피처럼 붉고, 창틀의 나무처럼 검은 아이를 가질 수 있다면' 하는 마음을 그분은 품었지. 얼마 안 있어 그분은 딸아이를 보게 되었는데, 눈처럼 새하얗고, 피처럼 붉고, 흑단 나무처럼 거무스름한 머리카락을 가진 아이였어, 그래서 '새하얀 눈 아이'라 불렀지)."

필자가 찾아본 1857년 그림형제 당시 출판한 최종본 독어원전에서 그려진 '백설공주'에는 '공주(Prinzessin)'라는 말이 단 한자도 나와 있지 않다. 단지 한국어로 해석할 당시 '여왕(Königin)'이라는 단어에서 뜻을 짐작해 공주라고 하였지만 이름을 이렇게 함부로 바꾸어 부름으로 인해 주인공은 공주의 이미지에 맞게 마냥 귀엽고 연약하게 그려지는 것에 일조하지 않았을까 한다. 또한 번역의 문제도 고려해야 하겠으나 직접적으로 머리카락이 검고 피부가 희며, 입술은 빨갛다고 언급하지 않았다. 단지 색으로 형용했을 뿐이다. 더욱이 이 시기 독일에서 검은머리는 '마녀'를 상징했다고 하는데, 우리의 동양적 시선으로 검은 머리의 생기발랄한 여아를 생각한 것은 아닌가 하는 판단이다.

"Und wie sie hineintrat, erkannte sie Sneewittchen, und vor Angst und Schrecken stand sie da und konnte sich nicht regen. Aber es waren schon eiserne Paroffeln über Kohlenfeuer gestellt und wurden mit Zangen hereingetragen und vor sie hingestellt. Da muß te sie in die rotglühenden Schuhe treten und so lange tanzen, bis sie tot zur Erde fiel(그 여자 앞엔 신발(실내화)이 놓여 있었는데, 쇠로 되어 있었어. 쇠 신발이 석탄불에 달구어진 채, 부젓가락으로 옮겨져 있었던 게지. 그러자 그 여자는 붉게 이글거리는 그 신발 속으로 발을 들여놓고 놀아날(춤을 출) 수밖에 없었어. 죽어서 땅에 널브러질 때까지 말이야)."

필자가 어릴 때 읽었던 동화와는 사뭇 다른 잔인함의 여운을 주는 결말이기도 하다. 물론 현재 우리나라에 동화 '백설공주'가

1174[2015년 12월 기준, 동화 백설공주 검색 결과 유아(616), 어린이(558)] 편에 달하는 것을 생각하면 이런저런 결말이 있을 수 있겠다. 하지만 이런 결말에서 백설공주만의 행복을 찾는 것은 또한 마냥 기쁠 수만은 없는 잔혹함이 드러난다. 설령 오래오래 백설공주가 행복했을지라도, 이 결말은 인도적 차원에서 굳이 생각하지 않아도, 동화적 차원에서 마냥 혼자만 행복하고 아름다운 결말은 아니라는 점이다.

3) 사회학적 시선

(1) 청소년에 대한 관대한 처벌

보은경찰서는 지난 14일 생활안전과장 등, 내·외부위원 6명이 참석한 가운데 청소년선도·보호를 위한 제4차 청소년선도심사위원회를 개최했다. 선도심사위원회는 경미한 소년 범에 대해 맞춤형 사건처리를 함으로써 낙인효과 제거 및 전과자 양산을 방지함과 동시에 지역 사회 내 유기적 협력체계를 통해 청소년 범죄 피해자, 가출청소년 등에 대한 선도·지원을 강화하기로 의견을 모았다. 이 같은 의견도출에 따라 이날 열린 선도심사위원회에서는 A군(18세)의 폭행 사건에 대한 심사가 이루어져 대상자의 가정형편, 범죄경력, 반성태도 등을 전반적으로 고려해 만장일치로 선도조건부 훈방키로 의결했다. 최성영 서장은 "자라나는 청소년은 처벌보다 범법행위 후 사후관리가 더욱 중요하며 앞으로도 청소년 재범요인을 파악해 청소년들이 올바른 길로 성장하도록

적극 노력할 방침"이라고 말했다.[4]

현행 형법상 미성년자의 기준은 만 14세 미만으로 '형사 미성년자'의 범행은 처벌할 수 없으며, 만 10세 이상 만 14세 미만의 '촉법소년(촉법이란 형법에 저촉되는 범법 행위를 의미한다)'의 경우에는 형사처벌을 받지 않고 소년법에 따라 '보호처분'을 받는다. 소년법상 인정되는 보호처분으로는 ㉠ 보호자 또는 적당한 자의 감호에 위탁하는 것, ㉡ 소년보호단체·사원 또는 교회의 감호에 위탁하는 것, ㉢ 병원, 기타 요양소에 위탁하는 것, ㉣ 감화원에 송치하는 것, ㉤ 소년원에 송치하는 것, 보호관찰에 붙이는 것 등이 있다. 모 국회의원은 2012년 12월 형사미성년자 기준연령을 만 14세 미만에서 만 12세 미만으로 낮추는 형법 개정안을 국회에 발의했고, 2013년 11월에는 촉법소년 기준을 만 12세 미만으로 낮추는 소년법 개정안을 국회에 발의하기도 했다. 형법이 제정된 1953년과 비교할 수 없을 정도로 청소년들의 정신적·육체적 성장이 빨라졌다는 이유에서다. 경찰청에 따르면 촉법소년이 저지른 범죄는 2011년 9,500건, 2012년 14,000건, 2013년 9,928건으로, 이 중 강도·성폭력·방화 등 강력 범죄는 2011년 363건, 2012년 432건, 2013년 413건으로 증가하는 추세다. 이와 관련해 촉법소년의 연령을 현행보다 낮추어야 한다는 주장이 고개를 들고 있는데, 그 근거로는 첫째, 학교 폭력도 초등학교 6학년과 중학교 1학년이 가장 빈도가 높고 범죄 수준의 폭력이 많은데 처벌은 솜방망이 수준이며 피해자의 인권이 전혀 보호되지 못하고 있고, 둘째, 형사

---

4) 주현주 기자, 「청소년 범죄 처벌보다는 선도에 방점」(충청일보 기사2-1 발췌, 2015.12.15).

처벌을 받지 않고 풀려난 청소년들의 보복범죄가 늘어나고 있어 제2, 제3의 청소년 범죄를 양성하고 있으며 셋째, 형사미성년자 나이를 14세로 정한 이유는 그때가 2차 성징이 나타나는 나이였기 때문인데 현재는 아이들의 육체적 성장 수준이 달라진 만큼 형사책임을 지는 나이도 낮추어야 한다는 것이다.[5]

(2) 백설공주는 가출청소년이다.

(…중략…) 가출은 그 자체만으로 문제의 소지가 될 수 있지만 가출하여 발생하는 범죄의 심각성은 사회적으로나 청소년 교육에 커다란 문제가 된다. 지난 2014년 4월 부산소재 경찰서에서 조사를 받고 나온 한 여학생은 일명 '가출팸'과 함께 지내다 자신이 성폭행을 당했다는 신고를 하여 수사상에 올랐는데, 가출팸들은 가출여학생에게 숙식을 제공하는 대신 성매매를 알선하거나 가출팸의 성관계 상대방으로 성폭행을 했다는 혐의가 밝혀졌다. 이렇듯 하나의 예를 들어 보아도 범죄 심각성이 크다. 하지만 통상 적으로 가출청소년과 관련된 처벌은 유인행위, 성매매, 성폭력, 갈취 등인데 만13세 이상 청소년들이 스스로 가담했다는 자의성이 반영된다면 '실종아동 등의 보호 및 지원에 관한 법률 제 7조, 미신고보호행위(이하 생략)인 처벌 17조, 벌칙 7조 위반 에서 정당한 사유 없이 실종아동을 보호한 자는 5년 이하의 징역 또는 3천만 원 이하의 벌금형'에 처하도록 돼 있다는 처벌규정을 적용하기 애매 하다는 것이다. 게다가 가출청소

---

5) 조성천, 「청소년범죄 처벌 연령에 대한 논의 필요해」(중도일보 기사2-2 발췌, 2015.11.05).

년인 사실을 알고 방을 내주었거나 함께 데리고 있었다 해도 실종신고 사실을 몰랐다면 죄를 묻기가 힘들고 청소년은 법의 경계선상에서 있어서 범죄사실을 확정짓기가 쉽지 않다. (…중략…)6)

"왜, 그럴 수도 있어! 이제부터라도 착하게 살면 되지!" 우리는 그 이제부터가 언제부터인지 생각해야 한다. 왜 청소년의 범죄가 어른의 범죄와 '동일'해도 처벌을 받지 않을까? 과장해서 표현하자면 주민등록상 '청소년'으로 여겨지는 나이에 한 잘못과, 불과 하루, 이틀 차이임에도 '성인'으로 분류되는 나이에 한 잘못은 다른 범죄인 마냥 다른 처벌을 받게 되는 것일까. '청소년'이라는 이름에 너무나도 관대한 사회는 결국 그 청소년들이 '성인'이 되었을 때는 다시 후회하게 될 것이다.

(3) 백설공주, 그리고 그녀를 사랑한 일곱 난쟁이

난쟁이, 그들은 남자다. 동화 속 인물의 시각이나 스토리 전개를 보아도 그들은 백설공주를 사랑한 남자임에 틀림없다. 글에서 일곱 명의 남자와 동거하지만, 그 어떤 동화도 이를 미화하지 않은 것은 없다. 가출청소년을 받아준 일곱 난쟁이, 그들이 남자라는 사실을 잊은 가운데 동화는 전개되지만 사실만을 놓고 보았을 때 다소 위험한 동거였다는 점에서 난쟁이를 다시 생각해 봐야 한다.

---

6) 윤차돌, 「가출 청소년의 범죄 그 애매한 처벌법, 이대로 괜찮은가(기고)」, 인천남동경찰서 정각지구대 기사2-3, 2015.07.28.

중년 남성과 16살 소녀의 사랑, 일곱 명의 동시다발적 사랑도 가능하다면 이런 난쟁이를 받아들이는 백설공주의 태도는 어떠한가. 과연 일곱 난쟁이가 퍼부은 사랑만큼 성숙했을까? 감히 그렇지 않다고 본다(7명과 1명의 사랑일지라도 7명을 한명의 개인으로 취급하여 본다면). 어느 한쪽도 균형을 잃지 않을 사랑을 했을까? 일곱 난쟁이가 백설공주를 위해 일을 하고 한 명의 여자를 서로 돕기 위해 애를 쓰는 것만큼 그들의 말을 새겨들을 정도로 백설공주는 일곱 난쟁이를 생각했냐는 말이다. 이것 또한 쉽지 않다고 본다. '일곱 난쟁이의 경고'에 대한 백설공주의 반응에 있다. 한 번은 가슴 끈으로, 이어 독 묻은 빗으로, 마지막은 사과로, '죽을 행동'만 골라서 했던 철없고 경솔한 백설공주는 단 한 번도 제대로 일곱 난쟁이의 걱정 어린 시선을 고려하기는 했을까. 일곱 난쟁이의 경고를 잊어버릴 정도로, 어쩌면 그녀는 소비 욕구를 충족해야 할 만큼 충동적이고 이기적이었다. 이런 백설공주를 지나치게 순수함의 고정된 시선만으로, 가엽고 어여쁘게만 바라보아야 하는 것인가. 다양한 이해의 몫이 필요하다고 본다.

4. 인어공주

1) 줄거리 요약

먼 바다의 바다 왕에게는 여섯 명의 공주가 있었다. 모두가 아름답고 예쁜 마음씨를 가졌는데, 그중에서도 막내 공주는 호기심이 많으며 조용하고 사려 깊었다. 공주들은 열다섯 살이 되면 물 위로 헤엄쳐 올라 인간 세상을 구경할 수 있었는데, 막내 인어공주도 열다섯 살이 되던 해에 바다 위의 인간 세상을 구경하러 간다. 물 밖 세상을 구경하던 인어공주는 배 갑판 위에 있는 잘생긴 왕자를 보고 사랑에 빠지게 되고, 왕자가 탄 배가 난파되어 왕자가 죽을 위기에 처하자 그를 구해 해안가로 데려온다. 잠시 후 사람들이 왕자를 데려가고 인어공주는 다시 바다 속으로 돌아온다. 그러나 왕자를 사랑하게 된 공주는 혹시 왕자를 만날 수 있지 않을까 하는 생각에 아침, 저녁으로 해안가에 가보지만 왕자를 만나지 못한다.

인어공주는 왕자가 다른 사람과 결혼하면 그녀가 물거품이 되어 버린다는 마녀의 말에도 불구하고, 자신의 아름다운 목소리를 마녀에게 주는 대신 인간의 다리를 얻어 왕자의 궁전에 도착한다. 왕자는 인어공주가 자신의 생명을 구해주었다는 것을 알지 못하고 인어공주에게 그녀가 누구인지, 어디서 왔는지 묻는다. 하지만 마녀에게 목소리를 빼앗긴 인어공주는 대답하지 못한다. 왕자는 인어공주를 아끼고 귀여워하지만 이웃 나라의 공주와 약혼식을 올린다. 왕자의 약혼식날 밤에 인어공주의 언니들은 자신들의 머리카락을 마녀에게 주는 대신 칼을 하나 가지고 인어공주를 찾아온다. 언니들은 인어공주에게 칼을 주며 왕자의 심장을 찌르면 다시 원래의 모습으로 돌아올 수 있다고 말한다. 하지만 왕자를 사랑했기에 인어공주는 그 칼을 파도 속에 던져버리고 결국 물거품으로 변해버리고 만다.

하지만 우리가 알고 있는 또 다른 결말은 인어공주가 물거품이 되어 사라지는 슬픈 결말을 어린이들에게 보여줄 수 없었기에, 디즈니는 결말 부분을 각색했다.

(…중략…) 다음 날 에리얼은 에릭 왕자가 정체불명의 여인과 결혼한다는 사실을 알게 된다. 에리얼을 뒤로하고 결혼식이 열리는 바지선은 떠나간다. 갈매기 스커틀은 바네사의 정체가 어슐라임을 알고 이를 에리얼에게 알려준다. 에리얼과 플라운더는 바지선을 쫓아가며, 세바스찬은 트라이튼에게 이를 알린다. 스커틀은 결혼식을 방해한다. 여럿의 도움으로 어슐라의 목에 걸려 있던 앵무조개 껍데기는 깨지고, 에릭에게 씌어 있던 최면은 풀리며 에리얼도 본래 목소리를 되찾는다. 에리얼이 자신을 구한 여자임을 안 에릭은 달려가 그녀에게 입 맞추려 하나, 태양이 지면서 에리얼은 본래 인어의 모습으로 되돌아간다. 어슐라는 본래 모습으로 되돌아간 뒤 에리얼을 납치한다.

트라이튼은 어슐라와 대면하게 되나 어슐라와 에리얼이 가깝게 붙어 있기 때문에 힘을 쓰지 못한다. 트라이튼은 딸을 인질에서 풀어 주는 대신 자신은 어슐라에 의해 폴립 모습으로 퇴화된다. 어슐라는 트라이튼의 왕관과 삼지창을 갖고 자신을 바다의 여왕으로 칭하면서 기뻐한다. 에릭 왕자가 물속에 뛰어들어 어슐라에게 작살을 던지고, 어슐라는 플롯섬과 젯섬 둘을 전투 와중에 실수로 죽이게 된다. 분노한 어슐라는 거대화되어 트라이튼의 삼지창을 이용하여 막대한 소용돌이를 만들어낸다. 소용돌이로 인해 에릭의 사령선을 포함한 여러 척의 배들이 대파된다. 어슐라가 에리얼을 처치하기 직전, 에릭 왕자는 깨진 보우스플릿을 어슐라의 배에 꽂아 넣고, 어슐라는 큰 폭발을 일으키면서 최후를 맞는다.

결국 그녀의 힘도 사라지고 트라이튼을 포함하여 어슐라에 의해 폴립 속에 속박되어 있던 인어족들이 해방된다. 이후 트라이튼은 에리얼을 삼지창의 힘으로 인간으로 만들어 주고, 에리얼은 에릭에게 달려가며 둘은 입맞춤을 한다. 인어족들과 많은 사람들이 둘러싼 가운데 에리얼과 에릭의 결혼식과 함께 막을 내린다.

2) 사회학적 시선

무엇이 인어공주가 자신의 목소리를 포기하게 만들었는가. 바로 자신이 '인어'라는 한계점이다. 이를 극복하고자 그녀는 자신의 목소리를 포기했다. 과연 그녀의 선택은 합리적이었다고 볼 수 있는가. 자신의 이루어질 수 없는 상황을 위해 목소리를 내어 주고 결말을 예측하지 않은 점은 이치나 논리에 합당하지 않으며, 인어공주의 목적이었던 '결혼'을 달성하지도 못했으니 합리적인 선택을 하지 못했다고 할 수 있다. 무엇이 그녀를 합리적이지 못한 선택을 하게 했을까. 그것은 자신의 겉모습이다.

그녀를 죽음으로 내몬 또 한 가지 이유는 그녀가 저지른 '생각의 오류'에서 시작되었다. 자신이 인어임에도 인간과 '결혼하고 싶다.'라는 마냥 비현실적인 생각은 애초부터 그녀의 사랑이 만든 눈가리개로 인한 것이었다고 예상한다. 하지만 그 '생각의 오류'에서도 보이듯, 결혼에 대한 결정과 사랑에 대한 적극적인 표현은 남성의 몫이며, 결혼에 대한 소극적 결정과 사랑 표현에 대한 순응이 여성의 몫이라는 것에서 비롯했다. 또한 이 동화가 만들어질 즈음 만연해있던 남성중심 의존주의와 가부장적 사회관은 '그녀의 사랑'을 곧 사랑하는 남성을 위해 무엇이든 하는 '순종적 여성상'으로 반영한 것이라 하겠다. 이 시대라면 이해되기도 하겠으나 현대사회의 어린이들이 이러한 동화를 읽고 당시 사회관까지 참작해가며 이해해 주리라는 믿음은 다소 무리가 있다고 본다. 자신도 모르는 사이 동화 속에 노출된 관념이 자리잡기 쉽다는 사실을 결코 가볍게 볼 일은 아닌 것이다.

5. 콩쥐팥쥐

1) 줄거리 요약

콩쥐의 어머니가 죽자 계모가 자신이 낳은 딸 팥쥐를 데리고 콩쥐의 집으로 들어온다. 계모는 콩쥐에게 갖은 구박을 하며 일을 시킨다. 하루는 계모가 콩쥐에게는 나무 호미를, 팥쥐에게는 쇠 호미를 주며 넓은 밭을 매라 한다. 팥쥐는 일찌감치 밭매기를 끝내고 집으로 갔지만 콩쥐는 부러진 호미 때문에 울고 있었다. 그때 하늘에서 검은 소 한 마리가 내려와 쇠 호미를 마련해 주고 밭을 대신 매준다. 어느 날 계모가 팥쥐만 데리고 외가 잔치에 가면서 콩쥐에게는 밑 빠진 독에 물 길어 붓기, 벼 찧기, 삼 삼기, 베 짜기를 마친 후에 따라오라고 한다. 콩쥐가 울고 있으니 두꺼비가 나타나 독의 구멍을 막아 주고, 새들이 날아와 벼를 찧어주고, 검은 소가 삼을 삼아 주며, 선녀가 내려와 베를 대신 짜

주고 잔치에 입고 갈 옷과 신발을 준다. 그런데 콩쥐는 잔치에 가다 신발 한 짝을 잃어버린다. 신발을 발견한 원님이 콩쥐에게 돌려주면서 결국 콩쥐와 혼인한다. 그러자 질투가 난 팥쥐가 콩쥐를 유인하여 연못에 빠뜨려 죽이고는 자신이 콩쥐인 양 행세한다. 꽃으로 환생한 콩쥐가 팥쥐를 괴롭히자 팥쥐는 꽃을 아궁이에 넣어 불태운다. 마침 불을 얻으러 온 이웃집 할머니가 부엌에서 구슬을 발견하고 가져간다. 구슬은 다시 콩쥐로 변신하여 자신을 알아보지 못한 원님을 깨우쳐 준다. 원님은 콩쥐의 시신을 찾아 살려 내고 팥쥐를 죽여 계모에게 보낸다. 팥쥐의 시신을 본 계모는 놀라서 죽는다.

또 다른 결말의 콩쥐팥쥐는 이와 같다. 콩쥐가 일찍 모친을 여의고 계모를 얻었는데 계모에게는 팥쥐라는 딸이 있었다. 계모는 콩쥐에게만 힘든 집안일을 다 시키니 콩쥐의 고생이 이만저만 아니었다. 하루는 팥쥐 모녀가 나라의 잔치에 가면서 강피를 찧어놓고, 밑 빠진 독에 물을 채워놓으라고 하였다. 콩쥐가 독 앞에서 울고 있으니 두꺼비가 나와 깨진 독을 등으로 막아 물을 채울 수 있게 해주었고 새들이 날아와 강피를 쪼아 찧어줬다. 암소가 옷 한 벌과 꽃신을 가져다주니 콩쥐가 그것들을 가지고 잔치에 갈 준비를 했다. 잔치에 가다가 그만 꽃신 한 짝을 잃어버렸는데, 김 감사(벼슬 이름)가 그것을 주워보고 '이 신의 주인이 나의 아내가 될 사람이다.' 하고 꽃신의 주인을 찾아 콩쥐를 부인으로 맞게 된다. 김 감사에게 시집가 잘 살고 있는 콩쥐를 보며 계모와 팥쥐가 작당을 한다. 그리고 팥쥐가 콩쥐를 찾아가 같이 목욕하자고 꼬드겨 콩쥐를 익사시킨다. 그리고 팥쥐가 콩쥐의 옷을 입고 콩쥐 행세를 한다. 김 감사가 달라진 얼굴을 보고 놀라 물어보니 팥쥐가 콩멍석에 엎어져서 그렇게 됐다고 거짓말을 했다.

　어느 날 김 감사가 연못가를 거닐다가 유달리 큰 연꽃을 보고 채취하여 신혼 방에다 장식한다. 연꽃은 콩쥐의 원혼이 변해서 피어난 꽃이며, 나중에 팥쥐가 연꽃을 보자 거기서 콩쥐의 유령이 나와 괴롭힌다. 이에 팥쥐가 연꽃을 아궁이에 넣고 불을 싸지른다. 그런데 이웃집 할멈이 아궁이 불씨를 빌리러 왔다가 영롱한 구슬을 보고 집으로 가져간다. 거기서 녹의홍상 입은 콩쥐가 나타나 할멈에게 자초지종을 이야기한다. 할멈은 자신의 생일이라고 김 감사를 초대하였고 일부러 길이가 서로 다른 젓가락을 놓아둔다. 그러자 김 감사가 젓가락을 두고 할멈을 나무란다. 이때 벽장 뒤에서 "젓가락 짝이 맞지 않은 것은 아시면서 왜 사람 짝 다른 것은 모르시오."하며 콩쥐 귀신이 나타나 사연을 이야기한다. 김 감사가 집으로 돌아와 연못물을 다 퍼내자 정말 거기서 콩쥐의 시체가 발견되었고, 이내 살아났다. 분노한 김 감사는 당장에 팥쥐를 잡아 감옥에 가두고 조정에 상소를 올린다. 그리고 팥쥐를 팔다리를 묶어서 소가 잡아당기게 하는 거열형으로 찢어 죽인다. 그리고 죽은 팥쥐의 인육으로 젓갈을 담아 팥쥐 엄마에게 보낸다. 계략대로 팥쥐가 성공하여 상을 보낸 줄 알고 젓갈을 먹었다가 죽은 팥쥐의 시체라는 것에 놀라 그 자리에서 죽어버린다. 콩쥐는 김 감사와 아들딸 놓고 잘 살았으며, 콩쥐의 아버지 또한 새 부인을 얻어서 잘 살았다.

2) 인문사회학적 시선

콩쥐팥쥐의 줄거리는 크게 잘 알려진 것이 위의 두 가지다. 두 가지 모두 잔인한 것이 사실이지만, 내용 모두 '신데렐라'를 포함한 다른 공주동화와 전개 상 닮아 있다. 콩쥐를 부모가 잔인하게 죽이는 면과 왕자님이 나온다는 점, 이러한 이야기 진행은 동서양을 아우르며 드러나는 동화적 패턴으로 자리 잡고 있다. 결국 동화는 '뻔한 패턴의 반복'이 재생되는 형식을 발견할 수 있는 것이다. 왜 그럴까. 생각해 보면, 인간이 추구하는 가치관이나 욕망은 대부분 비슷하다는 사실에 있다.

항상 주인공이 나이가 다소 어린 소녀라는 것을 감안했을 때, 주변에서 소녀를 지속적으로 괴롭혀줄 무언가가 필요하며, 그것을 부모 혹은 식구로 지정한 양상이다. 또한 이를 극복해 나가는 과정에서 자신을 구원해줄 '구원자'를 만나게 되는데 여기서 또한 갈등을 해결하고자 하는 욕망이 표출되기에 이른다. 하지만 항상 아름다운 여성이 주인공이고 남성 의존적 성향의 인물 유형은 물론, 당시 시대적 상황을 반영했다 할지라도 아쉬움이 남는 대목이 아닐 수 없다. 요즘 다소 이런 부분을 해소한 동화와 영화의 시도가 진행되기에 이르렀지만 그동안 쌓여오고 노출된 상당수의 고전동화가 어린이들에게 좋은 영향만 제공해 주지는 않았을 것이라 본다.

6. 맺음말

어찌 보면 동화가 담은 순수함은 동화이기에 어떠한 논리로도 해칠 수 없어 보인다. 그 동화가 설령 현대의 이해관계와 맞지 않더라도 동화는 어릴 적 아이들에게 꿈과 같은 환상적 이야기일 뿐이니 말이다. 세상이 동화만큼 교조적이지 않으며, 사람들의 삶이 "오래오래 행복하게 살았다."로 끝나지만은 않음을 생각해 본다면 동화 속 세상이 그리워지기도 한다. 한편으로 마음 한 쪽의 짓궂음이 '동화의 순수함도 마냥 순수한 것만은 아닐 것'임을 고려해, 우리가 접하는 고전동화를 통해 의식의 다양한 접근을 시도하고자 했다.

여자아이라면 어렸을 적 누구나 한 번쯤은 '공주가 된다면' 하는 상상을 해보았을 것이다. 동화책의 주인공이 된 것처럼 상상을 하고 자신을 주인공에 투영시키는 생각을 했다. 필자 또한 동화책의 '전형적인 틀' 안에서 그리 벗어나지 않은 채 상상을 펼쳤던 기억이 있다. 이번 보고서를 통해 작게나마 동화책의 '전형적인 틀'을 벗어나 고찰해 볼 수 있는 계기를 마련하고자 했다. 우리가 흔히 동화책을 읽을 때 아무런 고민 없이 받아들이는 몇몇 사실들에 대하여 반대의 상황을 가정해 보았다. 그리고 현재 사회에서 일어나게 될 결과 등을 예측해 궁구해 볼 수 있었던 것은 보다 다양한 시각을 열어줌과 동시에 동화의 이면에 전제된 고정된 의식들을 일깨워줬다.

동화는 그저 아름답고 순수한 정형된 틀의 이야기일 뿐인지 모른다. 하지만 동화는 일종의 시대적 의식과 편중된 의식이, 대중화된 가치들이 내재해 있음은 주지의 사실이다. 따라서 동화는 고정되고 정형화된 것이 아니며 사회, 인문학적 관점에서 봤을 때 충분히 다양한 해석이 가능해야 한다고 판단된다. 이에 동화의 텍스트를 접근하는 방편에서도 동화의 내용을 그저 일반화된 이야기로만 받아들이지 않고 끊임없이 분석하고 재해석할 수 있을 때, 비로소 동화의 다양한 이해의 접근과 가치는 더 높아지는 것이다.

사극을 통한 현대인의 역사 인식

: 드라마와 영화의 진실

길민우(2학년), 김현주(2학년), 이수진(2학년), 전서연(2학년)

1. 머리말

근래 봇물처럼 터져 나오는 역사물(역사를 주제로 한 작품으로 본고에서는 드라마, 영화 등에 한정한다. 이하 사극으로 표기)의 홍수 속에, 무심히 일선 교단에서 학생들에게 역사물을 권유하기도 하는 모습을 볼 수 있다. 이유는 학생들이 사극을 통해 역사를 접하게 되면 좀 더 쉽게 재미를 느낄 수 있기 때문이다.

하지만 최근에 제작된 사극을 보면 실사에 바탕을 두고 제작되어 시청자들에게 호평을 받는 작품이 있는가 하면, 터무니없는 역사 왜곡으로 시청자에게 돌연 외면을 당하거나 비판을 받기도 한다.

아직 역사에 대해 체계적으로 교육 받지 못한 학생들이 왜곡된 사극을 보고 자칫 그것을 역사적 사실로 인지해 버리는 일이 생긴다면 학생들의 역사교육에 첫걸음은 잘못된 인식에서 쉽게 벗어나기 힘들 수 있다. 이에 왜곡된 사극으로 인한 현대인의 바르지 못한 역사 인식 정도와 그 영향에 대해 설문조사 양식을 토대로 실태를 파악하고자 한다.

대상은 경기도 H고등학교 학생들과 교사를 모두 포함한다. 그리고 사극 속 배경과 실제 역사에 대해 얼마나 알고 있는지 조사하고 시청자의 역사 인식에 사극이 미치는 영향을 분석하겠다. 아울러 사극을 접할 때 바른 역사 인식을 위한 방안을 모색해 볼 것이다. 물론 여기에는 최근에 나온 사극 콘텐츠를 모두 대상으로 할 수 없다는 점과 사람들이 모르는 사극 속 배경이 나올 수 있음이 존재한다. 더욱이 대상의 연령에 따라서도 결과는 차이가 있음을 인정하면서 논의를 제언하고자 한다.

2. 사극의 종류

1) 팩션사극

영단어 'FACT'와 'FICTION'이 합쳐진 신조어로서 역사적 사실을 바탕으로 상상력을 더해 꾸민 허구의 이야기를 뜻한다. 영화 '관상'과 '광해'가 이에 속한다.

2) 정통사극

역사적 사실에 근거해 만든 사극으로 시청자들의 혼돈이 없도록 내레이션이 더해졌다. 특히 역사 수업에 많이 쓰인다. 역사물 '정도전', '징비록' 등이 이에 속한다.

3) 픽션사극

작가의 기발한 상상력과 화려한 감각, 탄탄한 극작법으로 무장한 새로운 사극으로, 때로는 실제 역사와 전혀 다른 내용을 전개하기도 한다. 영화 '조선명탐정'과 '미인도'가 이에 속한다.

4) 역사 왜곡

이미 일어난 과거의 역사를 후세에 자신들에게 유리하게 거짓으로 다시 지어 쓰는 일로 대표적인 예로 일본의 역사 왜곡이 있다. 그 중 하나를 거론하자면 백제왕이 왜왕에게 하사한 칼, 칠지도가 반대로 왜왕이 백제왕에게 하사했다며 왜곡을 조장하는 사례가 있다.

3. 대표적 사극의 역사 왜곡

1) 기황후

이 역사물에서 가장 논란거리가 되었던 왜곡은 인물 설정이다. 역사물에서 나타내고 있는 인물과 역사서에 기록된 실제 모습이 확연히 차이나기 때문이다. 먼저 기황후는 순제의 총애를 받으면서 왕실 재정을 장악했다. 당시 고려는 원나라의 지배를 받고 있었기에 기황후는 자신의 아버지 기자오를 영안왕으로, 어머니를 왕대부인으로 섬기게 했다. 오빠인 기철은 원나라의 참지정사가, 기원은 한림학사가 되면서 기황후의 가족은 덩달아 권문세족이 되었고 고려를 주름잡게 되었다. 이러한 기황후 가족이 권력을 고려에 긍정적으로 사용했을까. 아니다. 자신의 집안사람들을 권력 위로 올려놓았고 그저 스스로의 이익만을 추구하며 실정으로 고려를 서서히 무너트렸다. 게다가 기황후는 고려를 핍박하기까지 한 인물이다. 반면에 역사물에서의 기황후는 상당한 애국자이며 의리 있고 진취적인 여성으로 형상화 되면서 사실과 너무도 다르다는 의문이 제기 되었다. 이와 비슷하게 폭정을 일삼고 아녀자들과 궁녀, 하물며 어머니까지 강간하였던 충혜왕 또한 이 역사물에선 애국심이 넘치며 절절한 사랑을 가슴에 품은 인물로 묘사되었다. 이 밖에도 패션과 헤어스타일, 역사물에 사용되는 물건들이 실제 역사와는 맞지 않아 시대를 모르는 어색한 사극이 연출되기도 했다.

2) 구암 허준

흔히들 허준이 인체의 구조를 파악하기 위해 스승의 시신을 해부하였다고 많이들 알고 있다. 다시 언급되겠지만 실시했던 설문조사에서도 적지 않은 이들이 허준이 스승의 시신을 해부했다고 답했다. 그렇지만 이는 역사물 '구암 허준'에서 나온 장면으로 사실과는 다르다. 역사물에서 나오는 허준의 스승인 '유의태'는 허준과 같은 시대에 살지 않았으며 이름도 유의태가 아니라 유이태다. 다시 말해, 유의태라는 명의는 조선시대에 존재하지 않았을 가능성이 높다. 게다가 허준은 살아 있는 몸의 운용에 많은 관심을 두었기에 시체 해부를 필요로 하지 않았음을 알 수 있다. 이처럼 역사물의 스토리 전개와 극적 감동을 위한 효과적 장치들이 때로는 부지불식간 시청자들의 뇌리에 각인되어 역사를 왜곡할 수 있는 것이다.

3) 징비록

높은 인기를 얻었으나 이 사극도 역사 왜곡이라는 논점에서 많은 이야기들이 오고 갔다. 특히 가장 많은 언급은 탄금대 전투다. 사료를 참고해 보면 양측 군사 수는 모두 합쳐 3만이 넘는 어마어마한 전투였으나 역사물에서 구현된 전투는 고작 100명 안팎(사극의 재현 한계를 고려해 봐도)의 전투규모로 전개 되었다. 더욱이 탄금대 전투에서 일본군 피해에 대한 왜곡은 그 내용이 심하다. 역사물 전개는 일본군의 피해가 8천에 달했다고 나오지만 실제 전투에서 일본군 피해는 그 수가 많아봐야 수백이며, 사상자라는 표현에 따라 전사자 외에 부상자까지 포함해도 2천을 넘지 않았다. 실상, 피해가 8천이면 고니시군 전체 전력의 절반에 달하는 병력임을 감안해 보아도 이정도의 사상자는 현대 전투 기준에 전멸에 해당하는 병력이다. 더욱이 그런 극중 내용이 사실이라면 신립 장군의 자질 논란은 나오지도 않았을 것이다.

4) 선덕여왕

드라마 '선덕여왕'은 전국시청률 42.0%를 기록할 정도로 매우 인기 있는 사극이었다. 그런데 이러한 시청률 속에 방영된 사극에서 역사 왜곡이 일어나면 어찌 되겠는가. 실제로 그러한 일이 극중에서 일어났다. '선덕여왕이 낭도였다.'라는 소재는 극의 재미를 위해 이해할 수 있으나(사실 이것도 왜곡이다) 극중에서 계속 선덕여왕을 천명공주의 쌍둥이 동생으로 표현하고 있다. 게다가 후반 부분으로 전개되면서 둘의 지위를 탈바꿈하기까지 한다. 하지만 선덕여왕은 진평왕과 마야부인 사이에서 나온 첫째, 천명공주는 둘째이고 쌍둥이는 물론 아니다. 게다가 셋째인 선화공주는 드라마에서 언급조차 되지 않는다. 이러한 역사의 편향된 전개와 왜곡은 진평양과 마야부인 사이의 공주는 쌍둥이 둘이며, 선덕공주가 그 중 둘째라는 잘못된 사실을 시청자에게 각인시키고 있다. 뿐만 아니라 드라마 내에서 선덕여왕과 대등한 비중을 가지고 있었던 미실이란 인물도 그 존재부터 확실치 않다. 삼국사기와 삼국유사에는 나오지 않지만 위작으로 일컬어지는 화랑

세기에만 등장하기 때문이다. 그 밖의 비담과 김유신 장군 등, 주요 인물 구도도 허구적 관계를 담고 있다.

4. 설문조사 항목과 결과

1) 설문조사 항목

1. 해당되는 부분에 표시해 주세요.

　ㄱ. 고등학교 1학년

　ㄴ. 고등학교 2학년

　ㄷ. 선생님-어떤 과목(　　　)

2. 당신의 성별은?

　ㄱ. 남성　　　　　　　　　　　ㄴ. 여성

3. 지금까지 시청한 사극이나 영화를 모두 √, ○표 해주십시오.

ㄱ. 광해	ㄴ. 선덕여왕	ㄷ. 뿌리 깊은 나무	
ㄹ. 관상	ㅁ. 기황후	ㅂ. 대장금	ㅅ. 명량
ㅇ. 바람의 화원	ㅈ. 야인시대	ㅊ. 정도전	ㅋ. 허준
ㅌ. 주몽	ㅍ. 태왕사신기	ㅎ. 태조왕건	

4. 최근 시청한 사극(드라마와 영화 등)의 역사 왜곡의 심각성은?

　① 매우 그렇다 ② 그렇다 ③ 보통이다 ④ 아니다 ⑤ 매우 아니다

5. 사극 내용이 자신의 역사적 지식에 어느 정도 영향을 미쳤다고 생각하십니까?

　① 매우 그렇다　② 그렇다　③ 보통이다　④ 아니다　⑤ 매우 아니다

6. 역사 왜곡에 대한 처벌이 가해져야 된다고 생각하십니까?

　(1, 2번을 골랐다면 7-1로 3, 4, 5번을 골랐다면 7-2로 가주십시오.)

　① 매우 그렇다　② 그렇다　③ 보통이다　④ 아니다　⑤ 매우 아니다

7-1. 1, 2번을 골랐다면 어느 정도의 처벌이 적절하다 생각하십니까?

　1. 방통위의 경고 및 자숙　　2. 방송정지

　3. 벌금　　　4. 종신형　　5. 기타(　　　　　　)

7-2. 3, 4, 5번을 골랐다면 왜 아니라고 생각하십니까?

　1. 표현의 자유　　　　　2. 재밌으니까

　3. 처벌은 좀 너무한 것 같음

　4. 잘 모르겠음　　　　　5. 기타(　　　　　　　　　　)

8. 다음 질문을 보고 옳다고 생각하는 정보에 대해 표시해 주십시오.

　① 기황후는 '낯선 이국의 황실에서 고려의 자긍심을 지키며 운명
　　적인 사랑과 정치적 이상을 실현한 여인'이다. [드라마 기황후]
　　(　　)

　② 배설장군은 거북선을 불태우고 도망쳤다. [영화 명량] (　　)

　③ 대장금은 수라간 궁녀였다. [드라마 대장금] (　　)

　④ 신윤복은 남자이다. [드라마 바람의 화원, 영화 미인도] (　　)

⑤ 궁예는 스스로 자결했다. [드라마 태조왕건] (　　)

⑥ 허준은 스승의 시신을 해부하여 의학공부를 하였다. [드라마 허
준] (　　)

⑦ 영화 '왕이 된 남자 광해'는 실제 사실을 다룬 영화다. (　　)

⑧ 세조는 단종의 삼촌이며 둘은 사이가 매우 좋았다. [영화 관상]
(　　)

2) 항목별 설문 결과

(1) 4번 항목

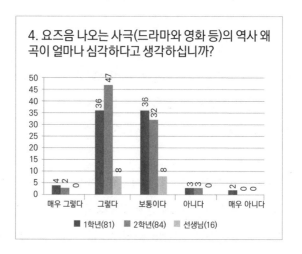

4번 항목은 세 집단 모두 가장 높은 수치를 차지하는 답변에
'그렇다'가 포함되어 있으며, '보통이다'라는 답변은 가장 높거나
두 번째로 높은 수치를 나타내었다. 선생님들은 각각 절반씩 '그

렇다'와 '보통이다'에 답하였다. 이를 통하여 많은 사람들이 요즘 나오는 사극의 역사 왜곡이 심각하다고 생각하며 '아니다'라고 생각하는 사람이 예상보다 적음을 알 수 있다. 실제로 TV나 극장에서 방영되는 사극의 대부분은 팩션사극으로서 현재 전체적 흐름은 정통사극에서 팩션사극과 픽션사극으로 바뀌고 있는 추이를 짐작케 한다.

(2) 5번 항목

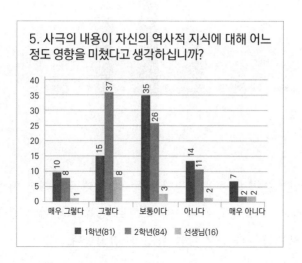

5. 사극의 내용이 자신의 역사적 지식에 대해 어느 정도 영향을 미쳤다고 생각하십니까?

사극이 자신의 역사적 지식 습득에 얼마나 영향을 미쳤냐는 질문에 2학년과 선생님 집단에서는 과반 이상이 '매우 그렇다'와 '그렇다'로 답변했다. 반면 1학년 집단에서는 '보통이다'라는 답변이 가장 높은 비중을 차지했다. 이처럼 대다수의 사람이 사극의 내용이 자신의 역사적 지식에 영향을 주었음을 인정하고 있었다. 또한 아래에서 확인하게 될 8번 항목의 결과를 보면, 실제로 시청자의 사극에 영향 관계를 잘 알 수 있을 것이다.

(3) 6번 항목

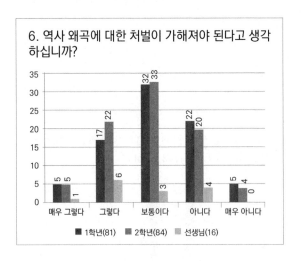

1학년과 2학년, 선생님 집단 모두 역사 왜곡에 대한 처벌에 관해 찬성과 반대 양측이 비슷한 수치로 팽팽하다. 이에 관한 자세한 정보는 7-1과 7-2 항목 내용을 참고한다.

(4) 7-1번 항목

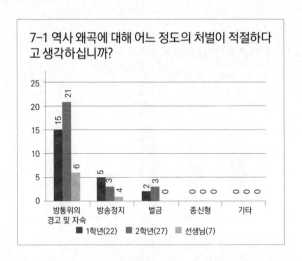

7-1 역사 왜곡에 대해 어느 정도의 처벌이 적절하다고 생각하십니까?

역사 왜곡에 대한 처벌이 가해져야 하느냐의 6번 질문에 대해 '매우 그렇다'와 '그렇다'라고 답변한 56명 학생들의 세부 답변을 나타낸 통계자료다. '종신형'을 선택한 사람이 없으며 '방송정지'와 '벌금'을 선택한 사람의 수도 '방통위의 경고 및 자숙'에 비해 현저히 낮다. 7-1 답변한 사람들의 대부분이 처벌은 마땅하다고 생각하나 방송정지, 벌금, 종신형 같은 처벌은 지나치게 가혹하다는 의견을 읽어 낼 수 있어, 그 처벌 수위를 짐작케 했다.

(5) 7-2번 항목

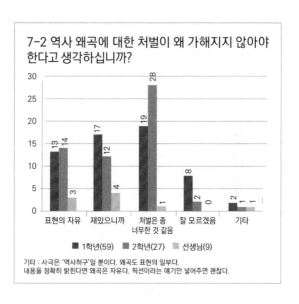

7-2 역사 왜곡에 대한 처벌이 왜 가해지지 않아야 한다고 생각하십니까?

기타 : 사극은 '역사허구'일 뿐이다. 왜곡도 표현의 일부다.
내용을 정확히 밝힌다면 왜곡은 자유다. 픽션이라는 얘기만 넣어주면 괜찮다.

역사 왜곡에 처벌이 가해져야 하는가의 6번 질문에 대해 '보통이다', '아니다', '매우 아니다'라고 답변한 125명의 학생들의 세부 답변을 나타낸 통계자료다. 2학년 집단에서는 처벌은 지나친 것 같다는 의견이 압도적으로 많으며, 1학년 집단은 1, 2, 3번 답변이 큰 차이가 없다. 선생님들의 경우 답변자 수가 많지 않아 우열을 가리는 것은 크게 의미 부여를 하지 못했다. 기타 의견으로 사극은 '역사 허구'일 뿐이다. 왜곡도 표현의 일부다. 내용을 정확히 밝힌다면 왜곡은 자유다. '픽션'이라는 얘기만 넣어준다면 괜찮지 않은가의 유사 의견이 4명 있었다.

(6) 8번 항목

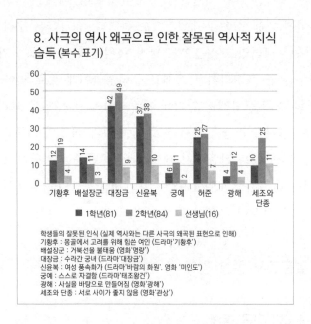

8. 사극의 역사 왜곡으로 인한 잘못된 역사적 지식 습득 (복수 표기)

학생들의 잘못된 인식 (실제 역사와는 다른 사극의 왜곡된 표현으로 인해)
기황후 : 몽골에서 고려를 위해 힘쓴 여인 (드라마'기황후')
배설장군 : 거북선을 불태움 (영화'명량')
대장금 : 수라간 궁녀 (드라마'대장금')
신윤복 : 여성 풍속화가 (드라마'바람의 화원'. 영화 '미인도')
궁예 : 스스로 자결함 (드라마'태조왕건')
광해 : 사실을 바탕으로 만들어짐 (영화'광해')
세조와 단종 : 서로 사이가 좋지 않음 (영화'관상')

8번 질문의 경우 실제 사람들이 드라마의 역사 왜곡으로 인해 갖게 된 역사 지식의 정도를 파악하기 위한 목적이 있다. 차트 아래에 있는 내용이 의미하는 바는 다음과 같다. 예를 들어 "기황후는 몽골에서 고려를 위해 힘쓴 여인(드라마 기황후)" 이 항목은 드라마 기황후에서 기황후라는 인물을 몽골에서 고려를 위해 힘쓴 여인이라 왜곡한 내용을 사실로 받아들여 잘못 이해하게 되었음을 의미한다. 그렇지만 실제로 기황후는 몽골에서 고려를 핍박하기에 앞장서고 가문을 권문세족화로 자신의 야망을 이루고자 했던 여성이다.

배설 장군은 영화 명량에서 거북선을 불태우고 달아나다 화살에 맞아 죽지만 실제 역사는 그렇지 않았으며, 배설 장군의 후손들이 이에 대해 소송을 제기하기도 하였다. 대장금은 수라간 궁녀가 아닌 의녀였고 신윤복은 남성 화원이었다. 궁예는 자결한 것으로 극 중 표현되지만 실제로는 백성들에게 돌로 맞아 죽었다. 영화 광해는 광해군 일기에 기록되지 않은 15일을 모티프로 했을 뿐, 실사를 바탕으로 했다고 볼 수 없다. 세조와 단종은 왕위 쟁탈로 인해 많은 작품에서 세조가 어린 단종을 억압하고 서로 견제하는 분위기를 보여줬지만 실록에서 알 수 있듯 세조와 단종은 사이가 상당히 좋았다고 전한다.

3) 설문조사 종합 결과

(1) 4~6번 항목 통계

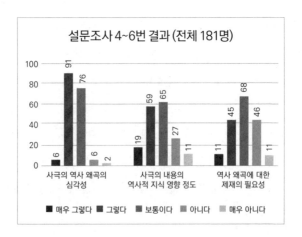

4, 5, 6번 문항들을 1, 2학년과 선생님으로 나누지 않고 합을 통계하였다. 사극의 역사 왜곡 심각성은 차트에서 볼 수 있듯이 '아니다'라고 주장한 이는 8명뿐이며, '그렇다'가 91명으로 가장 많았다. 그 다음으로는 '보통이다'라는 답변이 뒤를 이었다. 사극이 역사적 지식에 영향을 끼치는 정도는 '그렇다'라는 의견이 좀 더 우세하며, 역사 왜곡에 대한 제재의 필요성에 대한 답변은 거의 좌우 대칭을 이루고 있다.

(2) 7-1번 항목 통계

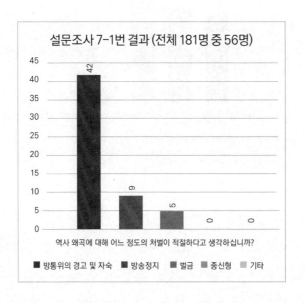

56명 가운데 42명이 '방통위의 경고 및 자숙'에 답변한 것으로 보아, 앞에서 언급했듯 지나친 방송 규제나 처벌은 옳지 않음을

시사하고 있었다. 이를테면, 일종의 방송을 견제하기 위한 브레이크 작용의 경고와 자숙을 대부분 선호했다.

(3) 7-2번 항목 통계

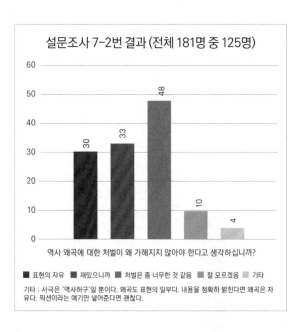

설문조사 7-2번 결과(전체 181명 중 125명)

역사 왜곡에 대한 처벌이 왜 가해지지 않아야 한다고 생각하십니까?

■ 표현의 자유 ■ 재밌으니까 ■ 처벌은 좀 너무한 것 같음 ■ 잘 모르겠음 ■ 기타

기타 : 사극은 '역사허구'일 뿐이다. 왜곡도 표현의 일부다. 내용을 정확히 밝힌다면 왜곡은 자유다. 픽션이라는 얘기만 넣어준다면 괜찮다.

전체 수치를 보게 되면 '표현의 자유'와 '재밌으니까'라는 답변이 서로 비슷하게 조사되었고 '처벌은 좀 너무한 것 같음'에 답변은 제일 많았다. 그러나 사실상 '표현의 자유', '재밌으니까', '처벌은 좀 너무한 것 같음', 기타 등의 의견들은 문맥상 같은 맥락으로서 처벌의 부정적 의미를 전제하기에, 서로 같은 의미 영역으로 묶을 수 있다.

(4) 8번 항목 통계

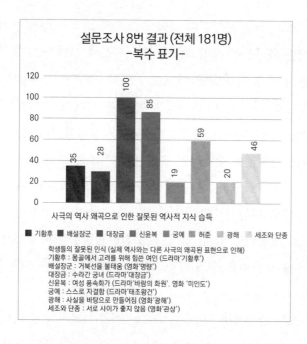

설문조사 8번 결과 (전체 181명)
-복수 표기-

기황후 35 배설장군 28 대장금 100 신윤복 85 궁예 19 허준 59 광해 20 세조와 단종 46

사극의 역사 왜곡으로 인한 잘못된 역사적 지식 습득

■기황후 ■배설장군 ■대장금 ■신윤복 ■궁예 ■허준 ■광해 ■세조와 단종

학생들의 잘못된 인식 (실제 역사와는 다른 사극의 왜곡된 표현으로 인해)
기황후 : 몽골에서 고려를 위해 힘쓴 여인 (드라마'기황후')
배설장군 : 거북선을 불태움 (영화'명량')
대장금 : 수라간 궁녀 (드라마'대장금')
신윤복 : 여성 풍속화가 (드라마'바람의 화원'. 영화 '미인도')
궁예 : 스스로 자결함 (드라마'태조왕건')
광해 : 사실을 바탕으로 만들어짐 (영화'광해')
세조와 단종 : 서로 사이가 좋지 않음 (영화'관상')

위 항목의 내용을 참고해 볼 때 181명 가운데 무려 100명이나 대장금을 잘못 이해하고 있었다는 사실은 매우 놀라운 일이며, 다른 항목 역시 역사 왜곡의 영향이 잘 드러나 있다. 어쩌면, 역사물인 사극이나 영화는 극적 흥미와 재미, 시청률을 고려해야 하는 장르적 특성을 지니고 있기에, 무엇보다 역사적 사실의 변형과 시청자의 바람(일종의 기대치)을 묵과 할 수 없는지 모른다. 이러한 과정에서 실사의 변형과 허구가 가미되고 반영되기에 이러한 특수성을 감안해야 하지 않을까 한다.

5. 맺음말

본 논의는 최근 방영했던 사극의 역사적 왜곡에 대해 조사하고 또 이러한 왜곡들이 시청자에게 역사 인식에 어떤 영향을 주는지 그 수준과 반영 정도를 알아보고자 했다. 설문조사 방법을 통해 앞으로 우리 사극이 나아가야 할 방향을 모색하고 이를 접하는 사람들이 가져야 하는 바람직한 자세를 견지하고자 했다. 우선 유행하는 사극들을 집약하여 조사한 결과, 대부분의 사극이 팩션이나 픽션사극이었다. 다시 말해 우리 고유의 역사를 사실에 기초해 그대로 재현한 것이 아닌, 작가의 상상력을 첨가한 새로운 스토리로 제작되고 있다. 이러한 사극의 신방향성은 무엇보다 역사 왜곡에 자유로울 수 있다는 것이며, 그 정도 또한 수위조절이 필요하다는 사실이다.

설문조사 항목 4번 "요즈음 나오는 사극(드라마와 영화)의 역사 왜곡이 얼마나 심각하다고 생각하십니까?"의 답변은 표본 집단의 대부분이 역사 왜곡의 심각성을 인지하고 있었음을 알 수 있다. 항목 5번 "사극의 내용이 자신의 역사적 지식에 대해 어느 정도 영향을 미쳤다고 생각하십니까?"의 답변에서도 '보통이다'에 답변한 사람을 제외하더라도 약 70%의 응답자가 영향을 미친다고 응답했다.

실제 8번 항목 "등장인물의 사극 속 역사적 해석"에서 예컨대, 조선의 풍속 화원이었던 신윤복은 실제 남성이었지만 역사물 '바람의 화원'과 영화 '미인도'는 여성으로 설정하여, 전체 181명 가운데 85명이 여자라고 답할 정도였다. 대장금은 더욱 심각하여 무려 100명이나 잘못된 응답을 했다. 대장금은 사실 수라간 궁녀가 아니다. 역사물 '대장금'과 만화 '장금이의 꿈'은 수라간 궁녀로 설정하였지만 실제로 조선에 대장금이라는 수라간 궁녀는 존재하지 않았으며, 대장금이라는 이름에 의녀만 존재했을 뿐이다. 특히 드라마 대장금은 해외나 이웃 중국에서 많은 인기를 누렸기에 이러한 역사적 왜곡도 자연스럽게 그들에게 노출되었을 것은 자명한 일이다.

허준이라는 사극 또한 59명(33%)의 응답자가 왜곡된 사실을 그대로 이해하고 있었다. 역사물 '구암허준'에서 스승 유의태의 시신을 허준이 해부하면서 인체의 구조를 공부하는 장면이 나온다. 하지만 이는 그저 허구일 뿐이다. 명의 유의태는 기록에 남아 있지 않고 비슷한 이름의 명의 유이태는 존재하지만 허준이란 인물과 동시대가 아니다. 더욱이 조선시대, 제자가 스승의 시신을 직접 해부한다는 것은 당시 팽배한 유교 의식을 감안해 볼 때 도저히 납득하기 어려운 극적 모순성을 드러낸다.

그렇다면 사극의 이러한 문제점을 어떻게 대처하는 것이 좋은가. 사극의 입장에서 본다면 시청자가 역사에 흥미를 가지고 쉽게 접근할 수 있다는 점에서 일견 긍정적 모습을 안고 있다. 실제로 초등학교 교사들이 역사를 지루하게 생각하지 않고 즐겁게 공부하는 계기를 만들어주기 위해 사극 시청을 학생들에게 추천하기도 한다. 하지만 왜곡된 역사적 사실을 면면에 노출하고 있는 사극을 초등학생이 시청하고 그것을 그대로 수용하게 된다면, 오히려 득보다 실이 많지 않을까. 잠시나마 사극을 통해 흥미를 줄 수는 있겠으나 자칫, 역사의 첫걸음부터 바르지 못한 이해를 제공해 더욱더 좋은 결과를 기대하기 어렵게 된다. 따라서 "사극은 역사를 다시 기록하는 작업이 아니라 역사를 배경으로 하는 드라마일 뿐, 청소년들에게 올바른 역사 인식까지 심어주기 위해서는 부모가 자녀와 함께 사극을 보면서 조언"을 아끼지 말아야 관심과 흥미도 배가 되지 않을까 한다.

사극을 제작하는 작가와 제작진의 입장에서도 시청자에게 영향이 큰 역사물은 남다른 책임감을 필요로 한다. 극의 전개와 특성상 역사를 그대로 전할 수 없다면 실사와 다른 내용을 극의 시작이나 끝부분이라도 '어떠한 부분이 어떻게 다르고 실사는 무엇인지'를 시청자에게 제공하는 최소한의 노력을 기울여야 할 것이다. 사극 속 역사 왜곡과 그에 대한 악영향이 심각할 수도 있다는 사실을 인식하고 시청률이나 영화 관객 수만 연연하여 흥미나 볼거리 위주로 터무니없는 왜곡을 삼가야 한다. 일종의 옴부즈맨 제도 형식의 시청자 모니터링 감시단을 적극 운영해 비판적 접근 없이 만들어지는 함량 미달에 콘텐츠를 견제하는 과정과 더불어 제작진의 성숙된 책임감을 촉구할 필요가 있다. '창작물이니 작품 그대로 봐 달라.'는 식의 무책임한 발언보다, 공공 영역으로서 미디어의 바른 콘텐츠 제공을 통해 시청자나 사극을 접하는 학생들에게 혼란을 가중시키지 말아야 할 것이다.

그렇다면 사극을 보는 시청자는 어떠해야 할까. 맹목적 수용보다 스스로 시청하는 사극에 대해 비판적 시선을 견지하고 역사적 관점에서 접근해 볼 수 있는 성숙된 시청자의 자세가 필요하다. 실사와 다른 역사적 해석은 사극이 가질 수밖에 없는 재현의 한계성과 흥행성에 기초한 흥미적 요소임을 인지하는 취택의 수용

자세가 요구된다. 아울러 정부나 대중매체를 관리, 감독하는 기관에서도 제작 과정에서 무분별하게, 때로는 터무니없이 자행되는 역사 왜곡을 단순한 흥미 위주에 작품으로만 평가해서는 곤란하다. 설문조사에서도 알 수 있듯 사극을 접하는 사람들은 작품 자체를 비판하는 것이 아니다. 다른 드라마에 비해 어마어마한 제작비용을 고려해 보아도, 사극이 지닌 역사적 기반 아래 극적 요소와 시청자의 욕구를 충족할 만한 실속 있는 양질의 콘텐츠를 기대하고 있는 것이다. 행정적인 제재를 떠나 작가나 제작진, 방송사의 스스럼없는 토로와 각성을 통해 역사에 기초한 사극 콘텐츠의 구현 노력이 녹아나길 기대해 본다.

제**3**부 문예비평

아우슈비츠에서 인간 존엄의 길을 묻다

: 『이것이 인간인가』(프리모 레비 지음, 이현경 옮김)

강세연(2학년)

'내일 아침'이 없는 삶, 언제 죽을지 모르는 시한부 인생, 한치 앞도 내다볼 수 없는 미래가 보장되어 있지 않은 삶, 그것이 내가 본 아우슈비츠 수용소이다. 아우슈비츠 생존 작가인 프리모 레비는 이런 아우슈비츠에서의 나날들을 너무도 담담하게 서술해 나간다.

하지만 이 가식 없는 서술에 비극성을 느낄 수 있는 요인은 단테의 『신곡』 「지옥」편에 맞춰 이야기를 전개해 나가고 있기 때문이 아닐까. 레비는 수용소에 첫발을 내딛는 순간 "저주받을 망령들아, 비통 할지어다!"라는 『신곡』의 시구를 떠올린다. 시구의 단어들만 봐도 앞으로 시작 될 비극이, 그리고 이미 시작 된 비극이 생생하게 느껴진다.

프리모 레비는 말한다. 수용소 자체가 살아 있는 배고픔이라고.

괴롭지만 아픔의 크기보다 슬픔의 크기가 더 큰 인간의 본성 덕분에 살아갈 수 있다고. 사실 나는 책 속의 아우슈비츠 수감자들이 일찍 현실을 받아들이고 대우받는 대로 살아가는 것 같다는 느낌을 받았다. 그들은 짐승의 식사법에 쓰이는 'Fressen'이란 단어를 자신들에게 사용하고, 레비는 심지어 자신을 개와 같은 가축 취급을 하고 있다. 나는 여기서 물음을 던진다. 이것이 인간인가.

수용소 속 그들에게는 '내일 아침'은 없는 단어였다. 수용소 격언 중 '미래를 상상하지 마라'라른 것이 있다. 한마디로 희망을 품지 말라는 것이다. 그런데 사실 마음 속 깊이, 자신도 모르는 새에 희망을 품게 되는 것이 인간이다. 청소년 소설로 나온 '줄무늬 파자마를 입은 소년'의 두 주인공과 같이 레비도 철조망 사이에서 이탈리아 노동자들과 교류하며 수용소 밖 세상에 대해 희망을 품게 되었다. 언제 돌아갈지 모를 세상이지만 이런 것들이 불행과 고통의 바다에서 등대와 같은 존재가 아니었을까 싶다.

인간은 본성 상 생존을 갈구한다. 상황이 어찌됐든 말이다. 이 책에서만 보더라도 똑같이 지배를 받는 입장임에도 불구하고 피지배층 내에서 다시 지배층과 피지배층이 갈린다. 피지배층 사이에서 권력자라 불리는 자리에 오르면 그 자리를 지키기 위해 더 포악해진다. 이것은 인간의 본성이지만 '선'과 '악', '옳음'과 '그름'이 의미가 없는 아우슈비츠 수용소이기에 더 심화되어 일어난다. 그런데 이것은 수 세기의 딜레마 인 것 같다. 옆 사람보다 더 영악해야 살아남을 수 있다. 더구나 정확한 도덕률이 없는, 그렇기에 범죄자 또한 없는 수용소에선 말이다.

그들은 모든 것을 뺏기고 이제 이름조차 빼앗길 것을 두려워하고 있다. 저항하려면 저항할 힘을 갖춰야 한다. 그런데 권력자에게 자신이 오늘 먹을 죽을 내어준다고, 나름 '선'을 실천한다고 저항력이 생기진 않는다. 오히려 얕보일 수 있는 행동이 될 수도 있다. 영화 '10억'에서도 무인도에 떨어진 사람들이 10억을 손에 넣기 위해 동료를 해친다. 아우슈비츠 수용소도 마찬가지다. 생존하기 위해 서로를 해친다. 내가 아닌 옆 사람이 가스실에 끌려가는 것을 보고 저마다 또 한 번의 생존이 보장되었음에 감사기도를 올린다. 나는 여기서 다시 물음을 던진다. 이것이 인간인가.

우리는 비인간적인 사람들에게 '짐승만도 못한 인간'이라는 칭호를 붙인다. 이것과 이 책의 제목을 연관 지어 봤을 때, 아우슈비츠 수용소에서는 짐승만도 못한 인간들이 인간들을 짐승으로 대우하고 있는 셈이다. 한 나라의 부끄러운 역사이자 세계의 아픔인 홀로코스트는 인간이 어느 정도까지 비인간적일 수 있는지를 보여주었다. 아우슈비츠 수용소 생존 작가 레비는 '이것이 인간인가'라는 질문을 던져 인간의 본질과 인간답다는 것에 대해 깊게 성찰해 볼 수 있는 계기를 마련해 주었다.

기아문제의 출발은 침묵을 깨는 일이다

: 『왜 세계의 절반은 굶주리는가』(장 지글러 지음, 유영미 옮김)

김혜민(2학년)

　'침묵', 그것은 결코 기아들을 향한 애도가 아니었다. 그것은 그저 아는 것에 대한 회피에 불과했다. TV에서 방영되는 기아들의 모습은 너무도 참담하다. 그러나 우리는 그들을 위해서 무엇을 해줄 수 있을까? 솔직히 말하자면 개인의 그들을 위해 해줄 수 있는 것은 너무나도 적다. 어쩌면 몇몇은 기아 한 두 명을 후원하며 뿌듯함을 느낄 지도 모르지만 그들 또한 기아문제에 침묵하고 만다. 어째서인가? 이 세계에는 수많은 기아들이 존재하고 그 중 후원 받는 것은 극소수에 불과하기 때문이다. 그렇게 진실을 아는 이들은 죄책감에서 벗어나고자 자신과는 상관없는 일이라고 외친다. 그리고 자신의 무능력함을 인정하지 않은 채 침묵하고 이내 무관심해진다.

　FAO(국제연합식량농업기구)는 기아문제의 해결책을 내놓으며 말한다. "여러분, 여러분이 저희의 이번 계획에 약간의 도움을 주신다면 저희는 기아문제를 거의 사라지게 만들 수 있습니다!" 그러나 그들은 사실 이번 계획이 기아문제 해결의 한 걸음이 되기를 바랄 뿐 완벽한 해결책이 될 수 없음을 알고 있다. 어쩌면 이 이야기를 들은 이들은 그들의 거짓말과 과장에 분노할 지도 모른다. 그들은 왜 이렇게 낙관적으로 계획을 발표하는 것인가? '침묵', 앞서 말했던 침묵은 또 다른 침묵을 가져온다. 세계의 수많은 국가들이 기아문제를 해결하기 위해 FAO에 기부를 하고 있다. 하지만 이러한 기부들은 인류적 문제 해결에 동참한다는 작은 선의에 불과하다. 그들에게 이 모든 것이 소용없다는 인상을 준다면 그들은 금세 무관심해지고 자신의 무능력함에 침묵해 버릴 것이다. 국가단위의 침묵은 곧 기아문제의 악화로 이어진다. FAO는 그들의 침묵을 막기 위해 먼저 침묵하는 수밖에 없는 것이다.

현재 전 세계인구의 3천만 명 이상이 심각한 기아 상태, 8억 2,800만 명 이상이 만성 영양실조로 고통 받고 있다. 이는 세계인구의 8명 중에 1명이—반마다 5명의 기아가 있는 것이다—기아로 고통 받고 있다는 것이다. 지금도 기아로 사망하는 수가 꾸준히 증가하고 있기에 이들 중에는 아직 이름조차 지어주지 못한 간난 아기도 무수하다. 우리가 흔히 하는 착각에, 기아는 우리와 상관없는 머나먼 아프리카에만 존재하는 일로 생각하는 것이다. 그러나 아프리카뿐 아니라 아시아, 아메리카, 그리고 유럽까지 모든 대륙이 기아문제로 고통 받고 있으며 그 중 인구가 가장 많은 아시아에 그 수가 가장 크다.—비율상으로는 아프리카가 가장 많은 것이 사실이다.—하지만 사실상 대한민국에서 기아를 직접 보기는 어렵다. 우리는 이 때문에 쉽게 기아문제에 눈을 돌리고 아이들에게 이야기 한다. "너희들이 여기에 태어난 것을 감사히 생각하렴." 우리는 그렇게 자신의 문제가 아님을 안도하고—사실은 우리 모두의 문제이지만—자신들의 넉넉하고 편안한 생활 속으로 고개를 돌려 버린다.

단지 침묵하는 것만으로는 죄책감을 지워내기 힘들었던 것일까? 우리는 자신의 침묵을 합리화시키기 위해 자연도태설을 내세운다. 자연도태설이란 기아들은 인구의 수가 급격히 증가함에 따라 산소 등 다양한 자원들이 부족해지게 되고 인류의 생존을 위해 자연적으로 도태된다는 것이다. 이 이론에는 자신의 인종이나 국민, 또는 자신이 기아들보다 더 가치가 높다고 생각하는 인류차별적인 생각이 무의식적으로 반영되어 있다. 이 세상에 존재하는 모든 인간은 그 자체로의 가치를 지닌다. 즉, 결코 자신이 선택할 수 없는 태어날 때부터 정해진 무언가에 의해 차별이 없어야 한다는 의미를 포함한다. 이 이론은 태어나자마자 기아들에게 주어진 문제를 그들의 책임으로 돌리고 그것이 죄악이라도 되는 마냥 죽는 것이 당연하다고 주장한다.

하지만 기아문제는 그들이 선택한 그들의 자발적인 희생이 아니며 그들의 잘못은 더더욱 아니다. 자원이 부족해진 것은 현재와 과거 세대의 지나친 자원 낭비에서 비롯된 것이며 현재의 세대가 이를 책임지고 해결해야 할 문제이지, 이제 막 태어난 어린 아이들에게 떠넘길 문제가 아니다. 뿐만 아니라 자원고갈의 문제는 인류 모두가 함께 책임지고 해결하려는 의식 전환이 선행되어야 할 몫이지, 특정 몇몇에게 책임을 떠넘겨서는 안 될 것이다.

자연도태설은 책임을 회피하고 자신을 합리화 하려는 소위 배부른 자들의 오만에 불과하다.

　현재 다수의 국가들이 자본주의 경제 원리를 택하고 있다. 자본주의자들은 자신이 노력한 만큼 그 성과를 얻을 수 있는 자본주의만큼 공정한 것은 없다고 주장한다. 그러나 자본주의자들이 간과한 문제는 주어진 기회의 불공정함에 있었다. 모든 사람들이 출발선의 위치와 가는 길의 장애물 수가 공정하지 못하다는 것이다. 부유한 집의 아이들의 출발선은 다른 이의 아이들보다 훨씬 앞서 있으며 그 길에는 어떠한 장애물도 존재하지 않는다. 그러나 가난한 이의 아이의 출발선은 다른 이의 아이들보다 훨씬 뒤쳐져 있으며 그 길은 험난한 오르막길과 장애물의 연속이다. 그리고 기아의 아이들의 출발선은 그보다도 뒤에 있으며 앞에는 수많은 벽들이 세워져 있어 한 발 나아가기조차 힘겹다. 그럼에도 불구하고 심판—자본주의자들—은 그들에게 말한다. 누구나 열심히 달리면 일등을 할 수 있다고 말이다. 이런 불공정 레이스에 웃을 수 있는 계층은 대다수 부유한 집에 아이들일 것이다.

　기아에게 배급되는 구호식량은 보통 구호기구가 기금을 모아 곡물시장에서 직접 구매한다. 이때 식량의 가격은 그 곡식의 당시 수확량과 투기꾼들에 의해 결정되며, 수확량이 많을수록 가격이 감소한다. 이때 투기꾼들은 이를 사재기하여 시가보다 훨씬 높은 값에 곡식을 내놓는다. 하지만 주어지는 기금의 양은 이에 턱없이 적고 난민캠프는 부득이하게 기아들을 '선별'하게 된다. 그들은 난민캠프를 찾아온 이들 중 살 가능성이 있는 사람에게만 비닐 팔찌를 나누어 주고 그렇지 않은 이들은 돌려보낸다. 난민캠프는 모두를 살릴 여력이 없기에 조금이라도 살리기 위해 이렇게 잔인한 선택을 할 수밖에 없는 것이다.

우리가 가장 쉽게 TV에서 볼 수 있는 기아들은 자연재해와 전쟁으로 인한 기아일 것이다. 이들을 경제적 기아라 하는데, 갑작스럽게 기아가 된 경우이기에 빠른 대처를 통해 도움을 줄 수도 있다. 하지만 보통은 행정 기구의 파괴로 사태 파악이 늦어져, 구호활동이 제대로 진행되지 않는 경우가 다반사다. 일부에서는 식량지원이 오히려 전쟁을 연장시키기에 구호를 중단해야 한다고 주장한다. 나는 이것 또한 침묵의 한 부분이라 생각한다. 전쟁을 멈추기 위해서라는 이유로, 기아로 고통 받고 있는 수많은 민간인들을 한편으로는 묵인하는 일이 초래되기 때문이다.

기아에는 전쟁이나 자연재해 등에 의한 경제적 기아 외에도 환경 파괴로 인한 환경난민이 또한 존재한다. 환경난민들은 거주지가 사막화 되거나 국제기업에서 목장 또는 농장을 짓기 위해 산을 불태우고 나무를 벌목해 파는 등 산림의 파괴로 인해 발생한다. 브라질은 환경난민의 발생을 막기 위해 다양한 법률을 제정하고 있지만 그다지 현실적 효과를 얻지 못했다. 환경난민이 존재하는 나라들은 대부분 개발도상국으로 환경보다 당장에 발전을 더 중요한 가치로 생각하기 때문이다. 그들은 "환경은 너희가 파괴시켜 놓고 왜 이제 와서 우리에게 너희의 과오를 책임지라는 것이냐"고 반박하며 심지어 선진국의 대기업들 또한 개발도상국으로 와서 개발을 명목으로 환경파괴를 돕는다. 이러한 상황 속에, 결국 내몰리는 것은 우습게도 아무것도 하지 않은 개발도상국의 국민들이다. 이 부분에서 앞서 말한 자연도태설을 떠올려 본다. 환경을 파괴하고 자원을 낭비하는 것은 대기업이지만, 정작 도태되는 것은 환경기아들인 것이다. 그들은 갈 곳을 잃고 난민조약에 포함되어 있지 않아 보호조차 받지 못한 채 도태되어 가고 있다.

기아문제를 해결하려면 어떻게 해야 할까. 분명한 것은 지금의 방법으로는 해결할 수 없다는 진단이다. 무엇보다 필요한 혜안은 그들에게 더 이상 호혜적 측면으로, 물고기를 제공하기보다 이제 그들에게 낚싯대를 쥐어주고 물고기를 잡을 수 있는 자급자족의 방편을 모색해야 함에 있다. 하지만 실현되지 못하는 이유는 무엇일까. 가장 근본적인 이유는 실현을 위해 지금보다 더 많은 경제적 자본 투입이 필요하다는 점이다. 지금의 기금으로는 기아들이 당장 굶지 않도록 조치하는 데만 급급하며 그마저도 충분하지 못하여 선별되고 있는 실정이다. 기금을 더 모으기 위해서 구호기구가 할 수 있는 일은 그리 많지 않은 듯하다. 앞서 개인에게는 기아문제를 해결하기 위해 할 수 있는 것이 거의 없다고 얘기한 바 있다. 그러나 우리에게 기아문제를 해결하기 위해 해야 할 일이 있다면, 그것은 바로 무관심의 침묵을 깨는 일이다. 우리 모두가 침묵을 깨고 기아문제에 있어 비록 작은 몫이라도 힘을 모아준다면 당장에 기아문제를 해결할 수는 없지만 구호기구에 결코 적지 않은 해결의 '힘'을 실어줄 수 있을 것이다.

이 글을 적어보니, 원론적인 한 가지 물음이 떠오른다. "부유한 국가들은 진심으로 가난한 국가들이 스스로 물고기를 잡을 수 있는, 경쟁력 있는 국가로 성장하기를 진정으로 원할까?" 지금의 여러 현실을 감안해 보아도 질문의 답은 명확해 보인다. 부유한 국가가 기아구호기구에 기금을 보내는 이유는 무엇인가? "기아 문제를 진심으로 안타깝게 생각하고 조속히 해결되기를 바라기 때문이다."라는 친절한 대답은 그저, 빈말에 불과하다. 이면에 그들만의 계산을 놓쳐서는 안 될 것이다. 그 바탕에는 자신의 국가가 인류 공동의 문제 해결을 위해 동참하고 있다는 국제적 '이미지 확보'의 의도를 생각해 봐야 한다.

이러한 생각들을 가진 국가들은 물론이고 설령, 저 친절한 대답을 할 수 있는 국가라 할지라도 원조를 받았던 가난한 국가가 자국을 따라 잡아 동등한 경쟁력을 갖춘다면 마냥 기뻐할 일도 아니지 않는가. 부유한 국가들은 어떻게든 그들에 대한 국제적 주도권을 포기하지 않을 것은 명약관화한 일이다. 현재 부유한 국가의 대부분은 과거 제국주의를 내세우며 수많은 나라를 식민지로 삼았던 나라들이다. 그들에게는—또는 우리에게는—분명히 기아문제에 대한 온당한 몫의 책임이 있으며, 이를 또한 인정해야 한다. 최근 독일 총리가 대내외적으로 많은 문제를 감수하면서 과감히 난민들을 대거 수용한 사례가 있다. 과거 제국주의, 팽배주의, 패권주의의 실수를 만회하고 반성하는 의미에서라도, 때로는 자국의 이해관계를 과감히 탈피해 떨쳐나서는 인류애의 포용과 용기가 필요하지 않을까 한다.

기아에 대한 비판적 성찰의 필요성

: 『왜 세계의 절반은 굶주리는가』(장 지글러 지음, 유영미 옮김)

박민수(2학년)

8억 5,000만 명, 전 세계 인구의 1/8, 이 숫자는 전 세계에서 기아 상태에 위치하는 사람들의 숫자와 비율이다. 이렇게 많은 사람들이 기아 상태에 있는데, "그러한 현상들이 어쩔 수 없이 일어나는 일인가."라는 많은 사람들의 물음에 저자는 이렇게 말한다.

"FAO의 1984년의 평가에 따르면, 당시 농업 생산력을 기준으로 계산하면 120억의 인구를 거뜬히 먹여 살릴 수 있다. 또한, 전 세계에서 수확되는 옥수수의 1/4은 부유한 나라의 소들이 섭취하며, 유럽은 심지어 자국의 농민들을 살려야 한다는 구실로 식량들이 일정량을 넘기면 폐기처분 한다."

그의 말에 따르면, 기아는 일어날 수도 없고 일어나서는 안 되는 일이다. 그런데 왜 기아 현상은 사라지지 않는 것일까. 저자가 말하기론 신자유주의가 이러한 기아의 발생과 유지에 적지 않은 영향을 끼친다고 한다. 신자유주의가 어떻게 기아의 발생과 유지에 큰 역할을 하는 것을 알아보기에 앞서, 먼저 신자유주의의 개념, 배경에 대해 생각해 봐야 할 것이다.

일반적으로 신자유주의는 시장의 기능과 민간의 자유로운 활동을 중시하는 이론으로 널리 알려져 있다. 이 이론은 작은 정부를 주장하며, 규제 완화와 복지정책 축소 등의 주장을 펼쳐 왔다. 신자유주의는 정부의 시장 개입을 주장하는 케인즈주의(수정 자본주의)가 유행하고 있던 1900년대 중반 무렵 케인즈주의가 석유파동, 스태그플레이션, 실업난 등에 정부가 제대로 대처하지 못하자, 이를 비판하면서 나오게 된 것이다.

이러한 신자유주의는 '세계화', '국제화'를 추구하는데, 어떻게 신자유주의가 기아를 발생시키고 유지시키는지에 관한 질문을 '세계화'와 '국제화'라는 단어로 설명할 수 있다. 많은 수의 거대한 다국적기업들은 신자유주의자들이 내세우는 세계화와 국제화에 힘입어 세계 여러 나라에 거침없이 진출하고 있다. 더욱이 거대 다국적기업들은 그 나라들에 시장을 서서히 잠식해 장악하면서, 다른 국내 기업들을 성장하지 못하게 막는 횡포를 저지른다. 이러한 다국적 기업들의 횡포로 그 나라의 경제 시장은 다국적 기업들이 이권을 장악하게 되고 이후, 경제적 수입은 그 나라 사람들보다 다국적 기업들이 더 많이 챙기게 되는 이익 구조가 발생한다. 결국 그 나라 사람들은 더욱 가난해지면서, 식량 수급도 불균형해지고 빈곤 현상은 심화되는 경제 구조를 드러낸다.

이러한 실례는 1970년대 칠레의 경우를 떠오르게 한다. 당시 칠레는 실바도르 아옌데 대통령이 당선되었다. 아옌데 대통령은 당시 세계화, 국제화라는 세계의 흐름에 대항해 내수 시장을 안정시켜 자국 경제의 발달을 도모하였고 외국에 대한 의존에서 벗어나 칠레의 자립성을 높이는 방편으로, 사회주의적 개혁 정책을 펼쳐나갔다. 특히, 위에서 언급한 내수 시장을 발달시키는 정책은 기아 현상을 해결하기 위해서 매우 중요한 문제였는데, 내수 시장이 발달된다면 자국민의 수입과 칠레의 경제가 모두 안정될 수 있었기 때문이다. 그런데 미국 닉슨 대통령의 보좌관 헨리 키신저는 끊임없는 방해공작과 CIA가 후원하는 피노체트 장군의 쿠데타를 통하여, 아옌데 대통령의 개혁 정책을 막았고 다시 칠레에 기아 현상은 악화되기에 이르렀다.

　하지만 저자는 신자유주의만이 모든 기아 현상의 원인이라 말하지 않는다. 기아 현상에는 각국의 복잡다기한 정치적 입장도 큰 원인을 제공하고 있음을 지적하고 있다. 저자에 따르면 독일과 유럽은 가격 보장을 위해 40만 마리의 건강한 소를 도살하여 불태우겠다는 농업 정책을 세워 실행하고 있으며, 유럽연합 농업 장관회의에서는 200만 마리에 달하는 건강한 동물들의 대량 도살을 계획하고 있음을 말한다.

　이런 현실 속에서도 유럽연합은 자국의 농민들을 살리기 위해 농산물의 가격을 높게 유지해야 한다는 나름의 논리를 앞세우고 있다. 여기서 저자는 식량의 공평한 분배에 힘을 가지고 있는 세계 시장을 향해 실로, 아주 잔인하다는 표현을 함으로써 안타까움을 토로하는 동시에 내적으로 세계 시장의 몰인정을 지적하고 있었다.

물론 유럽연합의 그러한 발언이 이해되지 않는 것은 아니다. 유럽연합은 또는 유럽연합에 속해 있는 각 나라 정부들은 자국민에게 최우선의 환경을 제공해야 하기에 자국민을 온전히 챙겨야 함은 당연한 일일 것이다. 하지만 위에서 언급한 바와 같이 FAO에 따르면 1984년 농업 기술로도 120억 상당의 인구가 하루 2,400~2,700 칼로리 정도의 먹을거리를 제공할 수 있었다고 한다. 각 나라의 정부들이 대량 도살하는 건강한 동물들의 일부를 처분하지 않고 다양한 방법으로나마 기아 문제를 도울 수는 없는지, 아쉬움이 남는다. 이러한 문제에 대해서 무엇보다 지구촌의 공동운명체로 더불어 사는 현대 사회에 모습과는 너무도 다른 이기적인 인간의 이면을 보게 된 것 같아 마음이 무거웠다. 이러한 문제에 있어서 각국이 조금씩 이해관계를 내려놓고 공동운명체라는 대전제로 돌아와, 서로 도우면서 살아가는 지혜를 다시금 생각해야 되지 않을까 하는 마음이다.

저자는 책의 마지막 부분에서 전 지구적인 민간단체가 기아 현상을 해결 할 희망으로 바라보고 있다. 이러한 민간단체가 기득권 세력에 맞서 제 기능을 다할 때, 기아 현상을 끝낼 수 있다는 의미에 말이다. 앞서 언급한 기아의 두 원인 신자유주의와 각국의 정치적 입장을 토대로, 저자는 두 원인이 결국 이기주의로 인해 발생되었다고 지적한다. 아울러 현대 사회에 이기주의의 부정적 세태를 꼬집는 자성의 목소리를 발견할 수 있었다. 돌아보면, 저자는 우리에게 이기주의라는 부정적 틀을 벗어 던지라고 말하고 있는 건 아닐까. 또 많은 사람들에게 이기주의에 대해 반성이 필요한 건 아닐까라는 생각이 든다.

기아는 단순한 굶주림이 아니다

: 『왜 세계의 절반은 굶주리는가』(장 지글러 지음, 유영미 옮김)

박민정(3학년)

기아, 조금만 눈을 돌리면 바로 먹을 것을 찾을 수 있는 21세기의 대한민국을 살아가는 우리에게는 평소에도 듣기 힘든 낯선 단어임에 분명하다. 사람들은 기아에 대해서 얼마나 알고 있을까? 비율로 따지면 7명 중 1명이 굶주림에 시달리고 있다는 사실은? 5초에 1명씩 죽어가는 어린 아이들에 대해서는? 아마 모를 것이라 생각한다. 우리에게 기아는 다른 세상의 일 정도로 인식되어 별다른 관심이 없기 때문이다.

저자는 왜 기아가 심각해질 수밖에 없는지, 왜 기아가 발생하는지, 기아는 현재 어떤 상황에까지 도달했는지에 대해 아들과의 대화 형식으로 풀어나간다. 이러한 구성 방식은 독자로 하여금 아들의 입장이 되어 저자가 들려주는 이야기를 통해 의문을 가지고 질문을 하게 함으로써 책에 서서히 몰입하게 만든다. 기아에 대해 다루는 어떤 책보다도 스스로 생각하고 이해해 쉽게 접근할 수 있게 하는 효과가 있다.

책의 서문에서 저자는 독자들에게 이렇게 묻는다. 희망은 어디에 있는가? 기아에 시달리는 나라들만 보면, 희망은 없어 보인다. 팔다리는 무척 여위어 마른 상태로 바람 잔뜩 들어간 개구리처럼 배만 튀어나와 있는 아이들, 오죽 먹을 것이 없으면 진흙으로 만든 쿠키를 먹는 아이들, 5초에 1명씩 죽어가는 아이들이 그들이다. 이 책은 '아이들을 위한 참회록'이란 말까지 나올 정도로 현실은 더욱 참혹하다.

이웃에게 왜 기아가 발생하고 왜 해결하고 있지 못한다고 생각하세요? 라고 묻는다면 대부분의 사람들은 이렇게 답할지도 모른다. 식량이 부족해서 아닌가요. 하지만, 이는 잘못된 생각이다. 다음에 이어질 내용을 본다면 그들은 아마 상당한 충격을 받을지도 모르겠다. 그만큼 기아가 발생하는 원인과 지금껏 악화되기만 하는 이유는 우리가 생각하는 것보다 복잡하고 실로 어이없는 노릇이다.

세계에는 현재 120억 명의 사람들이 먹고도 남을 식량이 생산되고 있다. 그렇다면 이 많은 식량이 다 어디로 가는가. 상당량은 가축들의 배 속에 정착한다. 그 탓에 세계 시장에는 곡물이 부족한 결과가 초래된다. 소는 배불리 먹는데 오히려 사람들은 굶주려야 하는 우리네 현실은, 인간은 소중하기에 동물을 실험대에 올린다는 동물 실험을 생각해 보면 참으로 아이러니하다. 짐승팔자가 사람팔자보다 나은 셈이다. 물론 가축들은 사육되다가 죽겠지만 적어도 살아 있는 동안은 배불리 먹을 수 있지 않은가. 아프리카에 태어나는 아이들은 세상의 빛을 봄과 동시에 굶주리기 시작하고 결국 몇 년 살지 못한 채로 사망하는 경우가 다반사며, 심지어 죽을 때까지 굶주림에 시달려야 한다.

기아는 또한 인간의 이기심으로 인해 일어나고 악화되기도 한다. 제3세계 정부나 세계식량계획의 국제조직들은 굶주리는 사람들을 먹이기 위해 곡물을 구입한다. 하지만 일명 화이트칼라 강도들에 의해 인위적으로 부풀려진 곡물의 가격들은 그들이 감당하기엔 너무 비싸다. 그뿐인가? 유럽의 나라들은 자국에 농산물 가격이 높게 유지 된다는 이유로 남아도는 식량을 폐기처분하고 있다. 각 국의 지도자들과 국제 기업은 자신들의, 혹은 자국의 이익을 위해 기아를 무기로 사용하기도 한다. 사람들을 복종시키기 위해 일부러 식량을 끊거나 자신들의 특권을 지키기 위해 제3세계 정부와의 협력을 거부하는 식이다. 다국적 기업 네슬레가 칠레에 대통령 아옌데의 개혁을 반대하여 지원을 끊어버리는 방법으로 압박한 경우가 대표적 사례. 이를 고려할 때 기아의 사전적 정의는 '굶주림'이겠지만, 사회적 차원에 정의를 내린다면 '인간의 이기심이 초래한 결과'쯤이 되지 않을까 싶다.

책의 말미에 저자의 말이 떠오른다. "기아를 근본적으로 해결하기 위해서는 각국이 자급자족경제를 스스로의 힘으로 이룩하는 것 외에는 진정한 출구가 없다고 아빠는 생각해." 옳은 말이라 본다. 하지만 스스로의 힘으로 이룩하는 것이라 말한 대목은 동의하지 않는다. 저자가 앞서 이야기한 부르키나파소의 젊은 개혁자 상카라의 현실을 보면 알 수 있듯이, 그들은 자급자족의 체제를 갖추려는 과정에 있었으나 그를 못마땅하게 여겼던 프랑스에 의해 실패하고 말았다.

내가 지적하고 싶은 것은 그들이 아무리 스스로의 힘으로 추진하려 해도 주위 강대국들이 모종의 이유로 반대한다면 꼼짝없이 다시 주저앉을 수밖에 없다는 사실이다. 따라서 자국의 자체적인 개혁과 더불어 세계국가들의 책임을 통감하는 협조 또한 필수라 생각한다. 이에 나는 이렇게 말하고 싶다. "기아를 근본적으로 해결하기 위해서는 타국의 협조 아래 각국이 스스로의 힘으로 자급자족경제를 이룩하는 것 외에는 진정한 출구가 없다."고 말이다.

많은 사람들이 부끄러움 때문이든 감추기 위해서든 각각의 이유로 기아의 진실에 대해 알려하지 않고 드러내려 하지 않는다. 그러나 우리는 알아야 하고 알 필요가 있다. 기아는 그저 단순한 굶주림의 문제가 아니다. 기아는 어쩔 수 없는 문제가 아닌 것이다. 기아는 인간의 이기심에서 연유한 것이다. 기아는 사회적, 환경적, 외교적 차원의 문제가 긴밀하게 관련된 복잡한 구조의 문제다. 그래서 기아는 단지 제3세계의 나라들만이 아닌, 전 세계 사람들이 함께 책임을 공감하는 노력이 필요한 것이다.

저자는 서문에서 질문 한다. "희망은 어디에 있는가?" 그 대답은 에필로그 마지막에서 찾을 수 있다. "희망은 정의에 대한 인간의 불굴의 의지 속에 존재 한다." 그리고 그것에 대해 파블로 네루다의 말을 생각해 본다. "그들은 모든 꽃들을 꺾어버릴 수 있지만 결코 봄을 지배할 수는 없을 것이다!"

기아에 대한 인식의 전환점이 필요하다

: 『왜 세계의 절반은 굶주리는가』(장 지글러 지음, 유영미 옮김)

서동연(3학년)

'기아'라는 단어에 대해 들어본 적 있는가? 단어 자체를 들어본 사람은 있겠지만, 기아가 어떠한 이유로 생겨나는지, 그것에 대해 궁금증을 가져 본 사람은 많이 없을 것이다. 지금 내가 자리에 앉아서 글을 쓰고 있는 이 순간조차도 지구 반대편에서는 5초에 한 명의 어린이가 굶주림이라는 이유 아래 죽어가고 있는 사실은 꿈에도 모른 채 말이다. 대부분의 사람들은 '기아' 문제를 '개인의 능력 결여'와 연관시키고 자신과는 상관없는 일이라고 여기며 살아간다.

이 책의 저자는 우리에게 '기아'에 관련하여 상황을 꿰뚫어보는 눈을 제공한다. 기아가 발생하게 된 근본적인 이유와, 배후에서 기아 문제를 더 악화시키는 요인, 기아 문제의 상황과 실태, 또 기아 문제를 해결하기 위한 방안 등을 말하고 있다. 자신의 아들이 물어보는 질문에 대해 답해주는 형식으로 편안하게 글을 전개하여 나간다. 말을 하듯 유하게 글을 써내려간 방식이 읽는 사람으로 하여금 마음을 진정시켜 문제 상황을 객관적이고 냉철하게 바라볼 수 있게 한다.

이 책을 읽은 후 책을 덮어 보았다. 덮고 난 후, 나는 저자인 장 지글러가 적어도 이 책에서만큼은 갈등론적 관점을 취한다는 잠정적인 결론을 내려 본다. 저자는 지구 어딘가에서 진행되고 있는 기아 문제를 불편한 진실로서 우리에게 소개하고 있다. 밑에서 소개할 내용이 갈등론적 관점에 부합하는 논거가 될 것이다.

'구조적 기아'를 정의하기는 더 어려워. 굶주린 사람들이 먹을 것을 찾아 끝도 없이 헤매거나, 혹시 남아시아나 아프리카, 페루, 브라질 등의 대도시 주변에 쌓여 있는 쓰레기 더미를 사진으로라도 본 적이 있니? 도시의 부자들이 내다 버린 쓰레기 더미들 말이야. 세계 곳곳에서 수백만의 빈민이 부자들의 쓰레기로 연명하고 있지.

위의 상황은 상류층과 하류층의 대립을 극명하게 보여준다. 현대 다수의 국가가 채택한 자본주의의 특성에서 나타나는 문제로만 판단하기에 정도가 지나치다. 부자들이 먹다 버린 쓰레기가 빈민층의 유일한 음식 공급원이라는 사실과 필연적으로 일어나게 되는 가난에 대물림은 너무나도 비참한 우리 사회의 부분이다.

또 다른 문제는 세계시장에 비축된 식량의 가격이 종종 인위적으로 부풀려진다는 데 있어. 세계시장에서 거래되는 거의 모든 농산품

가격이 투기의 영향을 받는다는 것은 알고 있니? 사실 거래는 몇 안 되는 거물급 곡물상의 손에서 결정돼. 토마스 상카라는 그들 곡물 메이저를 '화이트칼라 강도들'이라고 부르기도 했지.

여기서 우리는 알 수 있다. 수요와 공급의 법칙처럼 보이던 시장가격이 이면을 가지고 있었다는 사실을, 수요와 공급의 영향보다 몇몇 지배자에 의해 조정될 수 있다는 점을 말이다. 이윤극대화라는 한 가지 원칙 아래에서, 사람들의 건강과 안위는 더 이상 고려 대상이 아닌 것이 되었다. 120억의 인구가 먹고도 남을 만큼의 식량이 생산되고 있는 시대에, 동물보다 못한 대우를 받는 사람들이 우리가 밟고 살아가는 이 땅에 존재한다는 것은 실로 아이러니다.

거물급 곡물상은 이렇게 말할 것이다. 배고픈 기아들을 위해 이 세상에는 유엔과 국제 적십자 등 여러 단체의 후원이 있다고 말이다. 하지만 그들은 큰 오류를 범했다. 조정과 담합으로 인해 가격이 유지되는 상황에서, 기아 문제 해결을 위해 필요한 양의 곡물을 사기엔 국제기구의 자금 여력은 턱없이 부족한 실정에 있다. 따라서 처음부터 거물급 곡물상들이 그 가능성마저 막아서고 있는 것이다. 이렇듯 그들의 행동은 책임전가나 떠넘기기식의 대응, 자신의 행동에 대한 합리화로밖에 비쳐지지 않는다.

저자는 또한 책에서 기아 문제에 대해 주관적인 해결 방안을 제시하였다. 저자는 "기아를 근본적으로 해결하기 위해서는 각국이 자급자족경제를 스스로의 힘으로 이룩하는 것 외에는 진정한 출구가 없다"라고 말한 부분이 있다. 그러나 저자의 주장에서 현실적으로 '스스로의 힘'이라는 언급에 의문이 든다.

저자가 앞서 예로 든, 부르키나파소의 상황을 생각해 보면 이해 가능한 몫이다. 젊은 개혁자 토마스 상카라에 의해 주도되던 자급자족경제는 몇 년은 잘 유지되는 것처럼 보였으나 구종주국인 프랑스의 위협 속에 결국 실패로 귀결된다. 다시 말해, 스스로의 힘으로는 자급자족경제 체제를 이룩해도 그것을 이어가기 힘들다는 것이다. 국가 스스로의 노력과 주변 나라들에 도움이 합쳐질 때, 비로소 자급자족경제 체제가 성공할 수 있을 것이다. 국제적 상생과 협력을 기초로 각 국의 부를 도모하고 동시에 심각한 기아 문제를 위해 진정성 있는 대안이 마련될 때, 전 세계가 지향하는 지속 가능한 발전이 가능하리라 본다.

이와 같이 저자는 기아의 실태를 밝히고 얼마나 다양한 문제들이 복잡하게 엮여 있는지 우리에게 알려준다. 저자가 이 책에서 우리에게 주고 싶었던 궁극적인 메시지는 무엇이었을까. 저자는 문제 해결에 초점을 두는 것이 아닌, 문제를 인식하고 해결할 필요성 자체를 느끼는 지각에 중요도를 둔다. 이 책은 그러한 책이다. 보편적인 진리라고 생각하던 시민의식이, 이제는 기아문제가 비정상적이고 불합리한 처사라는 인식이 확산되어야만 한다. 각종 기업과 단체의 이윤극대화 정책 아래 신음하는 기아들에게 적극적인 관심이 필요하다. 저자는 책의 끝부분에서 희망을 말한다. "희망은 정의에 대한 인간의 불굴의 의지 속에 존재"한다고 말이다.

성숙된 시민 의식과 참여를 기대

: 『금요일엔 돌아오렴』(4.16세월호참사 시민기록위원회 작가기록단)

배상엽(3학년)

책의 제목처럼, 이 책은 금요일엔 돌아와야 했던, 그러나 결국 돌아올 수 없었던 이들의 안타까운 사연을 담고 있다. 세월호 참사의 유족들은 지금도 각자 저마다의 방법으로 고통과 싸우며 아픈 시간을 견뎌내고 있는 것이다.

팽목항에 갔을 때 사실 처음에는 아이가 없다는 걸 인정 못했어요. 제가 평소에 조용조용한 편이에요. 근데 아이가 없다는 사실에 마음이 북받쳐 끓어오르는데 주체를 못하겠더라구요. 그렇게 큰소리로 울어본 적이 없어요. (……) '애들이 이 사회를, 나라를 믿었고 이 모든 사람의 건전한 의식을 믿고 있었는데 애들이 죽어갈 때 얼마나 힘들었을까, 애들이 배신감과 상처를 안고 갔겠구나.'

말은 품어내지 못하는 것이 많다. 이를테면 누군가에 관한 기억이 그렇다. 내뱉자마자 사그라지는 이야기 속에서 기억은 쉬이 흩날린다. (……) 수현이 아버지는 아이의 기억을 그렇게 떠나보낼 수 없었다. 그래서 5월 10일 '고 박수현이 체험했던 세상'이란 이름의 블로그를 열었다. 참사 25일째이자, 장례를 치른 지 15일째 되던 날이다. 이름 그대로 수현이를 기억하기 위한 사진, 영상 그리고 수현이를 기억하는 가족들과 친구들의 글이 모아졌다.

누군가는 소리 내어 울어 보기도 하고, 누군가는 아이의 흔적을 보관해 잊지 않으려고 하며, 또 다른 누군가는 신앙의 힘을 통해 고통을 이겨가고 있다. 정확히 말하면 고통을 참아가고 있다. 유가족들의 인터뷰를 읽으며 눈물을 흘리지 않은 독자는 몇몇 없을 것이다. 그런 의미에서 이 책은 당사자들의 고통을 전달하고, 공감을 이끌어 내었다는 점에 대해서 성공했다. 하지만 이 책은 단순히 독자에게 세월호 참사 유가족에 대한 이해와 공감만을 심어주기 위해서 쓰이지 않았다. 책은 이 나라에 병든 부분을 잊지 않기 위한 기록이다.

세월호 참사가 발생하고 대한민국의 문제점이 속속 드러나기 시작했다. 언론은 객관적이지 않은 사실을 보도하고, 인터넷상에는 유언비어와 유가족을 비난하는 악의적인 글들이 게시되었다. 정치계에서는 진상규명을 피하고 유가족들을 고립시켜 자신의 자리를 지키려는 행태를 보였다. 세월호 참사 책임의 화살은 선원, 선장과 해경에게 향했고, 전형적인 꼬리 자르기에서 그쳤다. 진짜로 책임을 져야 할 사람들은 유병언 일가에 대한 언론플레이의 장막 뒤에서 국민들의 눈을 피했다. 말 그대로 세월호 참사가 대한민국의 언론, 시민의식, 정치 모든 면에서의 문제점을 일깨운 것이다.

좀 이따가 TV자막이 떴어요. "전원구조." 그때 부모들은 박수를 치면서 "그럼, 그럼, 우리나라가 어떤 나란데. 배 만들어서 수출하는 나란데. 감사합니다. 감사합니다" 그랬어요. 그 배가 일본에서 가져 온 낡은 배인지도 모르고.

지성이를 못 찾는 상황에서도 지성이 이름이 계속 생존자 명단에 있었어요. 방송국에서 계속 생존자 명단으로 올려놓았어요. 이틀인가 지나서 제가 지성이가 없는 것을 확실히 확인하고 생존자 명단을 반복해서 내보내는 방송국에 전화를 했어요. (……) 그 당시까지만해도 제가 제일 신뢰한 방송국, '국민의 방송' KBS에 전화해 제 딸 문지성을 생존자가 아닌 실종자 명단으로 올려달라고 부탁했어요. 그랬더니 안 된다고 하는 거예요. (……) 그 담당자가 하는 말이 숫자는 해경에서 결정한다면서 해경에 전화해 보라는 거요. (……) "그러지 말고 내가 지성이 아빠니까 내가 지워달라고 하면 해경을 무시해서라도" (……) 그래서 겨우겨우 내가 다 움직여서 내렸어. 그래서 그날은 지성이 이름이 실종자로 나간 거야. 근데 그 다음날 되니까 당직이 바뀌더라고 방송국에서. (……) 또다시 지성이 이름이 생존자 명단에 올라온 거야. (……) 올라갔다 내려갔다 그걸 세 번이나 반복 했어요. 그렇게 가족들이 도착했을 무렵에는 항구가 온통 취재진으로 가득한 상황이었다고 한다. 애타는 마음에 울부짖는 가족들 머리

위로, 기자들의 쉴 새 없는 카메라 플래시가 쏟아졌다. 그곳에는 사람에 대한 기본적인 예의조차 사라지고 없었다.

타이타닉 호도 전원구조라는 오보가 났었는데, 수십 년이 지난 지금도 언론은 오로지 속도 경쟁에만 집중하여 유가족과 국민에게 씻을 수 없는 상처를 남기고 말았다. 그 뿐만 아니라 실종자와 생존자 수는 수시로 바뀌었으며 가장 보호받아야 할 유가족이 직접 나서서야 잘못된 점을 바로잡을 수 있었다. 구조된 학생에게 친구의 사망 사실을 알려주는 기자의 인터뷰에서는 누구를 위한 배려도 찾아 볼 수 없었고, 취재진의 혼잡한 주차는 구조 활동 차량의 진입을 방해했다.

사실 언론의 역할은 객관적 사실을 전달하는 것은 너무나도 당연한 사실이고, 사고 예방을 돕는 것이다. 2011년 당시 후쿠시마 원전 폭발사고가 있었을 때, 한국 언론은 일본의 정치인들이 은퇴 한 후 도쿄전력에 취직하기 때문에 감시를 소홀히 할 수밖에 없었다는 '관피아' 문제를 지적했다. 그러나 그 '관피아' 문제를 한국에 적용한 언론은 아무 곳도 없었고, 결국 한국의 '관피아' 문제가 세월호 참사를 일으켰다.

그날, 4월 16일 그날, 진짜 최소한의 노력만 보여줬어도 우리가 이렇게까지 안 해요. 그런데 한명도 안 구했잖아요. 그때 그 사람들 행동은 급한 게 하나도 없었어요. 의문투성이에요. 텔레비전에서는 대한민국의 유능한 인력은 이곳에 다 투입된 것처럼 말했어요. 그게 아닌데, 그게 아닌데, 바다에 나가보면 그 넓은 바다가 텅 비어 있는

데. 그러니까 부모들이 그렇게 소리를 지르고 욕을 했죠. 그런데 그건 또 방송에 나가더라고요. 부모들이 제정신이 아니라고. 처음부터 정부에서 우리를 정직하게 대해줬으면 안 그랬을 거야. 사고였는데 최선을 다해서 구했는데 못 구했다 그러면 우리도 받아들이지요. 그런데 그런 모습을 본 적이 없고 진실을 말해주지 않으니까. 방송에 잠수부가 몇 백 명, 뭐 배가 몇 대, 헬리콥터가 몇 대다 해서 믿었다고. 근데 그렇게 믿을 일이 아니었어. (……) 근데 현장 갔다 온 부모들이 하는 말이 '아무것도 없다, 배 하나밖에 없다' 그러더라고.

국가의 말은 모두가 허황된 거짓이었다. 구조 중이라던 바다에는 파도만 치고 있었을 뿐이었다. 국가는 언론을 통해 국민을 현혹시키고, 유가족을 고립시켰다. 국가는 경제 불황을 말하며 세월호 유가족을 경제 불황의 원인으로 인식시켰고, 국민들은 동요했다. 세월호 서명을 받는 사람들에게 폭언과 막말까지 오가기도 했으며 인터넷 댓글에는 유가족을 비난하는 글이 게시되었다. 국민들은 배상금과 유가족이 얻게 될 혜택에만 관심을 주었다. 그렇게 유가족은 무심한 국민과 언론, 그리고 막강한 정부를 상대로 힘겹고 고독한 싸움을 계속해야 했다.

길거리 서명을 숱하게 받아봤지만 이처럼 원색적인 비난은 처음이었다. 뚫린 입이라고 함부로 얘기하는 거 아니라고 소리 지르고 나니 내 눈에도 눈물이 그렁그렁했다. 그때 "너무 상처받지 말아요, 다니다보면 이런 사람도 있고 저런 사람도 있더라고요." 하며 어깨를 토닥이셨던 분, 미지 아버지와의 첫 만남은 그렇게 시작됐다.

유가족은 서명운동에 참여하는 시민들을 독려하기도 하고 여러 정보를 수집하며 외로운 싸움을 이어오고 있다. 비이성적이며 난폭하고, 이기적인 유가족은 단순히 흥미를 끌기에 충분한 언론 속 인물일 뿐, 실재하진 않았다. 어찌 생각해 보면, 자식을 잃은 부모가 이성적이란 말이 더 부적절해 보인다. 그럼에도 불구하고 그들은 말할 수 없는 상처 속에서도 남을 배려하며, 자신이 할 수 있는 일을 하고 있었다.

세상이 급 변화하는 사회구조 속에서 복잡해지고 다양해지다 보니, 시민의 눈과 귀를 가려 책임은 회피하고 자신의 이득만을 챙기려는 이들이 많아지고 있는 것 같다. 무엇보다 시민의 눈귀를 멀게 하는 정부와 언론이 가장 문제지만, 일어나는 사건들 속에서 현실을 바로 알아 사실을 밝히고 진실을 규명하려 하는 시민의 능동적 자세가 더욱 필요한 몫이라 생각한다.

세월호 참사 당시 유가족의 보상에만 초점을 맞추어 그들을 또 다른 고통 속에 빠뜨린 어처구니없는 보도행위나 특별법이니, 특례법이니 하며, 유족들을 마치 잇속이나 챙기려는 사람들로 몰고 간 정부의 대응이나 사회 곳곳에 만연한 비윤리적인 시각도 큰 문제가 아닐 수 없다. 돌아보니, 세월호 참사는 언론과 정부에만 국한된 문제가 아닌 듯하다. 자식의 행방조차 알 수 없고 주검조차 지킬 수 없었던 그들의 형언할 길 없는 아픔을, 이제라도 왜곡된 시선에서 벗어나 함께 나누려는 국민 모두에 성숙한 의식 회복을 통감해 본다.

세월호와 함께 언론도 바다에 묻혔다

: 『금요일엔 돌아오렴』(4.16세월호참사 시민기록위원회 작가기록단)

배현진(3학년)

화창한 봄날 친구들과 광화문 광장을 지나던 중 유가족 분들이 계신 천막에서 서명에 참여했다. 아무 생각 없이, 너무나도 안이하게, 나는 하얀 공란에 내 이름 석 자를 적었다. 노란 리본이 달려 있는 목걸이를 받아 가방에 넣었다. 마치 그들과 나는 다른 세계에 사는 것처럼. 우습지만 처음에는 당연히 세월호 참사가 나와는 전혀 무관한 일이라고 생각했다. 앞길이 창창한 줄로만 알았던 고등학교 2학년 학생들이 차디찬 바다 속에서 빛을 잃었다. 이 참극에 있어 과연 나는 아주 관련이 없는 사람일까?

이 책을 읽은 대부분의 사람들은 눈물을 흘렸을 것이다. 그러나 내 눈에서 눈물은 나오지 않았다. 눈물로 표출되지 않은 불편함과 답답함은 내 마음을 무엇인가에 짓눌린 듯 무겁고, 서느렇게 가라앉혔다. 언제든지 나, 또 나의 소중한 사람들이 부정한 사고에 휘말릴 수 있다. 머릿속에 수많은 장면들이 나타났고, '만약 나였다면, 내 가족이었다면'하는 생각이 뇌리를 스쳐 지나갈 때마다 몸서리가 쳐졌다.

그러나 그 생각은 아이러니하게도 나로 하여금 가족과 친구들에게 더 많은 사랑을 표현하고 우리 모두가 이 세상에 존재한다는 것 자체에 감사하는 삶을 살 수 있도록 해주었다. 유가족들의 인터뷰는 후회, 후회, 그리고 또 후회를 사무치게 담고 있다. 그래서 느낀 것이 있다. 언제고 돌이킬 수 없는 과거에 대해 후회하지 않을 수 있도록 현재를 아름답게 물들이고 싶다. 하루하루를 사랑하고, 노력하며 열심히 채워나가고 싶다. 돌이켜봤을 때 내 시간들에 한 조각의 아쉬움도 없었으면 좋겠다. 그리고 그런 생각을 품도록 도와준 이 책에 감사한다. 역설적이지만 그들의 비극에서 내 처지의 기쁨을 배울 수 있었다.

한편, 종이 위의 글자들을 읽어 내려갈수록 나에 대한 실망감이 엄습해왔다. 먼저 나는 왜 그들을 이해하고 그들에게 공감하려 하지 않았을까 하는 것, 이어서 '오보'의 의미에 대해서는 어째서 생각해보지 않았냐는 것, 그들이 계속해서 진상규명을 외치는 이유에는 왜 관심을 가지려고도 하지 않았냐는 것까지.

그 동안 나는 참 무심한 사람이었구나 하는 생각이 많이 들었다. 처음 세월호 사고 소식을 접했을 때 나는 어떤 생각을 했던가? 요즘 세상에도 배가 침몰하는구나, 뭐 곧 구조되겠지. 아니나 다를까 잇따라 들려오는 전원 구조 소식. 그러나 안심했던 부모, 형제, 자매의 마음을 무참히 뭉개고, 짓이기며 한 순간에 달려들었던 것은 '오보'라는 두 글자였다. 그 두 글자가 얼마나 많은 이들의 가슴을 찢어지게 했을까. 언론은 사실과는 다른 정보를 너무나도 쉽게 사실인 양 떠벌렸다.

그리고 나는 바로 그 언론을 믿었다. 나라를, 우리나라를 믿었다. 세월호 사고를 지켜보던 여타 국민들과 전혀 다를 바 없이, 오직 주요 언론들의 대대적인 구조작업이 이뤄지고 있다는 사실무근의 말만 철석같이 믿었다. 더 알려고 하지 않았다. 좋은 말을 믿었다. 안타까웠지만 안타까움, 그 이상도, 이하도 아니었다. 4월 16일을 잊지 말자는 움직임에도 그러려니 했다. 솔직해지자면 세월호가 계속해서 언급되자 슬프게도 '언제 적 세월호야?' 하는 생각을 한 적도 있다.

내가 혹여 그들을 진심으로 이해하고자 하는 마음이 조금이라도 있었다면 과연 그런 못된 마음을 찰나라도 가질 수 있었을까? 명확히 밝혀지지 않은 의문점들이 너무나 많은 상황에서, 그 의문점을 다 제쳐 두더라도 가족이 검푸른 물에 잠겨 세상을 달리한 사람이 나였다면 그런 발상을 할 수는 있었을까? 지금 나는 열여덟이고, 피해학생들과는 다만 한 살의 차이가 있었을 뿐이다. 나에게도 소중한 가족이 있다. 친구들이 있다. 나도 만일 가족들을 그런 식으로 잃었다면 1년이 지나도, 10년이 지나도, 죽을 때까지 절대로 '세월호'를 잊지 못할 것이다. 평생 가슴에 그 세 글자를 따갑게 파묻고 하루하루를 살 것이다.

물론 절대로 자식 잃은 슬픔은 내가 지금까지 겪었던 어떤 숱한 슬픔이라도 절대 비교도 되지 않고, 또 비교해서도 아니 될 것이다. 자식도 없는 내가, 형제를, 그리고 자매를 잃어본 적도 없는 내가 그들을 완벽히 이해한다는 것은 불가능하다. 어쩌면 예의가 아닐지도 모른다. 그러나 최소한 무심하지는 말았어야 했다. 안타까움에서 그치지 않았다면 유가족들이 왜 그렇게나 분노하고 오열하는지 조금 더 일찍 알았을지도 모른다는 사실은 나를 더 거북하게 한다.

　"부분적 언론 자유 국가", "눈에 띌만한 문제가 있는 나라" 모두 대한민국을 수식하는 말이다. 2015년 5월 국회입법조사처가 공개한 '한국의 언론 자유도 현황과 시사점' 보고서에 따르면 우리나라 언론 자유도는 경제협력개발기구(OECD) 34개 회원국 가운데 30위에 해당한다. 내가 바라보고 있는 세상에서 과연 진실은 얼마나 될까? 유가족들의 절실함을 감각하고 진상규명에 대해 조금 더 자세히 알고자 책을 읽은 후 세월호 참사와 관련해 투명하지 않은 부분들을 살펴보게 되었고, 이전까지는 감히 마음에 품어본 적도 없었던 생각들이 나를 헤집었다.

　학교에서는 분명히 정보를 비판적으로 수용해야 한다고 배웠으나 나는 전적으로 순종적인 태도로 정보를 받아들였다. "전원 구조 되었다"면 전원 구조 됐구나, "헬기가 몇 대, 잠수부가 몇 명, 배가 몇 척"이면, 아, 그렇구나. 순진했던 것인지, 무지했던 것인지, 아니면 그저 무관심에서 그런 태도가 기인한 것인지. 책을 읽고 난 후 "왜 TV에서는 거짓말만 하느냐"며 울부짖는 한 어머니의 동영상을 보았다. 탑승객이 전원 구조되었다는 오보, 왜곡되고 과장된 현장의 재난·구조 상황, 주요 언론은 세월호 사건의 처음부터 마지막까지를 벌건 거짓으로 장식했다. 모두가 배 속에 갇힌 사람들을 위해 사력을 다하는 것처럼 묘사되었다. 나는 어째서 단 한 번도 의심하지 않았을까, 아니 관심 가지지 않았을까.

방송 삼사에서는 최소한의 확인 과정도 거치지 않은 채 터무니없는 소식을 대대적으로 뉴스에 내보냈고 이는 이것이 잘못된 보도라는 것을 알게 된 유가족들에게 크나큰 정신적 충격과 트라우마를 안겨주었으며 나아가 시의적절한 구조를 늦추기까지 했다. 그들은 계속해서 구조와 관련한 거짓된 화면을 방송에 내보냈다. 대통령을 홍보했다. 교묘한 짜깁기로 사실을 덮었다. 진실을 은폐하려 하는 모습이 뻔히 드러났다. 아직도 세월호 관련 동영상들은 속속들이 사라지고 있다. 보상금 문제를 부풀려 유가족들을 '자식 팔아 돈 뜯는 사람'으로 만들었다.

나는 누구인가? 대한민국 국민이다. 정부는 누구의 눈을 가렸는가? 국민의 눈을 가렸다. 그럼에도 그들은 단 한마디 사과의 말도 하지 않았다. 이래도 세월호 참사는 나와, 우리와 관련이 없는가? 그들이 꽁꽁 숨기고 있는 '진실'을 알아내야 할 의무는 우리에게 있는 것이 아닌가?

이제까지 내가 알았던 밝기만 한 세상이 아닌 것 같다. 나는 분명히 이 책을 통해 사회의 응달을 엿본 것이다. 혹자는 세월호의 침몰을 '대한민국 언론의 침몰'이라고 일컫는다. 천길 물속에 잠겨버린 언론의 인양을 위해 우리가 할 수 있는 것에는 무엇이 있을까? 개개인에게는 아무런 힘도 없다. 쉽사리 휘어지고, 꺾어지며, 묵살당할 뿐이다. 그러나 군중에게는 분명 힘이 있다. 이 사회의 부조리를 털어 내기 위해서는 사실 우리 모두가 뭉쳐야 한다. 그것밖에 방도가 없다. 언론을 장악하고, 우리를 제멋대로 휘두르려는 세력에 눈이 가려져서는 안 될 것이다. 이 짙은 슬픔을 초석으로 삼아 우리가 한 걸음이라도 저 밝은 세상을 향해 도약할 수 있었으면 좋겠다.

내가 만일 진하디 진한 노란색 천막 아래에서 유가족들의 설움, 정부의 사건 은폐, 언론의 나약함까지 사건의 모든 것을 알았더라면 과연 그토록 무게 없는 서명을 할 수 있었을까? 내 온 마음을 꾹 눌러 담아 서명하지 못한 것에 대한 답답함이 크다. 그 때 서명을 하며 고생하신다고, 힘내시라고, 꼭 잘 될 거라고 그 몇 마디를 하지 못한 것에 후회가 막심하다.

고작 종이에 인쇄된 까만 활자들을 통해서 '책'이라는 것은 행복감, 비애, 연민, 두려움까지 실로 많은 감정을 우리에게 심어준다. 그 위대한 힘의 근원을 나는 책을 읽는 그 시간만큼은 우리가 책 속의 인물이 되어 버리기 때문이라 말하고 싶다. 나는 작가들이 되어 유가족들의 증언을 들었다. 그리고 딸, 아들을 아침에 배웅했으나 생기 넘치는 그 모습을 다시는 보지 못했던 부모님이 되기도 했으며, 배 속에 갇혀 부모님께 무섭다, 사랑한다는 문자를 남기던 아이들이 되기도 했고, 그들의 형제자매가 되기도 했다. 책을 읽으며 그 모든 사람들을 단순히 동정한 것이 아니었다. 책을 덮는 순간 나는 그 사람들 그 자체였다.

"나는 신문 없는 정부보다 정부 없는 신문을 택하겠다."

(Jefferson, T.)

세월호 참사에 대한 사회 문제를 바라보며

: 『금요일엔 돌아오렴』(4,16세월호참사 시민기록위원회 작가기록단)

손범수(3학년)

이 책은 '세월호 사고'로 인해 목숨을 잃은 단원고 학생과 유가족들의 삶을 보여줌과 동시에 사고 당시의 긴박했던 순간들을 잘 나타내고 있다. 각 파트별로 다른 유가족들의 세월호 사고에 대한 인터뷰가 담겨져 있다.

인터뷰라는 형식을 통해 사고 이후 유가족들의 슬픔, 상실감, 고통들을 유가족들의 입으로 직접 생생하게 전달하고 있다. 사고 전 학생과 유가족들의 일상들, 사고 직후 마지막이 될 줄 몰랐던 짧은 통화, 사고 소식을 듣고 진도로 달려가던 긴박한 순간들, 진도 체육관에 함께 모여 있던 수많은 유가족들의 모습들, 이러한 것들이 하나하나 머릿속에 그려지는 느낌이었다. 또한 사고 이후 단란했던 가족들의 삶이 완전히 망가져버린 모습들도 함께 볼 수 있었다. 이런 부분 때문에 필자는 책을 읽으면서 가슴이 매여오기도 하고, 눈가가 젖기도 했다. 어느 정도 직접적으로 공감할 수 있었다.

하지만, 필자가 주목하는 부분은 이러한 '공감의 정도'라기 보다는 다른 곳에 있다. 이 책은 유가족들의 말을 통해 이뤄진 우리 사회 문제를 '폭로'한다는 기능이 바로 필자가 주목하는 부분이다. 가장 먼저 볼 수 있는 문제는 '언론'이다.

대부분의 유가족들은 사고 직후 '전원 구조'되었고 진도 체육관으로 이동한다는 소식을 들었다. 유가족들은 희망을 갖고 아이들을 만나러 진도로 갔다. 그러나 아이들은 나타나지 않았다. 그날도, 애석하게도 지금까지 그 아이들은 만날 수가 없다. 또한 생존자 및 실종자 수는 시시각각 바뀌었으며, 진행되지 않는 구조 및 수색작업을 성실히 이행하고 있다고 언론은 보도했다.

언론은 이러한 허위보도로 유가족들의 가슴을 더욱 더 아프게 만들었다. 신속성을 최우선시 하는 보도 때문에 정확한 사실관계 확인이 이루어지지 않았고, 다른 매체의 보도를 그대로 받아 적기 바쁜 우리 언론의 가장 큰 문제가 드러난 것이다. 그리고 어느샌가 우리 언론은 유병언 일가에 관한 보도에 집중했고, 유병언 사망 보도 이후에는 세월호 사고 진상규명 및 보상금 지급에 관한 '세월호 특별법'의 여야 간 정치적 대립에 집중하여 세월호 사고 유가족들에 대한 나쁜 인식을 부여하는데 크게 일조하기도 했다.

정부 및 정치인들에 관한 문제 또한 발견할 수 있다. 정부 부처가 저지른 가장 큰 실수는 사고가 일어난 직후 아무런 대처조차 하지 못했다는 것이다. 구체적으로, 신속하게 구조작업을 하지 못했고, 침몰해가는 배 주변에 고속정과 헬기만 떠다닐 뿐, 아무런 조치가 취해지지 않았다. 유가족들은 이 사실들을 가장 답답했던 부분이라고 털어놓고 있다.

또한 해경 측에서 내놓은 생존자 명단이 계속 수정되는 모습과, 사고 직후 해경과 함께 구출작업에 나선 민간 선주들의 증언을 들어보면, 관계 부처의 위기대처능력이 없었다는 것도 알 수 있다. 여야 정치인들도 선거를 의식하여 '세월호 특별법' 제정문제를 가지고 계속해서 논란을 만들어낸 것도 문제가 있다. 유가족 측의 입장을 대변하지 않은 법안의 내용을 발표하고 그에 대한 비판의 화살이 유가족에게 향하도록 방치한 것은 세월호 사고 진상규명을 위해 투쟁하던 유가족들에 큰 상처를 남겼다.

2014년 4월 16일, 들뜬 마음을 가지고 제주도로 수학여행을 가기 위해 '세월호'에 탔던 수많은 아이들이, 금요일에는 집에 돌아올 거라 믿었던 아이들이 바다 한 가운데에서 죽음을 맞이했다. 그 날 이후 사람들은 이 사고에 대해서 "잊지 말아야 한다"라는 말을 셀 수 없이 반복했고 많은 시민들은 유가족들에 대해 깊은 애도를 표했다.

그러나 시간이 흐를수록 '언론 플레이' 및 '정쟁 도구'로써 세월호 사고를 다루던 언론인과 정치인들 때문에 사람들의 세월호 사고 유가족들에 대한 인식이 나빠졌고 점점 많은 사람들에게 '세월호 사고'는 잊혀져가고 있다.

여전히 유가족들은 긴 여정의 싸움을 하고 있다. 유가족들은 단지, 금요일에 돌아오지 못한 자기 자녀의 죽음에 대한 한이 맺혀서 투쟁하는 것이 아니다. 자신들이 겪은 아픔, 슬픔들을 다른 사람들이 겪지 않았으면 하는 마음에서 비롯된 투쟁이다. 이 인터뷰에 참여한 사람들 대부분 그런 마음으로 자신의 생업을 포기하고 투쟁에 몰두하고 있다. 투쟁 과정에서 그들의 집안은 되돌릴 수 없을 정도로 망가져 있는 상황임을 알 수 있다. 심지어 누군가에게 입에 올리기도 힘든 원색적인 비난도 들으며 살고 있다. 그럼에도 꺾이지 않고 그들은 투쟁을 계속하며 세월호 사고로 나타난 우리 사회의 문제점을 낱낱이 밝혀내고 있다. 그들의 노력이 헛되지 않기 위해, 우리 사회의 문제점을 고쳐나가기 위해서라도, 국가와 사회는 사고로 희생된 아이들과 유가족을 결코 잊어서는 안 될 것이다.

생명보다 소중한 것은 없다

: 『금요일엔 돌아오렴』(4.16세월호참사 시민기록위원회 작가기록단)

신동혁(2학년)

1970년 부산을 출발해 서귀포로 향하던 남영호가 침몰해 승객 및 선원 331명 중 12명만이 생존하는 참사가 일어났다. 1993년에는 서해 페리호가 침몰해 362명 중 292명이 사망하는 참사가 발생했다. 두 건 모두 선장의 안이한 대처, 배의 불법증축 혹은 과적 등 여러 이유가 맞물려 일어난 참사였다. 거기다 성수대교 붕괴, 삼풍백화점 붕괴 등 조금만 신경을 쓴다면 막을 수 있는 참사들이 많았다. 안전 불감증이 얼마나 무서운지 보여주는 사고들이다.

그러나 이러한 일들이 우리를 바꾸지 못했다. 2014년 4월 16일 오전 8시 50분경, 인천에서 제주도로 가던 중이였던 세월호가 진도 앞바다에서 침몰했다. 안산 단원고 학생 325명을 비롯해 476명이 타고 있었는데 그 중 304명이 돌아오지 못했다. 더욱 심각했던 것은 언론과 경찰, 정부 등의 초기대응 능력이었다. 사고 당일부터 다음날까지 정부는 제대로 된 상황파악도 못하고 있었고, 첫날에는 엉뚱한 조사결과를 토대로 피해자들이 전원 구조되었다고 발표해 유가족들에게 피해를 주었다. 기자들은 오보에, 피해자들에게 공격적인 인터뷰를 하는 등 기자로서의 도리를 넘어가는 발언들을 하고, 보험금 문제 같이 피해자들의 상황보다는 돈에 더 관심을 보이는 기사를 쓰는 등 피해자들을 전혀 생각하지 않고 자극적인 기사들만을 쏟아냈다. 정부는 조류가 강하다, 물이 너무 차갑다 등의 이유를 들어가며 구조를 하지 않고서 사상 최대의 구조작전을 하고 있다며 국민들을 속였다. 결국 배와 함께 가라앉은 사람들 중 생존자는 없었다. 사고의 발생부터 수습, 진상 규명까지 제대로 된 일이라고는 하나도 없었다.

그런데도 정부는 유가족들을 피했다. 대통령은 광화문 광장에서 기다리는 피해자 유가족들을 결국 찾지 않았고, 국회의사당 안에서 3일 동안 자신을 기다린 사람들에게 눈길 한 번 주지 않았다. 다수의 국민들도 처음에는 잊지 않겠다고 했으나 사고 후 2년이 지난 지금, 세월호 사건을 기억하는 국민들은 그리 많지 않다. 끔찍한 사고가 일어났다고 막을 수 있는 사고였다고 말하던 국민들은 이제 더 이상 관심을 가지지 않는다. 화성휴게소에서 서명운동을 받았다는 유가족 문종택 씨는, "장애인분들이 휠체어 타고 오셔서 서명해 주시고 초등학생과 함께 온 어머님도 계셨는데, 이제는 부스도 망가져 있고 사람들의 관심도 예전 같지 않다."고 말한다. 우리가 잊지 않겠다고 한 목소리를 낸 것은 대체 무엇이었을까. 사고 이후, 사고와 관련된 다큐멘터리를 몇 편 보게 되었다. 그중 아직도 기억에 남아 있는 것은 일본에서 제작한

다큐멘터리였다. 학생들에게 조심스럽게 접근해(무작정 찾아간 우리나라의 기자들과는 다르게) 그들의 아픔을 공유하며 만든 다큐멘터리였다. 매우 감동이었기에 지금도 세월호 사고를 생각하면 그 다큐멘터리가 떠오른다. 하지만 우리나라에는 그런 다큐멘터리가 존재하지 않는다.

세월호 참사는 분명 막을 수 있는 인재였다. 하지만 '괜찮겠지'라는 생각, 이른바 '안전 불감증'은 돌이킬 수 없는 참사를 불러왔다. 안전 불감증은 배를 들여올 때부터 나타났다. 세월호는 처음에 600명을 태울 수 있는 배였으나 300명 추가 탑승을 위해 배 뒤쪽을 개조했다. 실제 구조를 위해 배에 들어간 잠수사도 과한 구조 변경으로 인해 지도를 보았음에도 길을 찾기 어려웠다고 말한다. 게다가 출항하는 날 날씨는 안개가 심하게 낀 상태였음에도 그냥 출항했고 자동차를 제대로 묶어놓지 않았다는 증언도 나오고 있다. 실제 출항 당일 인천항에 있었던 10척 가운데 출항한 배는 세월호 한 척뿐이었다.

안전을 위해 선장이 마땅히 해야 하는 일들 중, 대부분의 기본 책무조차 다른 승무원들이 했다. 사고가 난 후에도 선장을 비롯한 승무원들 대부분은 배를 버리고 먼저 탈출했고 일반 아르바이트생 등 다른 승무원들이 적당한 구조체계 없이 사람들을 대피시켜야 했다. 선장의 지시가 없어 안내 방송도 "자기 자리에 그대로 있으라."는 방송만 계속 나올 수밖에 없었다. 어쩌면 선장과 승무원들은 처음에는 가만히 있는 것이 더욱 안전할 것이라고 생각했을 수도 있다. 하지만, 그들이 결국 배를 포기하는 것을 선택했다면 배에 타고 있는 사람들에게도 그것을 알려야 했다. 자신들만

살기 위해 방송전담 승무원과 식당에서 일하는 승무원들마저 저 버린 행위는 도저히 사람으로서 있을 수 없는 아니 용서받을 수 없는 행동이었다.

때문에 학생들은 식사 후 잠을 자거나 자유 시간을 가지던 도 중 갑자기 사고가 일어나자 속수무책일 수밖에 없었다. 아무에게 도 도움을 받을 수 없었기에, 그들은 스스로 판단해 구명조끼를 입고 별문제 없을 것이라는 친구들을 설득해 스스로 나와야 했 다. 사고가 일어난 그 때 배가 이미 45도 기울어져 있었고 이어 빠른 속도로 물이 차오르고 있었으므로, 처음에 상황 판단을 빨 리 했거나 출입문에 가까운 위치에 있었던 학생들을 제외하고는 사실상 구조되지 못했다. 일본에서 재연 식으로 만든 다큐멘터리 를 보면 배에 오랫동안 타 보았기 때문에 직감적으로 사고란 것 을 알아챈 택배 기사들이 먼저 갑판으로 나와 다수의 학생들을 도운 것을 볼 수 있다. 물론 그것은 다급한 상황에서 커튼 등으로 줄을 만들어 끌어올리는 형태였기에 일부 학생들이 그런 과정에 서 익사나 추락을 했다고 한다. 그리고 대부분 사망자들은 죽기 직전까지만 해도 이러한 상황을 심각하게 받아들이지 못하고 있 었다.

"시신이 하나씩 나오기 시작하는데 승희 아빠가 새벽에 날 붙 잡고는 그래요. 이제 포기하고 받아들여야 한다고, 큰애 승아를 봐서라도 정신 똑바로 차려야 한다고… 살아오기를 기다리다가 나중에는 시신이 먼저 나오기를 바라는 것으로 바꿨어요. 애들이 5, 6명 나오기 시작하니까 '우리 애가 꼴찌로 나오면 어떻게 하지' 그렇게 생각이 바뀌더라고요." 한 유가족의 말이다.

사고가 난 첫날, 뉴스에서 '전원구조'를 본 단원고 학생들의 부모들은 학교에 모여 진도로 출발했다. 내려가던 중 아이가 죽었다는 것을 알게 된 한 학부모가 차에서 내리고 도착하여 시신을 인계받게 된 사람들이 하나 둘씩 늘어날 때까지만 해도, 사람들은 자신의 아이만은 살아 있을 것이라 생각했다. 그러나 사고 발생 후 3, 4일 정도 되어가면서 이들은 포기하기 시작했다. 구조를 하지 않으면서도 구조한다고 하고, 유가족도 잘못이 있는 것처럼 은근슬쩍 돌려버리는 모습에 분노했다. 그러나 그들은 꿋꿋이 기다리고 있었다. 자신의 자녀가 나오기를, 모두의 자녀가 돌아오기를 기다리고 있었다. 하지만 결국 어떠했는가. 살아 돌아온 사람은 없었다.

후에 유가족들은 광화문에 모여 단식투쟁을 시작했다. 많은 사람들이 이들을 도왔지만 끝끝내 정부는 이에 화답하지 않았다. 게다가 '일간 베스트(일베)' 회원들과 일부 대학생들이 이들을 비판하고 나와 이른바 '폭식투쟁'을 일으키며 비난했다. 또 다른 이들은 세월호 특별법은 사망자를 의사자로 지정하여 정부 보조금과 지원을 더 받고 대학에 특례입학하기 위한 것이라 주장하면서, 유가족들은 더 큰 상처를 받게 되었다. 심지어 일부는 '10억이나 받았으면 됐지, 아들딸 죽은 걸로 돈을 얼마나 받아내려 하느냐'의 반응도 보였다.

얼마 전에는 단원고 특별전형으로 명문대에 최종 합격한 학생들에게 '과연 그 학교에 입학할 만큼 공부를 잘 했느냐. 사고가 난지 1년 반도 넘었는데, 이런 특혜를 주는 것은 잘못된 것 아니냐'는 내용의 악성 댓글도 서슴지 않았다. 대학 측에서 이미 '우리 학교에 입학 할 충분한 능력이 있어 전형에 합격한 것이다.'라는 답변을 했음에도 말이다. 게다가 '단원고 학생이 입학하면서, 입학할 수 있는 다른 수험생들이 떨어졌다'는 음해성 논란도 나왔다. 사실 정원 외 전형이기에 다른 학생들에게 피해를 주지 않는데도 이런 사실들은 알려지지 않은 채, 교묘히 피해자들을 비난한 것이다. 피해자들의 상혼은 전혀 생각하지 않고 이기적인 생각으로 무모하게 올린 글들이다. 이런 글들이 모여 여전히 피해자들을 또 다시 괴롭히고 있다.

청문회에서도 사람들은 변명에 급급했다. 박상욱 전 해경은 '학생들이 철이 없어서 그런지 나오라고 소리쳤는데 나오지 않았다.'는 발언을 했고, 다른 세월호 당사자들도 '나는 잘못한 것 없다.'라는 식에 변명을 늘어놓았다. 과연 아무도 잘못하지 않았는데 배가 침몰했을까? 사고 피해자였던 화물기사 김 모 씨는 이에 분노하며 자해까지 시도하여, 많은 사람들이 이에 분노했지만 이들은 결국 자신의 잘못이었다는 말은 한 마디도 하지 않았다.

정부는 2014년 11월 구조 작업을 중단하고 2015년 4월 인양 작업을 진행하겠다고 사실상 결론을 내렸고 중국의 상하이샐비지가 세월호 인양업체로 선정되었다. 하지만 실종자 가족들은 여전히 실종자 수색 작업이 계속되기를 원하고 있다. 인양을 결정한 이상 정확한 인양 작업과 분석 작업을 통해 사고 원인을 명확히 규명해야 한다. 수많은 인명을 살릴 수 있었음에도 이들을 버리고 떠난 선장과 무책임한 선원들, 제대로 된 구조 활동을 하지 않고 지금도 적반하장의 태도를 보이는 관련기관 사람들, 세월호 사고를 틈타 이득을 챙기려 한 사람들 등, 이들 모두에게 응당한 처벌이 필요하리라 본다. 반대로 세월호 유가족들을 도운 의인들, 자원봉사자, 헬기 추락사고로 사망한 소방관을 비롯해 경찰과 군인들에게 사회적 차원의 끝없는 감사를 보내야 할 것이다.

참사가 일어나고 얼마 되지 않아 판교 공연장에서 환풍구가 붕괴되어 또한 많은 사람들이 숨지는 사고가 일어났다. 이 또한 안전 불감증, 더욱이 행사 관계자가 주의를 구했음에도 환풍구 위에 집단으로 계속 머물다가 일어난 사고였다. 다시는 이런 참사가 일어나서는 결코 안 될 일이다. 사람보다 생명보다 우선하는 것은 없다. 그것이 금전이든, 명예나 권력이든, 자신의 어떠한 이익이든, 비교 대상이 될 수 없다. 이것이 세월호 참사가 우리에게 주는 교훈임을 되새겨야 한다.

잊혀질 수 없는 그날의 회고

: 『금요일엔 돌아오렴』(4.16세월호참사 시민기록위원회 작가기록단)

여혜주(3학년)

요즘 인기를 끌고 있는 응답하라 1988의 흥행요인은 무엇일까? 추억하고 싶은 그때 그 시절에 대한 그리움 때문일 것이다. 기억하고 싶은 것만 기억하는 것이 아니라 우리가 다른 것 보다 더 오래 간직해야 할 사건들이 있다. 『금요일엔 돌아오렴』은 작년에 있었던 '세월호' 사건 피해자 유가족들과의 대화를 기록한 글이다. 사고 당시 상황, 피해자들의 생전 성격, 사고 이후 상황, 언론과 정치인의 무책임한 무능과 만행이 현장감 있게 드러나 있다. 또 내가 직접 보고 들으며 겪었던 일이라는 점에서 더 무겁고 슬프게 다가왔던 사건이다.

처음 사고 글이 기사로 나왔을 때 난 무신경했다. 학교수업을 마치고 속보로 알려진 기사를 봤을 때만 해도 전원이 구조될 거라며 가벼운 사건인 양 보도했기 때문이다. 당시 우리 학교 2학년들이 제주도에서 돌아오는 날이었기에 조금은 두려운 마음도 있었으나 곧 전원구조라는 기사가 이어져 이내 안심할 수 있었다. 하지만 저녁 무렵 집에 도착했을 때는 온통 방송이 세월호 사건을 연이어 쏟아내고 있었다. 그때까지만 해도 이런 참담하고 암울한 사건이 내 눈 앞에서 일어나고 있다는 사실을 까맣게 모르고 있었다.

차분히 앉아 뉴스에 귀를 모으게 되었다. 상황은 더욱 더 어려워져만 갔다. 전원 구조는커녕, 절반도 구조가 어려운 상태로 치닫고 있었다. 그로부터 며칠이 지난 후에도 세월호 속보는 계속되었고 점점 생존율은 희박해져만 갔다. 우려의 목소리가 커질수록 우리의 희망도 희미해져 가고 있었다. 에어포켓이 있다는 방송보도만 믿고 정부의 위기대처 능력과 매뉴얼을 믿으며, 그렇게 소중한 시간은 흐르고 있었다. 어쩌면, 우리는 어리석고 순진한 국민이었다. 그냥 언론이 그렇게 보도하는 대로 별 의심도 없었다. 사실 나 역시 사고 초기, 사건에 대해 자세히 알지 못했고 학생이었기에 여러모로 무심했던 기억이 있다. 하지만 사고 이후에도 진실을 위해, 정의를 위해, 누구보다 앞장서야 하는 언론과 정치인들은 유가족과 피해자를 위해 정말 아무 것도 하지 않았다. 오히려 언론을 통제하려는 의심마저 국민에게 주고 있었다.

하지만 세월호 사고가 장기화의 국면을 맞게 되면서 뜨거웠던 사람들의 관심도 조금씩 식어가고 있을 무렵, 이 한 권의 책 『금요일엔 돌아오렴』을 만나게 되었다. 너무 아팠다. 마음을 추스를 수 없을 만큼 혼란스러웠다. 사실 이렇게 언니, 오빠들이 그 무서운 죽음의 상황에서 서로를 챙겨주며 독려하던 마음들이 너무

놀랍고 소중했다. 문득, 나였으면 선뜻 내 구명조끼를 내주고 친구들 먼저 탈출시킬 수 있었을까. 죽음 앞에서도 망설임이 없었던 이타적인 행동들이 내 마음을 무겁게 했다.

'김건우, 유미지, 신승희, 김소연, 신호성, 이창현, 문지성, 박수현, 길채원, 이준우, 임세희, 김다영, 김제훈' 등 책에 소개되는 언니 오빠들의 이름이다. 어찌, 저마다의 소중하고 귀한 얼굴들이 아니겠는가. 책에는 소개되지 않은 다른 분들에 이름도 무수할 것이다. 결코 잊혀 지지 말아야 할 얼굴들이다. 우리 모두의 잘못인 것 같다. 지속적으로 더 많은 관심을 가지고 우리가 할 수 있는 일들을 나누어야 했으며, 함께 힘을 모아야 했다.

앞장서야 할 정치인들은 자신들의 자리보전과 잇속을 계산하며 행동하는 모습을 보였고 우리나라 안전시스템은 인명구조와는 현실적으로 거리가 먼 구명 방식으로 매뉴얼조차 체계적으로 운영되고 있지 않았다. 또한 신속한 투입과 지원을 아끼지 말아야 할 각종 관련 부서에 공무원들의 대응 방식도 도마에 오를 수밖에 없는 수준에 무능함을 보이고 있었다.

특별히 '김소연의 아버지 김진철 씨에 이야기'는 마음이 너무 저려와 두 번 세 번 나눠서 읽어야 했다. 딸만 바라보고 살아오신 아버지가 딸의 주검을 마주했을 때 무너져버린 삶의 희망과 아픔을 누가 능히 짐작하고 감당할 수 있겠는가. 무너지지 않고 잘 버텨주신 김진철 씨께 우리는 한 목소리로 용기를 나눠주고 응원해야 하지 않을까. 지금이야말로 살아남은 이들을 위해 따뜻한 시선과 도움이 필요한 시기가 아닐까 한다.

표현의 자유가 없는 민주주의 국가에서 우리는 평등하고 자유로운 삶을 추구할 수 없다. 우리는 알 권리를 주장하는 국민이 되어야 한다. 책을 한장 한장 넘길 때 마다 내가 알지 못했던 많은 현실들을 마주하게 되었고 내가 아직 학생이라는 신분 뒤에 숨어 어쩌면 무심했던 현실이, 차가운 진도 앞바다에 바닷물처럼 밀려왔다. 나와는 고작 1년 터울 언니, 오빠들이 순간 어른들의 잘못 때문에 꽃을 피워보지 못한 채 세상을 등져야 했는데, 정작 책임을 통감해야 할 이들은 언론플레이와 책임회피로 일관하고 있었다. 이준석 선장을 포함하여, 이 사태의 본질은 사실 더 큰 문제로 접근해야 했는데 마치 나무를 보느라 숲을 보지 못하는 언론사들의 보도 행태를 보는 듯했다. 진정성이 묻어나는 사죄 한마디, 진심을 보여주고 재발 방지를 위한 책임 있는 말 한마디가 그렇게도 어려운 일이었는가. 정치인들이나 실무 당사자들은 모두 귀를 닫아버린 모양마저 든다.

연평도 포격사건, 대구 지하철사건, 삼풍백화점 붕괴사건 등 여러 가지 사건을 겪어 아파하면서도 우린 왜 우리의 부족함과 나약함을 알지 못할까. 우리가 재발방지와 안전보장을 위해, 처우개선을 위해, 함께 권리를 요구하지 않으면 이러한 아픔들은 또 다시 되풀이 되어 크나큰 상처로 우리에게 다가올 것이다.

기자는 현장에서 보고 들은 진실을 전달해야 하며, 정치인은 자신을 믿고 지지해 준 국민들을 위해 할 수 있는 모든 행정적 조치를 간구해야 한다. 선장은 승객의 안전과 배의 운명을 책임지려는 목숨을 건 소명의식으로, 끝까지 최선을 다했어야 했고 우리 국민들은 저마다 하나 된 마음으로 정부를 향해 우리의 안전과 직결된 정당한 권리를 위하여 일체된 목소리를 내야 했다.

분명, 어린 학생들도 알고 있는 사실을 어른들은 더욱 잘 알고 있을 것이다. 어찌 손바닥으로 하늘을 가릴 수 있겠는가. 알고도 묵인한 이들의 버려진 양심은 어떤 변명으로도 덮을 수 없을 것이다.

아직 살아 있지 못한, 돌아오지 않은 이들을 위하여

: 『금요일엔 돌아오렴』(4.16세월호참사 시민기록위원회 작가기록단)

이수진(2학년)

어느덧 2년 가까운 시간이 흘러가고 있다. 봄의 기운이 만연할 때 떠났던 배는 차갑고 깜깜한 바닷속에 갇혀버렸다. 600일이 넘는 시간이 흘렀어도 누군가는 아직 바닷속에서 돌아오지 못했고, 돌아온 사람들조차 아직 온전히 살아내지 못하고 있다.

2014년 4월 16일, 전 국민이 사고가 생중계 되는 순간을 지켜보았다. '전원구조'라는 기쁨의 뉴스가 오보라는 것을 알았을 때 허탈감과 가라앉아버린 선박에서 누구도 구조되지 못했다는 사실에 무기력함을 느꼈다. 그런 안타까운 소식 이후에 우리는 유가족을 대하는 정부의 태도에 분노하고, 함께 울었다.

그날로부터 한참의 시간이 지나가고 있다. 지금 우리는 어디쯤에 있는 걸까? 우리에게 추한 민낯을 모두 보여주었던 정부는 무엇을 하고 있을까? 그리고 사랑하는 사람을 잃은 사람들의 상처가 아물고 있기는 할까?

수많은 꽃들이, 활짝 펴 보지도 못한 꽃들이 무너져버린 사건. 수백 개의 사연들은 아이들에게 해주지 못한 이야기를 들려준다. 수학여행을 떠나기 전에 인사를 다정하게 받아주지 못한 것, 용돈을 더 주지 못한 것, 새 신발을 사주지 못한 것이 못내 마음에 걸려서 울었다는 이야기들. '전원구조'의 뉴스를 듣고 가슴을 쓸어내리며 안심했다가 오보라는 것을 듣고 절망한 이야기들.

책을 한장 한장 넘길 때마다 유가족의 소리 없는 울음이 묻어 있다. 엄마 없는 세상을 살아 갈 딸을 걱정했던(2학년 2반 길채원 학생)의 엄마는 딸을 먼저 보냈고, 세상에 딸하고 둘만 남겨졌던 (2학년 3반 김소연 학생)의 아빠 또한 아이를 잃어버렸다. 이런 사연들이 책 곳곳에 눈물로 쓰여 있다.

"딸 장례를 치르고 와보니 소포가 하나 와 있었어유. 풀어보니 소연이가 인터넷으로 산 책들인디 소설책과 참고서였어유. 그걸 보고 엄청 울었네유. 그 책들을 샀을 때는 열심히 살려고 그런거 아니여유. 근디 죽어버렸으니 얼마나 기가 막혔겠시유. (울음)"

사건을 보지 못하였고, 듣지 못한 사람일지라도 괄호 안에 들어간 '울음'이라는 두 글자의 의미를 생각해볼 수 있다. 그 두 글자가 아이에게 해주고 싶었던 수많은 이야기의 집합체이며 모든 것을 꾹꾹 눌러 담은 감정이라는 것을. 참아왔던 감정과 후회가 곪아버린 상처처럼 흘러나온 것이라는 것을.

본문은 유가족의 육성을 빌려 사건을 생생하게 되짚는다. 인터뷰를 보면 사건을 분단위로 기억하는 부모도 있다. 그만큼 사건이 절박했기 때문이다. 참사 이후 유가족들의 삶은 절망스럽게도 닮아 있다. 수학여행을 보낸 자식들이 시신으로 돌아오자 시신을 직접 확인할 지 결정해야 한다. 어느 쪽을 선택해도 후회할 결정이다. '아이들의 얼굴을 눈에 담고자' 보았다가 망가진 얼굴에, '기억 속의 아이들의 모습 그대로 남기고자' 보지 않았다가 그게 마지막 모습이었다는 사실에 또 오열하고 만다.

그날, 4월 16일 그날, 진짜 최소한의 노력만 보여줬어도 우리가 이렇게까지 안 해요. 그런데 한 명도 안 구했잖아요. 그때 그 사람들 행동은 급한 게 하나도 없었어요. 의문투성이에요. 이제는 인양도 제대로 안 해줄 것 같아요. 그럼 다 우리 몫이에요. (……) 그럼 애들도 못 건지고 증거도 다 사라지고 돈만 없애는 거예요.

그럼 국민들이 또 뭐라고 하겠어요. '그만큼 건져줬음 됐지, 또 돈 들이게 하네.' 그런 식으로 우리만 자꾸 몰아가요. 부모들이 어느 정도 마무리를 짓고 사회 활동을 하게 해줘야 되는데, 이 정부는 부모들까지 몰아붙여서 아무것도 못하게 만들어요. 그래놓고 '유족들이 보상금을 몇 억을 받았다더라.' 그런 식으로 말해요.

에어포켓의 존재와 산소 투입, 구조인력 등 언론에 발표된 것들이 거짓으로 밝혀졌다. 유가족들의 간절한 기다림은 실망으로 변해가고 뒤집힌 배 안에 갇혀 있던 사람들이 점차 사망자로 돌아오면서 실망은 분노가 되어 버렸다.

3박 4일로 수학여행을 떠난 아이들은 돌아오지 않았다. 4월 16일부터 그해 12월까지, 4.16세월호참사 시민기록위원회 작가기록단은 유가족과 함께 지내면서 그들의 아픔을 글에 담았다. 아이들이 살아서 돌아올 것이라는 희망부터 수많은 오보의 좌절감과 사고로 가족을 잃은 트라우마의 충격까지.

　『금요일엔 돌아오렴』은 매주 돌아오고 있지만 결코 손에 닿을 수 없는 수백 개의 금요일에 대한 이야기다. 유가족들의 속마음을 적은 글들을 읽어내고 있자니 그들의 아픔이 읽혀서 코끝이 찡해지고 가슴이 답답해진다. 책의 여는 글에 '나중에야 이 침묵도 기록되어야 한다는 생각이 들었다.'는 글과 '희생자들과 우리 하나하나는 뿌리가 같은 영혼의 나무처럼 서로 연결되어 있었다.'는 글이 있다. 작가들이 진실을 위해 포기하지 않고 길 위로 나서 사람들의 기억을, 아플 줄 알면서도 되짚어 내고자 했다. 그래서 이 기록은 꼭 필요하고도 소중하다.

　우리는 4월 16일을 잊지 말아야 한다. 벌써 그날을 잊고 사는 사람이 생겼다. 그날은 수백 개의 빛이 꺼진 날이자 그 꺼져버린 빛들로 인해 많은 것들을 알게 된 날이기도 하다. 그날이 단순히 '누군가의 아이들을 앗아간 날'이 아니라 '잊고, 놓치고 살았던, 수많은 것들의 소중함을 알게 된 날'이 되었으면 좋겠다. 그래서 다시는 같은 비극이 일어나지 않았으면 하는 바람이다. 돌아오지 못한 이들은 하루 빨리 사랑하는 가족들 품으로, 돌이킬 수 있다면 아무 일도 없던 것처럼 돌아오길 바라고 싶다.

자식을 잃은 사람들의 이야기

: 『금요일엔 돌아오렴』(4.16세월호참사 시민기록위원회 작가기록단)

임수연(2학년)

　이 책은 4.16세월호참사 시민기록위원회 작가기록단이 세월호 유가족들의 이야기를 써내려간 것으로, 그들의 슬픔과 분노가 곧 이곧대로 담겨있는 책이다. 작년 4월 16일에 일어난 세월호 사건은 단원고 학생들과 그 외의 일반 승객들이 제주도로 여행을 가던 도중 배가 침몰하여 탑승객 476명 가운데 295명이 사망한 사건이다. 몇몇 사람들은 이 사건을 듣고 "정말 안타까운 사건이다. 어떻게 이런 재앙이. 이런 일이 다시는 일어나지 않았으면 좋겠다."라는 말들만 되뇌어 볼 뿐이었다. 하지만 사건 내부 깊숙이 들어가 보면, 이 사건이 그저 '사건'이 아니라는 것을 알 수 있다. 현재 수면 아래 잠겨 있는 세월호에는 300명 가까이 되는 영혼들의 울부짖음과 더불어 겉으로는 아름다워 보였던 우리 사회의 진실이 담겨져 있다.

이 책에는 자식을 잃은 사람들의 이야기가 담겨져 있다. 그들의 슬픔은 이루 말할 수 없을 정도로, 활자 인쇄된 글자 하나하나 그들의 슬픔이 배어져 나온다. 그런데 흰 종이에 박힌 글자들은 그들의 슬픔만을 대변하고 있던 것이 아니었다. 텔레비전, 인터넷 뉴스, 핸드폰 뉴스 등의 언론매체를 통해 우리가 보고 들었던 것들과는 전혀 다른 진실들이 글자 위에서 숨 쉬고 있었다.

4월 16일 사건 당일, 부모들은 마음을 졸이며 진도로 향했다. 그리고 눈물로 얼룩진 버스 안에서, 그들은 '전원 구조'라는 뉴스를 듣게 되었다. 하지만 그것은 거짓으로 뒤덮인 오보였다. 이 책의 한 부모의 말에 따르면 전원 구조라며 기사를 낸 기자에게 "전원 구조가 확실한 것도 아닌데, 그런 기사를 내면 더 이상 구조 안 할 거 아니에요!"라고 말하자, 기자는 오히려 화를 내며 그를 무시했다고 한다.

여러 언론이 우리에게 말했다. 대대적인 구조가 시행되고 있다. 잠수부 투입되고 있다. 하지만 실제로 팽목항에 있던 사람들은 그런 언론에 분노하고, 좌절하고, 또 분노했다. 그들의 눈으로 본 팽목항은, 구조는커녕 시도조차 해보려 하지 않는 사람들로 가득 찬 삭막한 곳이었다. 해경은 그들에게 "구조를 하고 있다. 지금 최대한 노력 중이다."라고 말했다.

그렇다면 그들의 눈에 비친 무(無)는 무엇인가? 그들의 말대로라면, 눈물어린 눈동자에는 배 여러 척과 잠수부 여러 명이 아이들을 구조해 내는 모습이 담겨져 있어야 했다. 하지만 정작 그들의 눈동자에 맺힌 건, 두 척의 배뿐이었다. 한 척은 가라앉는 세월호였고, 다른 한 척은 구조 활동을 하는 것인지, 안 하는 것인지

모를 그저, 떠 있는 배였다. 그리고 골든타임이 끝날 때까지, 해경과 정부는 아무런 노력을 하지 않았다. 이런 상황은 아예 시도조차 하지 않았다는 편이 옳을 것이다. 결국 골든타임이 지나고 나서야, 팽목항에 있던 부모들이 한껏 농성하고 나서야, 그들은 움직였다.

정부는 유연한 언론플레이로 유가족들을 농락했다. 그들에게 있어 세월호 사건이란 발밑에 놓인 시한폭탄이었다. 그 시한폭탄이 터지는 순간, 세월호 아래 숨겨져 있던 온갖 진실들이 가시가 되어 그들을 찌를 것이 분명했다. 따라서 유가족들의 '진상규명'이란 말에 귀와 입을 닫으며 빠져나갈 구멍을 찾기에 급급했다. 그리고 진실을 감추기 위해 언론이라는 연막을 뿌려 자신들의 행위를 뿌연 안개 속에 묻히게 했다.

팽목항에 있던 부모들은 말한다. 정부가 아이들을 죽였다고. 정부가 골든타임을 제대로 활용하기만 했다면, 그들이 언론에 내비친 대대적인 구조라는 걸 실제로 시행하기만 했어도, 지금쯤 단원고 학생들은 같은 교실에서 함께 웃고 떠드는 날들을 보내고 있을지 모른다. 그 나날을 상상하는 것만으로도 유가족의 마음은 더 먹먹해 온다. 그들의 마음 속 상처는 절대 아물지 않을 것이다.

하지만 그럼에도 불구하고, 그들은 꿋꿋이 그들만의 길을 나아가고 있다. 억울하게 죽은 아이들을 위해, 그들은 한 발씩 힘겨운 걸음을 내딛는 중이다. 등에 무겁게 올려놓아진 자식의 영혼에 다리가 후들거려도, 꽃다운 나이 세상을 뜬 아이들을 위해, 다시 또 일어나 길을 걸어야 한다. 정부의 연막공세로 왜곡되고 묻혀버린 사실 속에서, 그들은 뿌연 안개를 걷고 진실을 찾기 위해 끊임없이 노력할 것이다.

노란 물결 넘어 아픈 기억

: 『금요일엔 돌아오렴』(4.16세월호참사 시민기록위원회 작가기록단)

전유빈(2학년)

2014년 4월, 대한민국은 애도의 노란 물결에 휩싸였다. 그 당시에 거리를 걸을 때 가장 많이 본 것이 세월호 이야기를 담은 현수막이나 노란 리본이라고 해도 과언이 아닐 것이다. 언론은 앞을 다투듯 안타까운 참사를 보도했고 서울 시청광장과 안산 정부합동분향소에는 밤이 깊어질 때까지 발길이 이어졌다. 다시 떠올리고 싶지 않은 아픈 기억을 담은 이 책은 세월호 참사 이후 꾸려진 작가기록단에 의해 출간되었다.

『금요일엔 돌아오렴』은 희생자 가족을 인터뷰한 내용으로 구성되어 있으며 가족들의 절절한 사연, 비하인드스토리까지 담고 있다. 이 작품의 저자들은 희생자 가족과 의견을 같이 하고 있다. 사연들을 보면 모두 절절한, 각자의 사연이라서 더 안타깝다. 참사 전에 밝고 활기찼던 희생자들을 회상하는 부모님들의 모습.

이것을 보니 세월호 사건을 다룬 한 다큐에서 돌아오지 못한 아들에게 '사랑해, 미안해'라고 말하며 오열했던 희생자 아버지가 떠올랐다.

서울 시청으로 세월호 서명운동에 참여하러 갔을 때 아들 사진을 보여주시며 '우리 아들 살아 있을 때 사진이야. 정말 잘생겼지?'라고 말하신 또 다른 희생자 아버지도 떠올랐다. 그분들은 모두 희생자들이 살아 있을 때 더 잘해주지 못한 것에 대해 후회하고 있었으며 아들 혹은 딸과의 추억을 가슴 한 편에 두고 있었다. 자식이 죽으면 가슴에 묻는 다는 말이 있듯, 희생자가족들도 더 잘해주지 못해 미안한 마음을 가지고 있었다. 그게 모든 '부모'의 마음이 아닐까 한다.

책의 마지막 부분 '풀어 쓰는 사건기록'을 읽으며 우리나라의 현실에 사뭇 씁쓸함을 느꼈다. '전원 구조'라는 오보는 수학여행을 간다고 들떠있던 아이들을 보는 부모님의 마음을 뒤흔들어 놨을 것이며, "인명 구조에 총력을 기울이고 있다."라는 또 다른 오보는 희생자 가족뿐만 아니라 우리 국민 모두가 한국 언론에 대한 불신을 갖게 만들었을 것이다. 한 언론사는 희생자들의 생사 여부가 아직 확인되지 않은 상황에서 그들의 보험금을 계산하는 등의 실로 어처구니없는 행동으로 희생자 가족들의 공분과 울분을 사기도 했다.

반면, CNN과 같은 외신들은 국내 언론과는 조금 다른 관점에서 사건을 보도했다. 외신들은 "현재 물의 온도가 몇 도인지, 이전 생존사례가 있는지, 생존 가능성은 얼마나 되는지." 등의 다양한 문제를 여러 상황에 입각해 분석 보도했다. 이런 점은 우리 언론이 외신으로부터 본받아야 할 점이라 생각한다.

돌이켜보면, 세월호 참사가 일어나고 지금 우리 사회가 크게 바뀐 것이 있을까. 솔직히 말해, 전혀 없다. 사회적 차원에 몇몇 제언이 도출되었고 법안 발의도 기다리고 있지만 그것 역시 지지부진 상태다. 이것으로 충분하지 않다. 우리는 더 큰 변화, 더 큰 발전을 바라고 있다. 물론 어떠한 위로도 유가족의 아픔을 대신할 수 없으며, 어떠한 노력으로도 우리는 참사 이전으로 돌아갈 수 없다.

하지만 우리는 국민의 안전을 담보하기 위해 특별법을 통해서라도, 사건과 관련한 재발방지와 사건진상특위를 설치해서라도 진실을 밝히고 당사자를 일벌백계하는 단호한 처방이 필요하다고 본다. 아울러 관련 산하단체 및 각 부처들의 끊임없는 쇄신과 국가적 재난에 신속히 대응할 수 있는 정부 차원의 매뉴얼을 새롭게 갖춰야 함을 강조하고 싶다.

국가는 누구를 위해 존재하는가

: 『금요일엔 돌아오렴』(4.16세월호참사 시민기록위원회 작가기록단)

표현우(3학년)

세월호 사건이 발생한지 어느 덧 1년 하고도 약 8개월이라는 시간이 지났다. 안산에 살고 있기에 사건과 관련한 사연들이 구구절절 피부에 와 닿았다. 거리에서 흐느끼는 사람도 있었고 시청 앞에서 시위를 하는 사람도 있었다. 처음에는 함께 아파하고 분노했지만 시간이 흐른 탓일까, 세월호 사건을 위해 응원해 주고 투쟁하는 사람들은 서서히 줄어만 갔다. 다들 본래의 자리로 돌아가면서 문제를 망각하고 있었다.

언제부턴가 사람들은 생활에 적응해 가며, 세월호 사건을 잊었다. 스스로도 자유로울 수 없었다. "이런 참혹한 고통도 이렇게 잊히고 무감각해지는 구나." 버스 의자에 앉아 시청 앞에 서 있는 세월호 천막을 봤을 때였다. 사건이 발생한 저녁 무렵은 뉴스 보도가 전원 구조되었다는 소식과 아직 구조 중이라는 보도로 나눠져 있었다. 이후 알게 되었지만 전원 구조되었다는 보도는 모두 거짓, 오보였다.

세월호 사건은 대표적으로, 정부가 언론을 철저히 통제하고 주도한 사례가 아닌가 싶다. 헌법과 국민이 아무리 언론의 자유를 외쳐도 언론은 정부의 손에 있는 듯 느껴진다. 정부를 비판하고 견제해야 할 언론이 정부의 입장을 대변하는 도구로 전락한다면 이는 비난 받아 마땅하다. 근본적으로 생각해보면, 세월호 사건의 가장 큰 잘못은 일차적으로 정부의 무능한 위기 대처에 있다. 언론 통제, 해경 투입 시기, 폐쇄적인 관료주의 체계가 인명구조 시기를 놓치고 지금에 위기를 자처한 것이다.

국가는 왜, 누구를 위해 존재하는가? 국가는 국민을 보호하는 대기와 같은 존재다. 피부로 쉽게 느껴지지 않지만 무엇보다도 꼭 필요한 존재임은 확실하다. 안타깝게도 세월호 사건에 있어서는 정부의 역할은 없었다. 어떤 상황에서도 국민을 수호해야 하는 국가의 의무와 책임은 어디에도 찾아 볼 수 없었다. 오히려 변명으로 일관하며, 결과적으로 인명구조의 소중한 시간만 놓치고 말았다.

"대통령과 5분 동안 통화했는데 그 후로 변한 게 하나도 없었어요.", "그랬더니 청와대에서는 애가 끓는 거예요. 유가족과 약속을 지켰다는 홍보수단으로 사용해야 하는데 이야기가 안 나오니까 그 다음 날 민경욱 대변인이 직접 전화를 했더라고요. 대통령 전화 안 받으셨냐고. 자신도 통화한 줄 다 알면서도 이렇게 물어봐요. '통화했다' 했더니 대통령이 약속 지켰다고 진짜 언론에 도배가 되더라고요." 세월호 희생자인 문지성 학생의 아버지

문종택 씨가 한 말이다.

　내용을 읽어보면 사실 대통령 직속 권한으로 이루어진 것은 고작 스크린 설치밖에 없다. 구조를 위해 빠른 시간 내에 전문 잠수사와 해경을 적극 투입하지도 않았고 되레 언론을 통제하기에 더 급급해 보였다. 정부는 피해자들을 진심으로 걱정하고 적극 돕지는 못할망정 유가족과의 짧은 전화 통화를 언론플레이에 이용했다. 이것이 정말, 이런 위기 상황에 있을 수 있는 일인가. 대통령은 국민의 지지를 얻어 선출된 인물이기에 무엇보다 국민을 위해 일하고 헌신해야 할 자세를 지녀야 한다. 그러나 정부의 그런 역할은 전혀 없었다. 마치 대기업과 같이 정부의 이미지와 이익만을 챙기기에 치중하며, 국민에 눈과 귀를 속이는 정치적 행동을 하고 있었다. 이를 견제해야 할 언론 역시 정부 편에 서서 동조하며 한 몫하고 있었다.

　민주주의 시민이 가질 수 있는 가장 큰 힘이 바로 언론이다. 언론의 기능과 역할이 변질되는 순간 정보를 비판적으로 수용하지 못하는 사람들은 잘못된 정보를 그대로 받아들이기 쉽다. 따라서 뉴스의 신뢰도는 상당한 수준에 와있다. 사실 우리 언론이 이렇게까지 허술하게 거짓을 전해주리라고는 생각하지 않았다. 언론도 결국은 시민의 참여로 이루어진 것인데 말이다.

　세월호 사건은 이런 언론에 대한 믿음도 산산이 부서졌고 회의감마저 느끼게 했다. 어디에도 국민을 위한 언론의 모습은 볼 수 없었다. 의도적이라고밖에 볼 수 없는 '전원 구조'라는 거짓 보도와 서서히 침몰해 가는 세월호를 모두 같은 내용, 같은 사진으로 장식하고 있었다. 특종이 있으면 죽기를 각오하고 찾아가는 언론이 아닌가. 유가족들은 비통함을 토해내고 한시라도 구조의 시간을 놓치지 않으려고 절규하는 가운데, 이러한 다급한 상황을 현장에서 속속들이 생생하게 취재하는 언론과 방송은 어찌된 영문인지 찾을 수 없었다.

지금 정부와 언론의 신뢰도는 흔들리고 있다. 갑작스레 뉴스속보가 나오면 이젠 뉴스를 신뢰하기보다는 바로 인터넷을 통해 무슨 일이 발생하고 숨겨졌는지 알아보기도 한다. 이런 의식이 팽배하다는 것은 사회적으로 심각한 일이 아닐 수 없다. 이번 세월호 사건이 우리 사회에 많은 것을 일깨워 줬음에도 시간이 흐르면서 무뎌지고 잊히는 모습은 아쉽기만 하다. 아직도 정부는 사실 규명을 회피하고 있으며 국가적 차원의 진상조사나 진실을 향한 언론의 적극적인 보도 의지도 식어버린 채, 네티즌과 국민들이 작은 힘을 모으고 있는 실정이다.

생각해보면, 언론 폐지보다 더 무서운 것이 언론을 악용하는 일인 것 같다. 많은 사람들이 언론이 제공하는 정보를 신뢰하기에 언론은 지금이라도 언론의 기능과 사회적 책무를 회복해 사회적 공기로서의 자리로 돌아와야 할 것이다. 정부가 언론을 통제하고 국민과 대립각을 계속한다면 어떤 정부도 온전히 국민의 지지를 얻을 수 없을 것이다. 국민의 지지를 얻지 못한 정부나 신뢰를 잃어버린 언론이 과연 무엇을 할 수 있겠는가.

이 글을 쓰는 과정에서 실로 많은 생각을 하게 되었다. 책을 읽는 동안 슬프고 아픈 감정만 느낀 것은 아니다. 정부와 언론의 국민을 향한 회복과 태도 변화가 무엇보다 선행되어야 할 과제다. 세월호 사건으로 인해, 곳곳에서 터져 나오던 자식 잃은 부모의 애통함을 기억하고 있다. 우리 사회에 다시 일어나서는 안 될, 세월호 사건. 이 한 권의 책을 통해 결코 작지 않은 개혁의 바람을 기대해 본다.

우리에게 주어진 과제

: 『금요일엔 돌아오렴』(4.16세월호참사 시민기록위원회 작가기록단)

한소희(2학년)

2014년 4월 16일은 우리 사회가 잊어서는 안 되는 날짜다. 그 날에 벌어진 비극적 참사로 인한 좌절과 분노, 모진 아픔을 딛고 증언한 유가족들의 사연을 인터뷰 형식으로 담아낸 책이 『금요일엔 돌아오렴』이다. '전원구조'라는 소식에 학부모들은 놀란 가슴을 부여잡고 아이들을 데리러 달려갔다.

하지만 그들은 차가운 영혼들을 저 깊은 바다 속에 남겨둔 채, 돌아온 아이들을 맞이해야 했고 학부모가 아닌 유가족이라는 이름으로 새로이 불려졌다. 유가족이 된 학부모들은 슬픔이 고통이 되어 아픔을 계속해서 느껴야 했다. 그러나 아픔을 견뎌내고 해결해야 할 과제가 지금 그들에겐 존재했기에, 고통을 뛰어넘어 세상과 마주하고 있다. 그러한 부모들의 솔직한 목소리를, 또 그들이 말하는 정부의 진실을 담아 세월호 참사의 교훈을 마음에 새기기 위해 기록되었다.

　13명의 유가족들은 학생들이 세월호를 탑승하기 전까지 함께 했던 시간부터 세월호 참사 이후, 자신의 기억과 감정을 생생한 사연으로 증언했다. 가족여행 한 번 못간 채 보낸 딸을, 누구보다 듬직했던 맏아들의 빈자리를, 뭐든 함께 했던 딸이 떠나가 홀로 남겨진 아버지를, 그들의 이야기는 실로 안타까워 읽어가는 내내 마음을 추스르기 힘들었다. 하지만 한편으론 많은 생각을 떠올리게 하는 내용도 담겨졌다.

　　그래서 안전법을 만들어야 해요. 언제, 어디서, 어떤 배가 어떻게 될지 정말 대한민국 국민들 전혀 몰라요. 나도 몰랐던 사람이지만. 그래서 제가 세월호에 대한 일이 다 끝나면 하고 싶은 일은 초·중·고등학교와 대학에서부터 구청·시청·도청 등 기관과 예비군 훈련장까지, 어른에서 아이들까지 안전교육을 시키는 일입니다. 배에 대한 사고에 대해선 세월호 유가족만큼 전문가가 없습니다. 아무리 뒤져 봐도 해군도 아니고, 해경도 아니고, 앞으로 배에서 사고가 나면 제일 먼저 나를 데려갔으면 합니다.

　우리가 세월호 참사에 대해 알아야 하고 가슴 깊이 기억해야 하는 이유가 담겨 있는 내용이 아닌가 한다. 철저한 안전법이 있었고 빈틈없는 안전교육이 실시되었다면 이렇게나 많은 학생들이 돌아오지 못하는 참사가 일어났을까. 세월호 참사 후 유가족들은 슬픔 속에서도, 세상에 맞서는 순간부터는 끝없이 고통을 참는 것이 아니라 고통을 없애기 위해 부조리한 현실과 맞서고 있는 듯 보였다. 더욱 세상을 알아가며, 그들이 깨달은 것을 우리 사회에 전해주고 있었다.

단순히 비극적 사고로 망각되는 것이 아니라 이젠, 다시 이러한 참사가 재현되지 않도록 안전망을 공고히 세우는 일이다. 어떤 부모는 진상규명이 아들이 내게 준 마지막 과제라 말한다. 사실, 진상규명이야말로 유가족만의 문제가 아닌 앞으로 우리 사회가 함께 풀어내야 할 문제 해결의 첫 출발이 아닐 수 없다. 진상규명은 사고의 원인과 대책은 물론, 사고당시 대체 무슨 문제가 있었고 아직 밝혀지지 않은 정부와 세월호 책임자들의 은폐된 사실과 재발방지를 위해서라도 반드시 우리 사회가 책임의식을 갖고 함께 힘을 모아야 할 과제인 것이다.

책을 읽는 과정에서 저마다 소중한 자식을 잃은 부모들이 "왜 하필 이런 참사가 자신에게, 아니 우리 가족에게 일어나야만 했는지" 통곡하는 모습에서 얼마나 세상이, 이 사회가 원망스러웠을까 하는 애통한 심정을 헤아릴 수 있었다. 또 사고를 겪고 난후 다시 일상으로 돌아가 아무렇지 않게 살아가야 하는 일이 그들에게는 또한 큰 정신적 어려움이 아닐까 싶다.

하지만 그들이 고통의 시간 속에서 꿋꿋이 다시 일어설 수 있었다는 사실이, 한결 내 마음을 따뜻하게 했다. 부모들은 세월호 참사를 통해 정부와 언론의 어두운 이면과 정의롭지 못한 사회의 부조리를 보았다. 그럼에도 결코, 좌절하거나 사회를 등지지 않고 일어설 수 있었던 것에 새로운 희망을 보았다.

그래서 슬픔을 잊기 위해 그 시간들로부터 벗어나려는 사람들이 생긴다. 이제 그만이라고 말하며. 그 말들이 비수가 되어 다시 하나의 시간을 슬픔에 가둔다. 그러니 우리는 가족들이 전하는 이야기를 슬픈 이야기로만 읽어서는 안 된다.

이 책을 쓴 '4.16세월호참사 시민기록위원회 작가기록단'은 세월호 참사를 '슬플 수만은 없는 연대기'라 말한다. 그렇다. 그들의 이야기를 통해 눈물을 흘리고 슬픔만 느끼는 것은 아니다. 눈물 넘어 깊은 깨달음을 얻고 더 나은 사회를 만들기 위해, 우리 사회는 한층 더 용감해져야 한다. 다시는 비통한 제2의 세월호 참사가 재현되지 않도록 정부 차원에 뼈를 깎는 쇄신을 촉구하면서, 우리 사회도 하나 된 마음으로 세월호 참사를 가슴 속에 새기길 바란다.

『청년학도』 창간에 부쳐

사회논술부장 이학박사 엄경민 선생

    인문학아카데미 교육프로그램을 수행하게 된 것은 내겐 또 다른 도전이었다. 넉넉한 지적 호기심과 무한한 잠재력으로 똘똘 뭉친 우리 학교 학생들에게 더할 나위 없이 좋은 기회라 생각했기에 더욱 탄탄한 기반을 확보하고 싶었다. 이런 마음을 읽은 것일까? 녹록치 않은 학사일정 속에서 학생들의 열의 있는 참여와 학부모님들의 진심어린 호응은 오랫동안 잊지 못할 것 같다.

    인문학아카데미 교육프로그램을 통해 사실, 소논문 쓰기에 대한 욕심을 갖고 있었다. 논문 수준이 아니라면 연구 보고서 정도는 어떨까? 계획하던 무렵, 흔쾌히 주말까지 희생해 가며 지도해 주신 김기로 선생님과 적지 않은 아이들의 서평을 첨삭해 주신 강병호 교수님의 지원은 참으로 큰 힘이 아닐 수 없었다. 돌아보니, 어느덧 인문학아카데미 교육프로그램의 과정을 마치고 고학년이 되어 있는 학생들이 더욱 대견해 보인다.

    『청년학도(靑年學徒)』 창간은 오랜 시간 학생들이 한 땀 한 땀으로 일궈낸 성과이기에 앞으로 배움의 길에서 더욱 경주하도록 응원하는 마음에서 출발했다. 물론 이렇게 세상에 내놓으려 하니, 아쉬움도 없지 않고 채워야 할 몫도 있음을 알고 있다. 모쪼록 혜량하여, 이 책을 읽는 많은 독자께서 우리 학생들이 괄목상대(刮目相對)할 수 있도록 용기를 주셨으면 하는 바람이다. 자신의 이름이 들어간 저서를 서점이나 도서관에서 볼 수 있을 때, 느낄 수 있는 작은 성취감과 자부심을 우리 학생들에게 선물할 수 있어 매우 기쁘다. 그리고 창간호에 이어 계속될 화성고등학교의 넘쳐나는 열정과 아우성을 생각하면 더욱 가슴이 벅차온다.

끝으로 『청년학도』 창간을 위해 물심양면으로 지지해 주신 백련학원 이사장님과 교장 선생님, 교감 선생님, 그리고 지도에 협조해 주신 손종범 선생님께 작은 지면을 통해서라도 감사의 마음을 올리고 싶다. 아울러 출판에 도움을 주신 글로벌콘텐츠 임직원분들께 고마움을 전한다.

담당지도 김기로 선생

2015년 한 해 동안 인문학아카데미 학생들의 노력이 알찬 결실을 맺어, 이렇게 한 권의 책으로 세상에 나오게 된 것을 진심으로 축하드립니다. 1년간 인문학아카데미 학생들은 교수님의 철학 강의를 듣고 서평쓰기를 비롯해 자신이 관심 있는 주제를 가지고 연구보고서를 작성하는 교육과정에 시간을 보냈습니다.

특별히 함께 연구보고서를 작성하고 발표회를 준비하면서, 학생들이 우리 사회의 여러 가지 이슈에 얼마나 많은 관심을 갖고 있는지를 새삼 느낄 수 있었습니다. 앞으로도 이러한 인문학아카데미의 교육과정이 인문사회계열로 진학을 희망하는 학생들의 대표적인 연구의 장으로 자리매김 하기를 진심으로 바랍니다.

참고문헌

강건택, 「민홍철, '불륜조장 사이트' 차단법 발의」, 연합뉴스, 2015.

김난영, 「62년 만에 사라지는 간통죄…사회적 파장은」, 뉴시스, 2015.

김도현, 「당신은 장애를 아는가」, 메이데이, 2007.

김미경, 「프랑스민법상 공동재산제」, 중앙대학교, 2011.

김 욱, 「그 순간 대한민국이 바뀌었다」, 개마고원, 2005.

김진원, 「1억원짜리도 나왔는데: 간통죄 폐지 후 위자료 커졌을까」, 헤럴드경제, 2015.

남수정·이은희·황혜선, 「청소년 소비자의 신체이미지 및 자아존중감에 따른 의복구매행동모델: 대중매체몰입과 신체조건 차이지각의 영향력을 중심으로」, 2009.

류양희, 「청소년의 아르바이트 실태에 관한 연구: 대전광역시를 중심으로」, 공주대학교, 2005.

박지선, 「사이코패스에 대한 오해와 편견」, 형사정책연구소식, 2009.

박지선, 「범죄심리학」, 그린, 2012.

박찬걸, 「A Study on the Justification to Abolition of the Punishment for Adultery」, 한양대학교, 2010.

법제처 국가법령정보센터, 「근로기준법」, 고용노동부, 2014 개정.

법제처 국가법령정보센터, 「청소년보호법」, 여성가족부, 2015 개정.

베네딕테 잉스타·수잔 레이놀즈 휘테, 「우리가 아는 장애는 없다」, 그
　　린비, 2011.

보건복지부, 『장애인현황』, 2014.

서울중앙지법 선고 "2004고합972, 973, 1023".

신동준, 「현대사회의 '괴물', 사이코패스 이해하기: 개념의 문제점과
　　이론적 위험성, 그리고 사회적 함의」, 『현상과인식』, 2012.

신종철, 「이혼청구 없이도 혼인 중 재산분할청구 가능할까?」, 오마이뉴
　　스, 2005.

온라인뉴스부, 「대법원, 유책 배우자 이혼청구 기각-파탄주의 전환 시
　　기상조, 7대 6으로 유책주의 유지」, 서울신문, 2015.

유대근, 「결혼한 남자 40% '간통해 봤다'」, 서울신문, 2015

이경상, 「근로청소년 보호를 위한 정책과제 발굴 및 매뉴얼 개발 연구」,
　　여성가족부, 2011.

이범준, 「헌법재판소, 한국 현대사를 말하다」, 궁리, 2009.

이수정, 「최신 범죄심리학」, 북카페, 2006.

이수정·김혜진, 「사이코패스의 전두엽 집행기능 및 정서 인식력 손상
　　기전」, 한국심리학회지, 2009.

이슈팀, 「바람난 남편 이혼 허용, 예외적인 기준: 법원 '확대된 파탄주
　　의' 첫 적용」, 세계일보, 2015.

이양호, 『신데렐라는 재투성이다』, 글숲산책, 2009.

이양호, 『백설공주는 공주가 아니다?!』, 글숲산책, 2008.

이은경, 「유영철 연쇄살인 사건에 대한 사례연구」, 2006.

이진동, 「유영철 연쇄살인 분석」, 2006.

임언영, 「간통죄 폐지 그 후… 증거는 쉽게, 책임은 더 많이?」, 조선일
　　보, 2015.

임영식·정경은·김윤나, 「비진학청소년 아르바이트 경험 실태와 정책
　　방안」, 한국청소년학회, 2011.

장소윤, 「간통죄 폐지 6개월: 불륜 조장 '애슐리매디슨' 韓가입자 수
　　경악」, 한국경제TV, 2015.

전경근, 「재산분할청구권 보전을 위한 사해행위취소권의 요건의 관한
　　연구」, 아주대학교, 2009.

정은혜, 「간통죄 폐지, 그래서?」, 중앙일보, 2015.

조정현, 「배우자 받을 연금도 이혼 시 재산분할 대상?」, 경남도민일보,
　　2015.

표창원, 「6장 내 안에 악마가 있어요, 다중인격자의 살인」, 『프로파일러
　　표창원의 사건추적』, 지식의숲, 2013.

한국장애인개발원, 『장애인에 대한 인식개선교육을 위한 기초연구 보
　　고서』, 2008.

한국장애인고용노동부, 『2014 장애인통계』, 2015.

한국장애인 등에 대한 특수교육법, 2013.

한한국장애인복지법, 2015.

한국국가인권위원회법, 2014.

한국장애인고용촉진 및 직업재활법, 2015.

한국장애인차별금지 및 권리구제 등에 관한 법률 시행령, 2013.

한국장애인차별금지 및 권리구제 등에 관한 법률, 2015.

황수경, 『WHO의 새로운 국제장애분류(ICF)에 대한 이해와 기능적 장
　　애 개념의 필요성』, 2004.

『형법 제 241조 위헌소원』, 헌법재판소, 2015.

A Guide to Disability Rights Laws, 미국, 2009.

Americans with Disabilities Act, 미국, 1990.

Andrew, D. A., & Bonta, J., *The Psychology of Criminal Conduct*(5th ed.). New Providence: Matthew Bender, 2010.

Bartol, C. R., & Bartol, A. M., *Criminal Behavior: A psychosocial approach*(8th ed.). New Jersey: Pearson Prentice Hal, 2008.

Blair, J., Mitchell, D., & Blair, K., (김혜원, 이윤영 옮김), 『사이코패스: 정서와 뇌』, 시그마프레스, 2012.

Census Bureau Releases Disability Facts and Figures in Recognition of ADA Anniversary(commerce.gov), 2014.

Child killer granted lifelong anonymity, BBC News, 2003.

Damasio, A. R., *Descartes error: Emotion, Reason and the Human Brain*, New York, NY: Quill, 1994.

Department for children, young people and families-Department of Health, 2007.

Disability Discrimination Act, 호주, 1992.

Hare, R. D., *Hare Psychopathy Checklist-Revised*(PCL-R). Toronto, ON: Multi-Health Systems, 1991.

Harris, G. T., & Rice, M. E., "Treatment of psychopathy: A review of empirical findings", In: Patrick CJ (Ed.), *Handbook of psychopathy*, New York: Guilford, 2006.

James Thompson, "Australia lags behind in disability employment", 2011.

Marshall, L. A., & Cooke, D. J., "The childhood experiences of psychopaths:

a retrospective study of familial and societal factors", *Journal of Personality Disorders*, 1999.

OECD, "Fit Mind, Fit Job: From Evidence to Practice in Mental Health and Work".

Shipley, S., & Arrigo, B. A., "The confusion over psychopathy(II): Implications for forensic(correctional) practice", International Journal Offender Therapy and Comparative Criminology, 2001.